O LADO HUMANO DA
TECNOLOGIA
60 ANOS DE ESTÓRIAS

ANTONIO GIL

Editora Reflexão, 2025 – Todos os direitos reservados.
Copyright © 2025 Antonio Gil

Coordenação Editorial: Ricardo Viveiros
Entrevista: David Cohen
Capa: César Oliveira
Revisão: Vero Verbo Serviços Editoriais
Imagens do livro: Acervo do autor
Diagramação e Projeto gráfico: Estúdio Caverna
Impressão: Gráfica Print Park

1ª Edição – Maio/2025

DADOS INTERNACIONAIS DE CATALOGAÇÃO NA PUBLICAÇÃO (CIP)
CÂMARA BRASILEIRA DO LIVRO, SP, BRASIL

GIL; Antonio.
    O lado humano da tecnologia / Antonio Gil. — 1. ed. — São Paulo: Editora Reflexão Business, 2025.

    ISBN: 978-65-5619-200-0
    284 páginas.

    1. Estórias 2. Tecnologia 3. Biografia 4. Sociedade I. Título.
24-000000   CDD: 920.72

Índices para catálogo sistemático:
1. Tecnologia 2. Biografia 3. Autor

Editora Reflexão
Rua Almirante Brasil, 685 - Cj. 102 – Mooca – 03162-010 – São Paulo, SP
Fone: (11) 97651-4243
www.editorareflexao.com.br
atendimento@editorareflexao.com.br

Todos os direitos reservados. Nenhuma parte desta obra pode ser reproduzida ou transmitida por quaisquer meios (eletrônico ou mecânico, incluindo fotocópia e gravação) ou arquivada em qualquer sistema ou banco de dados sem permissão escrita da Editora Reflexão.

O LADO HUMANO DA TECNOLOGIA
60 ANOS DE ESTÓRIAS

ANTONIO GIL

Viver é um descuido prosseguido.

Mas quem é que sabe como?

Viver...

O senhor já sabe: viver é etcétera...

Guimarães Rosa

Para Olguinha.

Minha esposa,

meu rochedo,

minha luz.

Para David Cohen,

Que pacientemente me ouviu ditar, durante dois anos, este livro e ao qual, com precisão, acrescentou datas e comentários. E que, além disso, deu o corpo a esta aventura literária com um texto leve e simples.

Ao Ricardo Viveiros, que desencantou este livro.

Sumário

Prefácio - Testemunha da evolução tecnológica, por Ricardo Viveiros | 17

Capítulo 1 - O fim da reserva | 21

- No jardim da Casa Branca | 25

Capítulo 2 - Comunicações e telecomunicações | 29

Capítulo 3 - O começo da reserva | 37

- Os militares tomam conta da reserva | 41

Capítulo 4 - O amanhecer dos computadores | 43

- Meu caminho até a IBM | 45
- O surgimento do ITA | 47

Capítulo 5 - Os computadores chegam ao mercado | 55

- Eficiência maior, custo menor: o início da curva | 55
- Demonstração da máquina e lição humana | 57
- Um obstáculo no governo | 59

Capítulo 6 - As universidades entram na era da informática | 63

- Mentes brilhantes | 65
- "Você, de científico não tem nada" | 66
- Agarrando o touro a unha | 69
- Movido a vela | 71

Capítulo 7 - O objeto de desejo das empresas | 75

- A janela do Bradesco | 76
- O porão do Bradesco | 78
- Entre almoço e jantar | 80

Capítulo 8 - O reinado do software | 83

- Era de graça. Não é mais | 85
- O sucesso traz o germe do fracasso | 86

Capítulo 9 - Ascensão e queda do garoto prodígio | 87

- A bolha das vendas | 88
- A visita do presidente mundial | 89
- O maior erro | 90
- A degola – ao estilo IBM | 92

Capítulo 10 - O hiato no governo | 95

- Uma kombi para o general | 97
- A solução para o Instituto do Coração | 102
- A água para o Nordeste | 105
- Um período rico, porém frustrado | 106

Capítulo 11 - De volta à IBM | 109

Capítulo 12 - A era da diplomacia | 113

- O papel de peregrino e pregador | 114
- O encontro de "primeira classe" | 118

- Leblon sim, Ipanema não | 119
- O jogo mais pesado da SEI | 121
- Campanha na Riviera | 124

Capítulo 13 - A mordida das empresas nacionais | 127

- E o lucro… explodiu | 129
- A oposição na IBM | 132

Capítulo 14 - A disputa pela presidência | 135

- Akio Morita e a tática da Sony | 138

Capítulo 15 - Venezuela: uma nova perspectiva | 141

- Tempos ricos | 144
- A solução rápida, perfeita… e errada | 146
- O porão e as eleições | 148
- O presidente não queria ir à festa | 150
- As piadas de Reagan | 154
- O atualíssimo Simón Bolívar | 155
- Minha fuga da justiça | 156

Capítulo 16 - A oficialização da reserva de mercado | 161

- Faturo, ergo sum | 163
- A festa no Congresso | 165
- A ascensão do software | 166

Capítulo 17 - Promovido… e desligado | 171

- A sedução de Machline | 172
- A oferta de emprego | 174
- Santo Antônio e Carmen Mayrink Veiga | 175
- Uma saída sofrida | 177

Capítulo 18 - O choque da Sid | 181

- Uma freira na zona | 183
- Da maior para a melhor | 185
- O efeito Sarney | 186
- O avião e o clube | 188
- E começa a crise da IBM | 190

Capítulo 19 - A (quase) sociedade com Steve Jobs | 193

- O francês que inspirou Jobs | 194
- No chão da casa de Jobs | 196

Capítulo 20 - O desafio das telecomunicações | 201

- Uma mesa para a África do Sul | 202
- O outro lado da rua | 203
- A parceria com a AT&T | 204
- A central da Embratel | 205
- O primeiro da série... de um | 207
- O almoço com o embaixador | 209

- A AT&T e os cavalos | 209
- O haras de Machline | 210
- E a Odebrecht caiu do cavalo | 212
- Sozinhos na pista | 214

Capítulo 21 - Um desastre nos Estados Unidos | 215

- A loteria da Copa do Mundo | 215
- A (segunda) esposa de Machline | 217
- Um jogo de azar | 218

Capítulo 22 - O destino do Grupo Machline | 221

- O fim dos laços | 223

Capítulo 23 - Criar uma telecom… de novo | 227

- A peregrinação interrompida | 228
- Leo Kryss e a Teldin | 230
- As relações com a Arapuã | 231
- A conversão de Serjão | 233

Capítulo 24 - O leilão da banda B | 237

- Nosso primeiro consórcio | 238
- Minha (quase) briga com Naji Nahas | 240
- A busca de novos sócios | 242
- O piripaque do Cláudio Haddad | 243
- A vitória do último lugar | 244

Capítulo 25 - O fim da Teldin | 247

- Um setor complexo | 248
- CDMA, TDMA e o mar de oportunidades | 250

Capítulo 26 - De executivo a consultor | 253

- A empresa que mordia a IBM | 254
- De herói a garoto-problema | 256
- O destino do Aston Martin | 257
- Uma negociação de dois anos | 258

Capítulo 27 - De consultor a executivo | 261

- Prioridade 1: pessoal | 262
- Novo time, nova cultura | 263
- A formalização da mão de obra | 265
- A dura busca da lucratividade | 266
- Um líder em soluções | 267
- De repente, a venda...e depois outra | 269

Capítulo 28 - Em defesa da classe | 273

- A apresentação para o Lula | 275
- O terceiro mandato | 278
- A apresentação para a Dilma | 279
- A vitória que descambou | 281

Epílogo - As oportunidades que passaram… e as que virão | 283

PREFÁCIO

TESTEMUNHA DA EVOLUÇÃO TECNOLÓGICA

Ao ler ao livro do meu amigo Antonio Gil, que retrata um período de importantes transformações tecnológicas e políticas no País, não pude deixar de refletir sobre um comentário que ouvi recentemente de um companheiro do Jornalismo. Na opinião desse colega de profissão, nós, da "velha guarda" jamais nos adaptaríamos a tantas inovações. Guardei para mim a resposta que estava na ponta da língua: "Fale apenas por você". Não quis parecer rude e, na verdade, acho que ele talvez tenha um pouco de razão – claro que muitos de nós ainda preferem se manter distante dessas "modernidades", sobretudo das redes sociais.

Não é o meu caso e posso explicar.

Considero-me um privilegiado. Como profissional, assisti a todas essas transformações – e não foi no camarote, mas com as mãos na massa. Comecei a trabalhar quando havia nas redações de jornais e revistas apenas as máquinas de escrever, nas quais colocávamos as folhas beges de lauda. Depois, mais raras, apareceram as modernas IBM Selectric – a famosa IBM de bola. Havia até sistema de correção. Só os mais afortunados e privilegiados tinham direito a essa preciosidade elétrica, que foi oficialmente lançada em 1961. A maioria de nós tinha que se contentar com o duro teclado das Underwood, Typewriter, Olivetti, Remington e similares. Lembro-me até hoje da verdadeira sinfonia de "tec-tecs" e "plins" que tomava conta da redação quando se aproximava o horário de fechamento da edição do jornal ou da revista.

Em minhas passagens por emissoras de rádio e TV tive a oportunidade de testemunhar o minucioso trabalho dos colegas que cuidavam das planilhas da programação do dia. Emendavam folhas e mais folhas de papel para caber ali as 24 horas de atrações, entremeadas por comerciais. Não poderiam falhar, sob o risco de deixar de fora um anúncio pago pelos patrocinadores. Por isso mesmo tudo era feito à lápis, possibilitando inevitáveis mudanças de rumos que a "notícia quente" exige.

Testemunhei a abertura dos primeiros cursinhos de informática, como eram chamados, em meados dos anos 1980. Um deles tinha o curioso nome de Eniac, em referência ao *Electronic Numerical Integrator and Computer*, um dos mais antigos dispositivos eletrônicos de sua classe, colocado em funcionamento nos final dos anos 1940, nos Estados Unidos. A sala de aula do tal cursinho era "modernamente" equipada com uns 20 computadores Prologica Sistema 600 – um dos fabricantes nacionais mencionados neste livro, no trecho em que autor explica as regras da reserva de mercado. Era uma novidade tão grande, um equipamento tão caro e vulnerável, que os alunos estavam proibidos de se aproximar das máquinas com alimentos ou bebidas para evitar danos à sua integridade; cigarros e balas, então nem pensar!

Mais tarde, já na década de 1990, assisti o crescimento da rede de franquias Microcamp, que, não por acaso, se deu logo após a abertura de mercado. A escola ajudou a popularizar o ensino da informática no Brasil e contribuiu para formar alguns bons profissionais quando, como dizem, era "tudo mato" em termos de qualificação – outro aspecto muito bem relatado neste livro: o "apagão" de capacitação na área que havia nos anos 1970.

Foi também em uma das redações que visitava – agora não mais como repórter e sim como assessor de imprensa – onde pude acompanhar essa evolução. Em uma delas, de um pequeno semanário que cobre o noticiário de um dos bairros da capital paulista, estava presente quando da chegada do primeiro computador. Foi um verdadeiro evento de celebração e alegria. Os jornalistas literalmente faziam fila para utilizar o equipamento.

Com a introdução dos computadores nas empresas privadas e públicas, começou também a nascer outro setor, o de desenvolvimento de softwares. Mas é preciso lembrar que os primeiros programas de computador eram rudimentares e, nem de longe, tinham a velocidade atual para executar tarefas simples. Ainda assim, os novos sistemas eram absolutamente mais "velozes" que o Prologica S600 utilizado nos bancos, que levava mais de cinco minutos para processar uma única entrada, por exemplo de uma duplicata.

Depois desse primeiro impacto, que foi, de fato, um marco histórico na evolução da informática, os avanços começaram a ocorrer de maneira veloz. E já não provocavam tanto espanto, era algo visto até com certa naturalidade. Primeiro conhecemos os recursos da "multimídia", com os modernos leitores de CD mudando conceitos e modos de fazer tarefas, até mesmo no ensino. Depois, os softwares ganhavam recursos visuais mais atrativos e o Windows se tornou uma referência mundial. De melhoria em melhoria, fomos nos adaptando. Aos poucos, os equipamentos iam se tornando mais e mais acessíveis e um desejo de consumo dos brasileiros.

Enfim, veio a internet. Esta sim uma revolução e tanto. O início efetivo da Era da Informação, que começou quando os e-mails substituíram os antigos aparelhos de fac-símile, mais conhecido por "fax", e que lotavam as redações com quilométricos "pergaminhos" de press-releases enviados por assessorias de imprensa. Por essa época, eu já era um empreendedor havia algum tempo. Foi no final dos anos 1980 que decidi atuar no Jornalismo Institucional.

Acompanhei – e acompanho até hoje – todas as transformações. Desde o início fiz questão de agregar essas inovações ao dia a dia de trabalho da agência que criei e dirijo há décadas, dos computadores de última geração aos mais eficientes softwares de gestão. Tenho orgulho de oferecer aos meus colegas de RV&A as melhores ferramentas de trabalho. E isso se reflete no atendimento prestado aos clientes. Afinal, só quem dependeu da disponibilidade do caminhão de link das emissoras de TV para "vender" uma pauta ao vivo sabe a alegria que é, hoje, contar com as facilidades de "carregar" praticamente um caminhão desses no bolso – os nossos *smartphones*. Só quem trabalhou com a boa agenda de bolso, com marcadores em ordem alfabética e na qual se escreviam à mão nomes e contatos das fontes ou de jornalistas, sabe o valor de contar um bom banco de dados para fazer um *mailing* eficiente.

O fascinante relato de Antonio Gil, testemunho de quem viveu intensamente os mais importantes momentos da informatização brasileira, avança pela formação dos primeiros conglomerados de telecomunicações, revelando os momentos iniciais de um setor que, hoje, está consolidado. É, portanto, leitura obrigatória para quem deseja conhecer não apenas a evolução da informática nos últimos 50 ou 60 anos, mas também tem interesse em saber mais sobre as intrigas e as curiosidades que aconteceram nos bastidores da política e dos negócios no Brasil – tudo isso a partir do ponto de vista privilegiado de quem foi protagonista e ajudou a construir essa história.

Como integrante da "velha-guarda" do jornalismo, e atuando firme como desde o início na carreira, posso dizer que a maioria de nós está plenamente adaptada às transformações tecnológicas, tanto os companheiros que ainda atuam nas redações ou aqueles que, como eu, se tornaram empreendedores no ramo da comunicação. Estamos, enfim, todos muito bem inseridos na "aldeia global", que o filósofo canadense Marshall McLuhan descreveu lá na década de 1960. E isso não teria sido possível sem o trabalho de pessoas como Antonio Gil, que, de modo apaixonado, inteligente e visionário, contribuíram para que o Brasil pudesse acompanhar as transformações tecnológicas em tempo real com o que há de mais moderno no mundo.

Ricardo Viveiros

CAPÍTULO 1
O FIM DA RESERVA

"Gil, o presidente quer acabar com a reserva. Como faremos isso?"

Era janeiro de 1991. Do outro lado da minha linha telefônica estava o físico José Goldemberg, cientista, professor universitário, ex-reitor da Universidade de São Paulo e, àquela altura, secretário de Ciência e Tecnologia do governo Fernando Collor de Mello. A reserva à qual ele se referia era a infame Reserva de Mercado da Informática, apelido da Política Nacional de Informática, instituída como lei em outubro de 1984, mas cujos efeitos eu já sentia uma década antes, pouco tempo depois de ter me tornado o mais novo diretor de vendas da IBM Brasil

Quando recebi o telefonema de Goldemberg, eu já havia saído da IBM. Dirigia uma das empresas do Grupo Machline, a SID Informática. Minha experiência com a reserva de mercado era íntima e abrangente: testemunhei sua gestação em minha passagem pelo governo, presenciei seu nascimento e fui afetado por ela trabalhando numa multinacional, e, finalmente, surfei em sua onda ao dirigir uma indústria nacional que cresceu à sua sombra. Em todos esses momentos, fui contrário a ela. Fechar o mercado aos líderes mundiais, em plena eclosão de um campo inovador, nunca me pareceu uma boa maneira de desenvolver a indústria nacional. Agora, enfim, chegara o momento de derrotar a reserva.

"É fácil", respondi. "Diga ao presidente que autorize uma *joint venture* da IBM com a SID para produzir o Personal System."

A sugestão estava totalmente em linha com o pensamento de Goldemberg. "O fim da reserva de mercado não foi uma decisão minha", ele lembra, três décadas depois[1]. "Foi uma diretriz da área econômica do governo Collor, nas suas esferas mais altas." O governo queria uma onda de privatizações, e muito particularmente na área de informática[2].

Essa prioridade fazia sentido. "O que havia naquela época era uma comissão que aprovava individualmente a importação de computadores", diz Goldemberg. Era algo anacrónico. "Imagina, autorizar um por um. Enquanto isso, na Santa Ifigenia (região no centro de São Paulo repleta de lojas de equipamentos eletrônicos), havia um monte de PCs contrabandeados". É claro que a secretaria de Ciência e Tecnologia do governo não podia simplesmente dar a uma empresa a permissão para driblar as proibições da *Lei de Informática*. Goldemberg então chamou várias empresas. "Propus a todas as empresas nacionais que entrassem em entendimento com as estrangeiras", afirmou. Não era tão simples. As empresas nacionais eram especializadas em produzir acessórios, como teclado, telas etc. O cerne das máquinas, o processador, vinha de fora, montado aqui ou pirateado. O que o governo estava pedindo era uma cooperação onde antes houvera apropriação. Embora complicada, a ideia da *joint venture* tinha a vantagem de preservar a indústria nacional. Abrir o mercado abruptamente seria um golpe forte demais. No entanto, nem todas as empresas receberam tão bem a sugestão. "De vez em quando, ainda encontro algum empresário nacional que diz que eu arruinei o negócio dele", diz Goldemberg. Do lado de lá, as empresas internacionais tinham uma natural desconfiança das parcerias. "Um representante da Apple, por exemplo, disse que não queria nem conversar".

---

1 Entrevista com José Goldenberg, realizada em: 10 jun. 2020.
2 Para uma contextualização da política externa do governo Collor, ver CASARÕES, Guilherme Stolle Paixão *O tempo é o senhor da razão? A política externa do governo Collor, vinte anos depois*. 2014. Tese (Pós-graduação em Ciência Política),Universidade de São Paulo (USP). Disponível em: https://www.teses.usp.br/teses/disponiveis/8/8131/tde-13052015-113251/publico/2014_GuilhermeStollePaixaoCasaroes_VOrig.pdf Acesso em: 14 nov. 2024.

Com a IBM, eu apostava que a história seria diferente. Havia relativamente pouco tempo que a empresa se convertera à revolução dos computadores pessoais. Esse atraso, brilhantemente enfatizado pela Apple com um anúncio de página inteira no *Wall Street Journal*, em 1981 (com o título "Bem-vinda, IBM. Sério"), se tornaria uma das causas da subsequente crise da até então mais valiosa companhia do mundo. No fim da década, no entanto, a IBM tinha lançado o Personal System/2, ou PS/2, sua terceira geração de computadores pessoais, com inovações que logo se tornariam padrão no mercado inteiro, como o disquete de 3,5 polegadas e o vídeo VGA[3].

Não havia dúvida de que as empresas nacionais em breve copiariam o PS/2. Trazer o produto original, em associação com uma empresa brasileira, seria um claro sinal de que o mercado local estava se abrindo à inovação. Antes de levar adiante a sugestão, porém, Goldemberg precisava do aval do presidente.

"Por favor, me dê uma hora", ele disse.

"Uma, não. Duas. Antes, tenho que falar com Nova York."

A ideia das *joint ventures* não precisava ser aprovada apenas no lado brasileiro. A IBM, até então, jamais havia feito uma associação na área de microcomputadores. Ao contrário, a empresa tinha interesse de estabelecer sua marca num mercado em que era retardatária. O Personal System era a joia da coroa, tendo introduzido a Micro Channel Architecture (MCA), que dava mais rapidez à comunicação de comandos para o computador. Na guerra para conquistar a hegemonia nesse novo campo, a IBM optou por dificultar a clonagem da MCA e manter incompatibilidades com os próprios sistemas anteriores, que haviam sido adotados por toda a indústria.

---

3   Sobre a importância do PS/2, ver IBM PS/2 Model 20 286, no *site* britânico Computing History, disponível em: https://www.computinghistory.org.uk/det/2585/IBM-PS-2-Model-30-286/ Acesso em: 14 nov. 2024.

O Brasil, no entanto, era um caso especial. Uma pedra no sapato da IBM, durante muitos anos, a maior pedra no caminho da expansão de negócios pelo globo. Eu precisava apenas convencer a direção da empresa de que a *joint venture* era a melhor – provavelmente a única – forma de ter acesso ao mercado brasileiro.

Então, engoli meu orgulho e telefonei para Robeli Libero, o responsável pela minha saída da IBM. Robeli havia sido meu subordinado, quando eu era diretor de recursos humanos da empresa, e me venceu na concorrência para se tornar gerente-geral da IBM brasileira, anos depois, quando chegara a minha vez de ser promovido a gerente-geral, ele rejeitou uma promoção que o faria se mudar para os Estados Unidos – o que precipitou minha saída. Agora, no entanto, lá estava ele, em Nova York, no posto que finalmente aceitou, como um dos vice-presidentes e gerente-geral das operações da América Latina. Qualquer comunicação com o topo teria de passar por ele. Expliquei-lhe o caso e perguntei se ele conseguiria falar com o presidente da empresa, John Akers. "Consigo", respondeu. Meia hora depois, me ligou de volta. "Sinal verde, a IBM topa."

Telefonei para o ministro Goldemberg dando a notícia. Ele pediu um tempo e, uma hora depois, retornou: "O presidente topa.".

Mais do que topar, segundo Goldemberg, o presidente estava eufórico com a iniciativa. Em pouquíssimo tempo, assinamos e contrato de *joint venture* e Collor perguntou quando seria entregue o primeiro computador. "Quero que seja instalado no meu gabinete", disse. Deu um prazo de seis meses.

O prazo foi cumprido. É claro. No final do ano, lá estávamos eu, Goldemberg, o sócio majoritário da SID, Matias Machline (apesar de seu medo paralisante de Collor) e o presidente da IBM Brasil, Rudolph Hohn, todos diante de um microcomputador instalado na mesa do presidente, pronto para uma demonstração... mas quem faria a demonstração? Olhamos um para a cara do outro, inibidos. Até que o presidente falou: "Estou vendo que vocês não sabem mexer nisso. Deixa que eu vou.".

Então ele se sentou à mesa, ligou o computador, formatou o equipamento (um precursor da atual era de *plug and play*, as máquinas que já vêm prontas para usar) e, em poucos minutos, fez uma apresentação para nós, supostamente os especialistas.

Foi o primeiro microcomputador produzido no Brasil fora da reserva de mercado.

NO JARDIM DA CASA BRANCA

Não foi só por convicção de um governo liberal que a reserva de mercado da informática terminou. Houve também pressão internacional. Basicamente econômica, sobretudo dos Estados Unidos.

Obviamente, os norte-americanos não guardavam nenhuma simpatia pelas regras que não protegiam os direitos autorais de suas invenções e ainda por cima impediam suas empresas de competir no mercado brasileiro. A reserva de mercado era a principal de uma série de regras protecionistas que já haviam provocado retaliação, na forma de sanções comerciais. O Brasil lidava com isso equilibrando-se entre diversos polos de poder: relacionava-se com países do bloco socialista, com países do Ocidente menos alinhados às potências industriais e com países do Terreiro Mundo (a nomenclatura da época para definir os países pobres, antes do eufemismo "emergentes"), na África e no Oriente Médio.

Ocorre que, em 1989, o Segundo Mundo desmilinguiu-se. Com a queda do Muro de Berlim e o posterior colapso da União Soviética, todo o tabuleiro geopolítico mudou. E o Brasil precisava adotar outra estratégia[4]. Não convinha ter tantas arestas com a agora única superpotência do mundo.

Além disso, a crise da dívida externa, na época, exigia um comportamento mais aceitável para os credores internacionais, o que incluía o respeito às leis de propriedade intelectual. Em relação ao comércio, o mundo caminhava para a construção de grandes blocos, e a solução que se desenhava aqui, desde meados da década de 1980, era o Mercosul, um espaço de integração regional que desse mais peso econômico a seus membros. O sucesso do Mercosul, no entanto, dependia fortemente do apoio dos Estados Unidos, e o governo estadunidense dispunha-se a aprofundar suas relações com o bloco somente depois de resolver os contenciosos que tinha com cada país.

Nesse cenário armou-se a visita do presidente Collor aos Estados Unidos, em junho de 1991. E não apenas a dele, o encontro, conhecido como 4 + 1 reunia os presidentes dos quatro países fundadores do Mercosul (Brasil, Argentina, Paraguai e Uruguai) com o presidente dos Estados Unidos, George H. Bush. Fazia parte da Iniciativa pelas Américas, um plano de aproximação (e influência) dos Estados Unidos com a América Latina.

O acordo assinado no dia 19 de junho entrou para a história como o *Acordo do Jardim de Rosas* (*Rose Garden Agreement*), em alusão ao jardim da Casa Branca, sede do governo estadunidense, onde ele foi celebrado. Era o compromisso em prol de relações comerciais mais abertas e profícuas. Encaminhava-se a resolução de disputas agrícolas, para as quais os Estados Unidos tinham negras protecionistas que atravancavam um acordo de comércio mundial. Abria-se uma janela de oportunidade para o Brasil avançar nas negociações da dívida extrema, atrair investimentos

---

4   Ver BERNAL-MEZA, Raúl. A política exterior do Brasil: 1990-2002 *in Revista Brasileira de Política Internacional*, v. 45, n. 1, jun. 2002. Disponível em: https://www.scielo.br/j/rbpi/a/XgK4BPKnMwdHNfpqBjc8Fdk/ . Acesso em: 14 nov. 2024.

e dar um salto em suas relações comerciais.⁵

O próprio presidente Collor deixou isso bem claro, no discurso que fez em sua chegada aos Estados Unidos, no dia 18. "As relações com os Estados Unidos são uma prioridade para o Brasil. Em minha posse, eu reafirmei a necessidade de eliminar de nossas relações a ênfase que até então vinha sendo colocada nos contenciosos comerciais", disse. "Essa ênfase costumava obscurecer o verdadeiro sentido de uma parceria baseada em valores, aspirações e objetivos comuns."⁶

Ali, dizia ele, cumpria-se o primeiro objetivo de resolver os contenciosos. "De um modo mutuamente satisfatório, o Brasil demonstrou sua disposição e vontade de lidar com os temas pendentes na agenda bilateral." No dia seguinte, às 17 horas, no jardim da Casa Branca, Collor comprovou o que tinha dito na véspera assinando dois contratos de abertura de mercados. Em ambos, havia a participação do Grupo Machline, representado por mim. Um deles era uma parceria com a gigante norte-americana AT&T, para furar um oligopólio no setor de telecomunicações (leia mais sobre o assunto no capítulo 20). O outro era a parceria com a IBM, o primeiro prego no caixão da reserva de mercado da informática.

---

5 BANALES, Jorge A. Estados Unidos e países da América do Sul assinam acordo comercial 'Rose Garden'. *United Press International* (*UPI*), 20 jun. 1991. Disponível em: https://www.upi.com/Archives/1991/06/20/United-States-South-American-countries-sign-Rose-Garden-trade-pact/5419677390400/. Acesso em: 14 nov. 2024.

6 Weekly Compilation of Presidential Documents, Office of the Federal Register, *National Archives and Records Service, General Services Administration*, 1991. Disponível em: https://books.google.com.br/books?id=tfgIGkforucC&printsec=frontcover&hl=pt-BR#v=onepage&q&f=false. Acesso em: 20 nov. 2024.

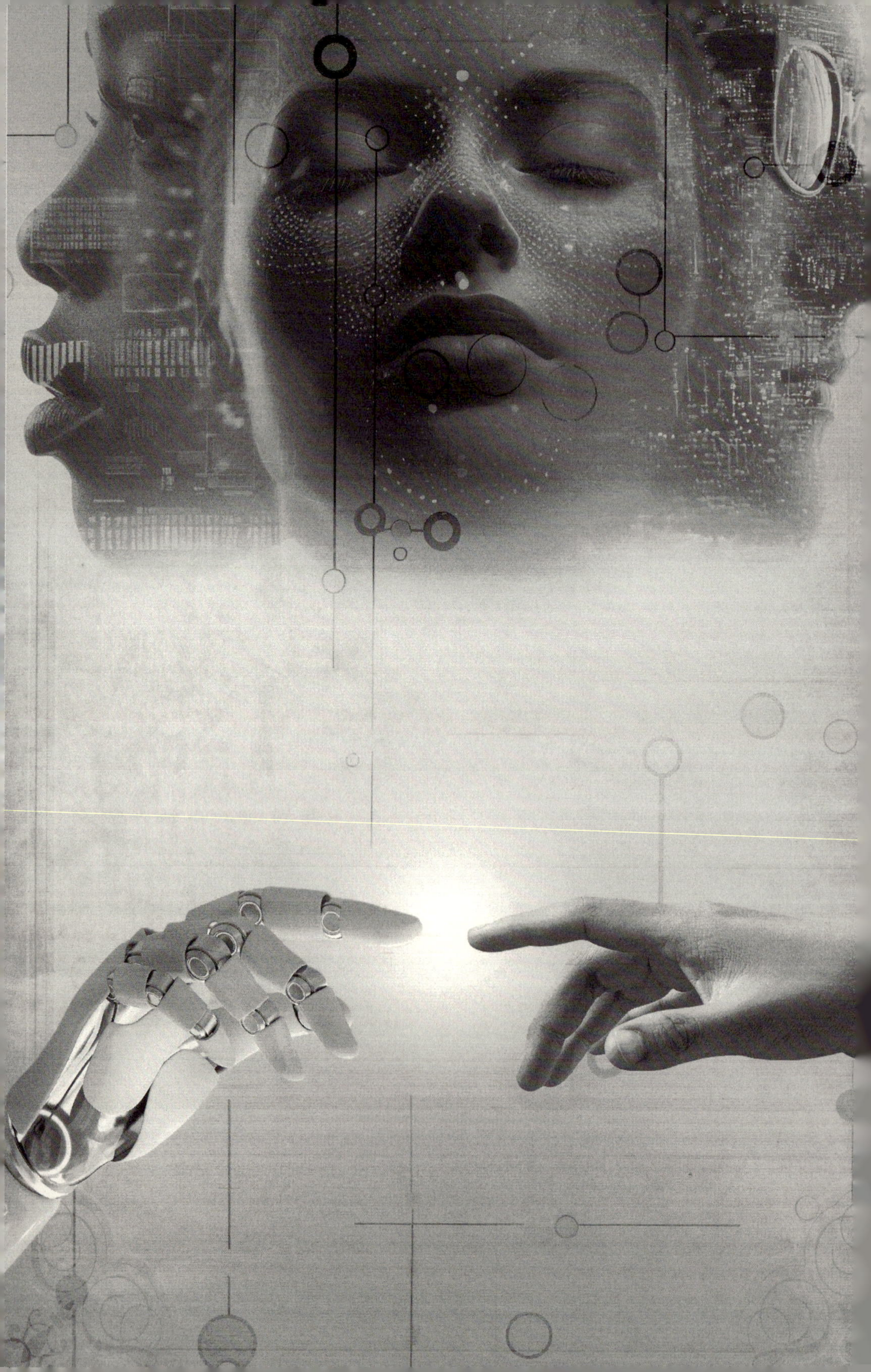

CAPÍTULO 2
COMUNICAÇÕES E
TELECOMUNICAÇÕES

O Jardim de Rosas é uma área de quase quarenta metros de extensão e quase vinte metros de largura em frente à ala oeste da Casa Branca, onde ficam o escritório do presidente dos Estados Unidos e as principais salas de reunião do governo. Foi estabelecido em 1913, no lugar onde antes situavam-se os estábulos, e remodelado em 1961, depois que o presidente John F. Kennedy voltou de uma viagem à Europa convencido de que sua residência oficial precisava de um entorno ao mesmo tempo imponente e agradável. Em vez de ter um caminho circular em torno das plantas, como tantos jardins, ele é organizado em duas fileiras de flores, com um largo gramado entre elas. Não tem apenas rosas, é claro, tem narcisos, tulipas, flores de *squill* e outras espécies típicas da região, cercadas por macieiras, tílias, pés de tomilho e árvores de magnólia. No entanto, as rosas, principalmente perto do verão, dão um colorido especial ao jardim.

Foi naquele cenário idílico que eu ouvi os elogios do presidente Bush ao presidente Collor. Com certo orgulho, porque eu tinha algo a ver com os dois acordos – das telecomunicações e da informática – que ele apresentou como uma demonstração de que o Brasil estava abrindo seu mercado. Para os norte-americanos, Collor era uma figura inusitada, uma espécie de herói da modernidade, muito diferente dos políticos que estavam acostumados a ver na América Latina: jovem, bem-apanhado e enérgico. Bush chamava-o de Indiana Jones numa cruzada contra a corrupção e pelo liberalismo (a primeira parte da imagem foi poucos meses depois tragicamente desmentida, o que interrompeu a segunda).

Legenda: Vista aérea do Jardim das Rosas, na Casa Branca, sede do governo dos Estados Unidos

Ao final da cerimônia, os dois presidentes saíram da mesa montada no jardim e foram caminhando pelo centro do gramado, cumprimentando as pessoas sentadas dos dois lados. Ao passar pela fileira em que eu estava, Bush virou a cabeça em minha direção, sorriu e disse: *"Hello, Tony, how are you?"* [Oi, Tony, como vai você?]

Assim que ele passou, Carly Fiorina, ao meu lado, exclamou: "Tony, eu não sabia que você era assim tão bem relacionado…". Carly, que anos depois viria a ser presidente da HP e, mais tarde, na campanha de 2016, pré-candidata a presidente dos Estados Unidos, era naquela época uma jovem assistente na AT&T, meu contato direto na parceria de telecomunicações SID AT&T. Eu apenas meneei a cabeça e respondi modestamente: "Pois é, estou te falando".

Ela se virou para o lado, onde estava Bob Allen, o então presidente da AT&T, arregalou os olhos e fez aquela cara de quem mal acreditava no que tinha visto. Deveria ter duvidado um pouco mais. O cumprimento de Bush havia sido dirigido não para mim, mas para o Tony que estava ao meu lado, Langhorne Anthony Motley – o lobista que havíamos contratado.

Motley era filho de um executivo do setor do petróleo, nascido no Rio de Janeiro no final dos anos 1990. Foi embaixador no Brasil por dois anos, no início da década de 1980 e, em seguida, chefe do Departamento de Estado para a América Latina. Era linha-dura, um dos principais artífices da invasão de Granada pelos Estados Unidos, em 1963. Frustrou-se com a recusa do Congresso em aprovar assistência militar aos contrainsurgentes da Nicarágua, após a revolução sandinista, e deixou o governo em 1985, para voltar a se dedicar ao setor imobiliário[7].

Motley não somente era unha carne com a presidente Bush, mas tinha também intimidade com Collor, Sarney e mais algumas dúzias de políticos influentes, nos Estados Unidos e no Brasil. A "pegadinha" em que Carly caiu por causa dele foi inocente. Alguns anos depois, porém, a ajuda de Motley seria fundamental para frustrar uma jogada em que ela estava envolvida (essa história está narrada no capítulo 20).

É claro que eu não havia planejado ser confundido com Tony Motley, mas não faria mal nenhum se o pessoal da AT&T achasse que eu era bem relacionado. Nas altas rodas de negócios, é importante aproveitar as oportunidades que surgem, às vezes de pequenas coincidências, outras vezes pela leitura de que uma porta se abriu inesperadamente.

Foi o que aconteceu, aliás, naquele mesmo dia. Durante o jantar de comemoração dos acordos, o ministro da Infraestrutura, João Eduardo Cerdeira de Santana, estava eufórico. Secretário da Administração desde o início do governo, ele tinha assumido o ministério havia apenas

---

7 Um artigo sobre a carreira de Motley foi publicado pelo *Los Angeles Times*, em 30 de abril de 1985, quando ele deixou o serviço público. Disponível em: https://latimes.com/archives/la-xpm-1985-04-30-mn-19831-story.html. Acesso em: 14 nov. 2024. Mais dados sobre sua vida podem ser encontrados no *site The American Academy of Diplomacy*, neste *link*: https://www.academyofdiplomacy.org/members-1/motley/langhorne-a. Acesso em: 14 nov. 2024.

um mês, em boa parte por sua defesa da aceleração do processo de privatização dos serviços portuários, das rodovias, das ferrovias e dos serviços de telecomunicações. Para ele portanto, aquele acordos significavam uma vitória pessoal.[8]

Aproveitando seu bom humor, eu falei que o presidente do conselho da AT&T tinha convidado o presidente Collor para um jantar. Era um blefe. Bob Allen não tinha a menor ideia de que eu iria propor algo assim, mas não podia ter dado mais certo. Santana foi até a mesa de Collor, conversou com ele e, em seguida, me disse que o presidente topava. Em setembro ele voltaria a Nova York para discursar para a assembleia da ONU e poderia jantar com Allen na sequência.[9]

Com essa resposta, quem ficou eufórico fui eu. Driblar assim, de supetão, todo o protocolo presidencial explica-se somente pela vibração que esse tipo de cerimônia tem. Quem trouxe a situação mais para a Terra foi o próprio Allen, quando lhe comuniquei sobre o convite que ele não sabia que havia feito. Adorou, mas disse que se sentia constrangido de fazer um jantar com o presidente do Brasil sozinho. Propôs convidar outras figuras importantes do mundo dos negócios norte-americano, o que foi aceito pelo governo brasileiro.

Ficou marcado, então, para a noite de 23 de setembro de 1991, um jantar que reuniria, segundo Bob Allen, "boa parte do PIB mundial". Eram dez pessoas, incluindo Katharine Graham, executiva-chefe do jornal *The Washington Post*, o próprio Allen e os presidentes da Ford, da General Motors, da DuPont e de outras grandes corporações norte-americanas.

---

[8] Mais informações sobre a trajetória de Santana podem ser consultadas no *site* da Fundação Getúlio Vargas. Disponível em: http://www.fgv.br/cpdoc/acervo/dicionarios/verbete-biografico/joao-eduardo-cerdeiro-santana. Acesso em: 14 nov. 2024.

[9] Sobre o discurso de Collor na Assembleia da ONU, ver a ata do encontro. Disponível em: https://documents.un.org/doc/undoc/pro/n91/612/17/pdf/n9161217.pdf. Acesso em: 14 nov. 2024.

Para organizar a segurança de um evento desses, o governo estadunidense designou uma equipe do serviço secreto, que teve colaboração do serviço secreto brasileiro. Além dessas duas equipes, a AT&T exigiu que um de seus diretores participasse do planejamento de encontro. "Nunca vi tantas exigências com segurança", me disse o responsável pela equipe norte-americana. "O protocolo da AT&T é muito mais complicado que o dos presidentes Bush e Collor."

O jantar estava marcado para acontecer no hotel Plaza de Nova York. Trata-se de um prédio quadrado, na Quinta Avenida, em frente ao Central Park. Era o hotel em que Collor estava hospedado. No andar onde seria o jantar, cada um dos quatro cantos tem uma suíte presidencial. Nós da SID tivemos de alugar a suíte onde seria o encontro com uma semana de antecedência, para que os agentes norte-americanos a vasculhassem e mantivessem segura. Alugamos duas, então. A segunda, do outro lado de um longo corredor, serviria de área de apoio.

O que nós não esperávamos era que o leilão de privatização da siderúrgica Usiminas fosse marcado para o dia seguinte ao do jantar. Era a primeira privatização dentro do Programa Nacional de Desestatização, criado como medida provisória no primeiro dia de governo e transformado em lei menos de um mês depois[10]. Naturalmente, Collor não queria perder esse evento histórico, um de seus trunfos políticos em um primeiro ano conturbado pela renitência da inflação e da crise econômica.

Para estar no Brasil a tempo, porém, Collor teria de viajar à noite, poucas horas depois do seu discurso na ONU. O presidente brasileiro não tinha um avião para chamar de seu, e o único voo direto, um 707 da Varig, decolava às 8 da noite. Chegamos a lhe oferecer um avião

---

10 Sobre o programa, veja explicação no *site Terraço Econômico*. Disponível em: https://terracoeconomico.com.br/o-programa-nacional-de-desestatizacao-na-decada-de-90/. Acesso em: 14 nov. 2024.

privado para levá-lo de volta depois do jantar, mas Collor não era bobo – imagine o que diriam ao vê-lo chegar ao Brasil num avião privado pago pelo Matias Machline, um empresário da informática e das telecomunicações. Ainda mais para o leilão uma estatal.

Não houve jeito. Bob Allen teve de cancelar o convite para dez dos maiores empresários dos Estados Unidos. Eu pensei que ia ter de pular do Empire State Building, de vergonha. No entanto, conseguimos, pelo menos, marcar uma reunião para as 16 horas, apenas entre Collor e Allen. Se tivesse bola de cristal, o jantar não precisaria ter sido cancelado. Uma liminar da Justiça suspendeu o leilão da Usiminas, e o governo acabou adiando o processo, por temor de que a insegurança jurídica fizesse cair demais o preço da estatal. A Usiminas seria privatizada apenas um mês depois, no dia 24 de outubro de 1991.

Apesar da redução de 90% no número de convidados, o esquema de segurança para o encontro com Collor tinha de se manter o mesmo. O serviço secreto norte-americano exigiu que todos os participantes da reunião estivessem na suíte de apoio com uma hora de antecedência. Ao que o pessoal da AT&T respondeu: nem se fosse a rainha da Inglaterra! Depois de muita negociação, a equipe da AT&T concordou que Allen chegasse quinze minutos antes.

Qual não foi minha surpresa, então, quando dei uma saída da suíte de apoio para esticar as pernas, uma hora antes do encontro, e avistei o presidente do conselho da AT&T perdido num dos corredores. Fui conversar com ele, era simpaticíssimo. Ficamos na suíte até que alguém avisou que Collor estava descendo do seu quarto. Fomos então para a suíte principal e ficamos conversando, nós dois, o presidente da AT&T, Robert Allen, e o secretário especial do Meio Ambiente, José Lutzenberger. Quando Collor apareceu, a empatia foi imediata. Eu comecei servindo de tradutor, mas em pouco tempo Collor passou a falar em inglês.

No meio da conversa, percebi, pelo vão da porta, uma movimentação lá fora. Era a Carly Fiorina, seguida de perto por três seguranças. Pedi licença e sai para encontrá-la. Estava esbaforida: "Tony! Perdemos o Bob!", ela me disse. "Sério?", respondi. "O que você me dá se eu o encontrar?". Ocorre que o Plaza tem duas entradas, uma na Quinta Avenida e outra na rua 59. O aparato de segurança da AT&T, tão meticuloso, tão detalhista, tão rígido, ficou esperando que ele chegasse por uma entrada, e ele veio pela outra. Isso talvez diga algo sobre a eficiência das grandes corporações. Talvez...

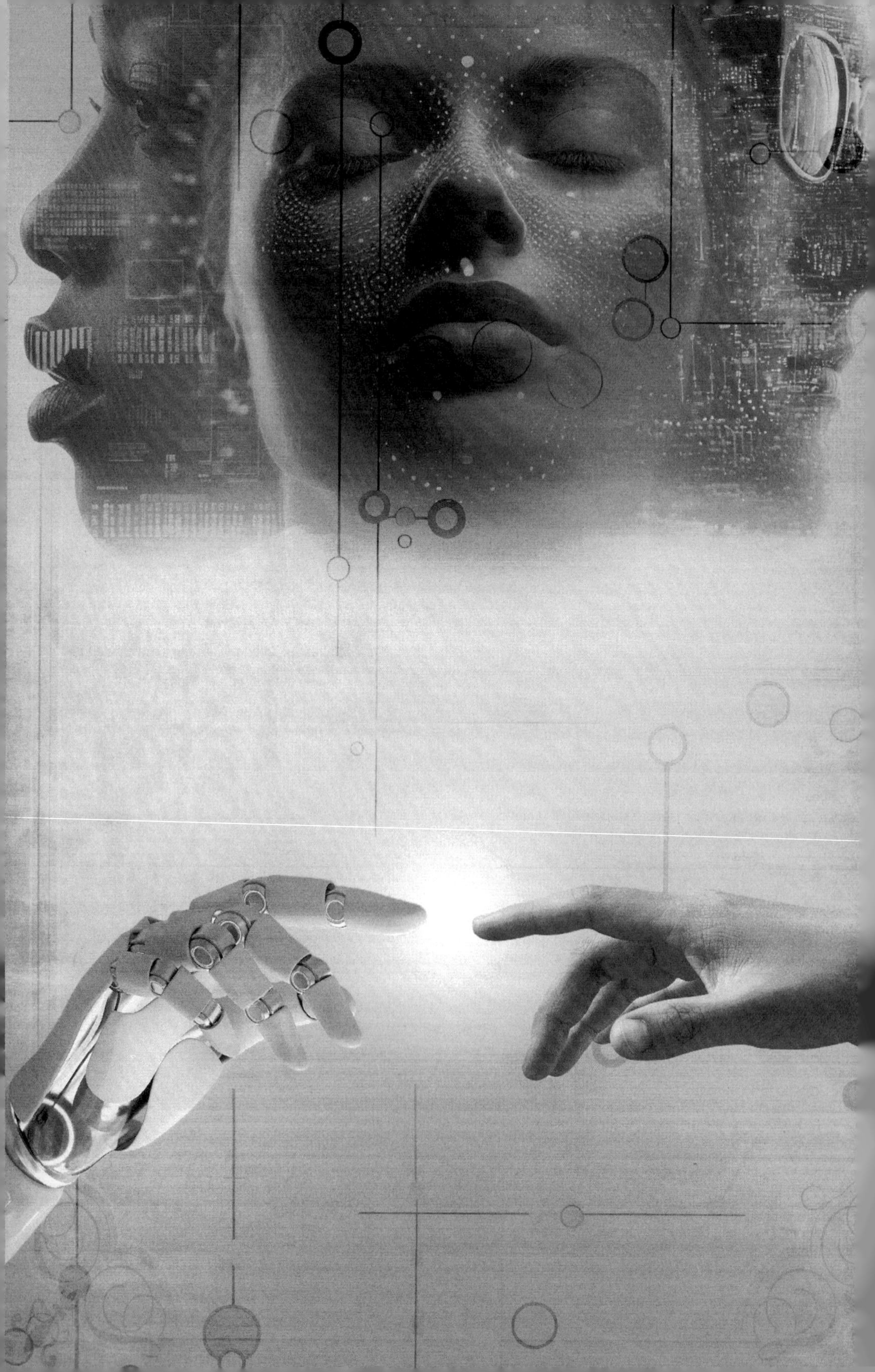

CAPÍTULO 3
O COMEÇO DA RESERVA

Se teve um final pomposo, num cerimonial nos jardins da Casa Branca, o mesmo não se pode dizer do início da *Lei de Reserva de Mercado de Informática no Brasil*.

É claro, houve um marco oficial... em 29 de outubro de 1984, durante o governo do último presidente militar, João Baptista de Oliveira Figueiredo, foi sancionada a Lei Federal nº 7.232, que tinha por objetivo "a capacitação nacional nas atividades de informática, em proveito do desenvolvimento social, cultural, político, tecnológico e econômico da sociedade brasileira".[11] No entanto, a reserva começou antes, muito antes. Mais de uma década antes. Eu acompanhei esse processo como um espectador privilegiado.

Àquela altura, no início da década de 1970, eu estava nos Estados Unidos. Havia sido convidado, em 1969, para um curso, o Management Acceleration Program (Programa de Aceleração para Gerentes). Pouco tempo antes, tinha migrado da área técnica para a comercial, e o curso ajudaria a me desenvolver na empresa. Era um programa que pinçava umas dez pessoas por ano, de todos os países onde a IBM atuava. Fui para lá já casado, com dois filhos. Tinha aulas e uns estágios –fui designado para a função de assistente de Jacques Maisonrouge, presidente da IBM World Trade Corporation, que cuidava de toda a operação da companhia fora dos Estados Unidos.

---

[11]   O texto da Lei nº 7.232/1984 pode ser consultado em: https://www.planalto.gov.br/ccivil_03/Leis/L7232.htm#:~:text=LEI%20N%C2%BA%207.232%2C%20DE%2029%20DE%20OUTUBRO%20DE%201984.&text=Disp%C3%B5e%20sobre%20a%20Pol%C3%ADtica%20Nacional,Art. Acesso em: 14 nov. 2024.

Maisonrouge era um puríssimo representante da elite francesa. Era graduado em Engenharia pela École Central des Arts e Manufactures, um instituto nascido na Revolução Industrial que costumava ser o berço dos mais altos executivos do país. Seria, anos mais tarde, nomeado oficial da Legião da Honra. E comandante da Ordem das Palmas Acadêmicas, uma distinção aos professores e aos servidores que mais se destacaram em favor de universidades, da educação e da ciência. Foi também membro da Academia Internacional de Gestão.[12]

Em 1970, o senhor Maisonrouge me mostrou uma carta que havia acabado de receber do então presidente da IBM Brasil, José Bonifácio de Abreu Amorim, e falou: "isso vai dar rolo.".

E deu. A carta era uma descrição de um plano da Marinha brasileira para fazer o próprio computador. A Marinha tinha comprado seis fragatas inglesas, e elas eram controladas por computador. Daí vinha um incentivo extra para embarcar no que então se considerava uma necessidade estratégica. No final dos anos 1960, a Marinha já trabalhava num projeto, àquela altura embrionário, de desenvolver um computador nacional.

A reação de Maisonrouge foi pragmática :"Que eu saiba, o único país do mundo que está inventando de fazer isso é a França", ele disse. No entanto, fazer computadores para embarcar em aviões e navios era um eixo de negócios que estava se desenvolvendo. Não que os computadores já não fossem usados para diversas tarefas, mas eram computadores específicos – um para cada função. Em 1965, a IBM começou a criar o System/4 Pi para integrar todas essas operações. As primeiras vendas começaram em 1967. Em outubro de 1969, ou seja, poucos meses antes da carta de Amorim para Maisonrouge, a empresa negociava a venda do

---

12 Mais informações sobre Jacques Maisonrouge podem ser encontradas no obituário do jornal *The New York Times*, 27 jan. 2012. Disponível em: https://www.legacy.com/us/obituaries/nytimes/name/jacques-maisonrouge-obituary?id=25891424. Acesso em: 20 nov. 2024.

sistema ao governo francês, para uso no avião Concorde.[13] Antes disso, os militares franceses já usavam o sistema. A França era o único país, fora os Estados Unidos, em que a IBM tinha uma divisão militar (que nos anos 1960 projetou, inclusive, o sistema de defesa aérea do país).

"Se era possível vender para a França, devia ser para o Brasil também", Maisonrouge pensou. Melhor ainda, que tal dar aos brasileiros a versão desenvolvida para os franceses? "Vamos propor isso: passar esse projeto do 4 Pi para o Brasil", disse. A ideia nem chegou a ser ventilada com a Marinha brasileira. Parou na burocracia da própria IBM. Um vice-presidente da companhia no Brasil escreveu que era bobagem desenvolver um computador brasileiro, não daria certo.

A partir desse erro – a recusa da IBM em ajudar a Marinha a desenvolver seu computador – nasceu a reserva de mercado. Pode não ter sido o único fator; afinal, o sentimento nacionalista crescia, e os militares consideravam os computadores uma indústria estratégica. Contudo, a passividade da IBM foi um fator importante. Se tivesse entrado naquele projeto, a história da reserva teria sido muito diferente.

Sem o apoio da IBM, ganhou força um grupo de desenvolvimento de computadores da Marinha, liderado por José Luiz Guaranys Rego, mais conhecido como comandante Guaranys. Engenheiro formado pela própria Marinha, ele havia cursado doutorado em eletrônica nos Estados Unidos no final da década de 1960. O computador que a Marinha afinal conseguiu fazer chamou-se G 10, sendo o G em sua homenagem.[14]

13　Como pode ser verificado em *Civil Aeronautics Board Reports* (relatórios do Conselho da Aeronáutica Civil dos Estados Unidos) , v. 52, 1969. Disponível em: https://play.google.com/store/books/details?id=WFNPkgj8TqMC&rdid=book-WFNPkgj8TqMC&rdot=1 Acesso em: 20 nov. 2024.

14　Um pequeno resumo de sua história pode ser encontrado nesta reportagem do jornal da PUC, de outubro de 2016, disponível em http://jornaldapuc.vrc.puc-rio.br/cgi/cgilua.exe/sys/start.htm?infoid=4894&sid=47. Acesso em: 20 nov. 2024.

Mesmo esse desenvolvimento teve algo a ver com a IBM, ainda que indiretamente. Em 1968, a Universidade de São Paulo (USP) comprou um computador IBM 1620 para que o pessoal do Departamento de Engenharia Elétrica pudesse estudá-lo. Daí nasceu o Laboratório de Sistemas Digitais (LSD, uma sigla talvez apropriada porque, naquele momento, o projeto de fazer um computador no Brasil parecia uma "viagem" movida a ácido lisérgico). Em 1971, o LSD convidou os professores Jim Rudolf, da Hewlett Packard, e Glen Langdon, da IBM, para ministrar cursos e pesquisas na USP. Foi graças às aulas de Langdon que dez alunos sob sua orientação se envolveram no projeto do Patinho Feio, o primeiro computador do Brasil – com 45 placas, que continham 450 circuitos integrados – capaz de armazenar o equivalente a 4 Kbytes de memória, um milionésimo da capacidade de um *notebook* médio, hoje em dia. Era um computador do tamanho de uma geladeira, com o cérebro de uma agenda eletrônica (uma década antes, houve o Zezinho, projeto realizado no Instituto Tecnológico da Aeronáutica, mas esse era um protótipo para demonstração, parte dos primórdios da computação).

O Patinho Feio respondia ao chamamento da Marinha às universidades brasileiras para que produzissem um computador que equipasse suas fragatas. O nome era uma provocação à Universidade de Campinas (Unicamp-SP), que batizara seu projeto de Cisne Branco. O Patinho Feio acabou chegando na frente, e a equipe foi contratada para desenvolver o G 10, com apoio de uma turma da Pontifícia Universidade Católica do Rio de Janeiro (PUC-RJ), responsável pelo *software*.

Guaranys, porém, morreu em 1973, dois anos antes de o protótipo do G 10 ficar pronto.[15] Ele tinha 36 anos. Sua morte ocorreu dentro

---

15   Parte dessa história pode ser vista no trabalho *Primórdios da Computação do Brasil*, de Marilza de Lourdes Cardi e Jorge Muniz Barreto. Disponível em: https://www.cos.ufrj.br/shialc/2012/content/docs/shialc_2/clei2012_submission_126.pdf. Acesso em: 20 nov. 2024.

de um táxi, aparentemente por causa de problemas cardíacos, embora ele se queixasse de saúde havia algum tempo. Apesar da morte precoce, ele foi um propulsor da indústria nacional de informática. Trabalhou para criar a Eletrônica Digital Brasileira, que depois se transformou em Digibrás, uma estatal de fomento à indústria eletrônica que criou, com outros sócios, a Cobra (Computadores e Sistemas Brasileiros S.A.), a primeira empresa de informática brasileira.[16]

OS MILITARES TOMAM CONTA DA RESERVA

Ninguém imaginaria que aquela carta de Amorim para Maisonrouge pronunciasse a política de reserva de mercado para computadores no Brasil; mas foi o que aconteceu. O projeto da Marinha de equipar suas fragatas com computadores, levado a cabo por conta própria, acelerou as engrenagens de uma política nacionalista que culminou na criação da Comissão de Coordenação das Atividades de Processamento Eletrônico (Capre), em 1972.

O intuito inicial da Capre era restringir a importação de *hardwares* estrangeiros pelas instituições governamentais, uma vez que já se fabricavam por aqui computadores, componentes eletrônicos, unidades periféricas, equipamentos de teleprocessamento e *softwares*.

Contudo, "o bicho" foi crescendo. Em 1975, durante a crise internacional do petróleo, quando as preocupações com a balança comercial se acentuaram, o governo brasileiro passou a exigir autorização prévia da Capre para a importação de qualquer artigo de informática. No ano seguinte, o órgão já tinha o objetivo declarado de controlar totalmente o uso de computadores no território nacional. O mercado de minissis-

---

16   A história da Cobra está bem narrada no livro *Rastro de Cobra*, de Silvia Helena Vianna Rodrigues. Disponível em versão eletrônica neste *link*: https://datassette.s3.us-west-004.backblazeb2.com/livros/rastro_de_cobra.pdf. Acesso em: 20 nov. 2024.

temas e periféricos passou a ser protegido: somente empresas nacionais podiam atuar.

Em 1979, a Capre foi considerada ineficiente. Foi substituída pela Secretaria Especial de Informática (SEI), vinculada ao Conselho de Segurança Nacional Se, até então, havia um acordo relativamente abrangente entre um governo nacionalista, empresários nacionais que enxergavam uma oportunidade de lucro e até mesmo militantes da esquerda que enxergavam a reserva como uma política para gerar mais empregos, agora os militares assumiam o controle.

No começo da década de 1980, justamente aquela que ficaria conhecida como a década perdida, quando o Brasil como um todo mais precisava de produtividade, chegavam ao mercado os primeiros microcomputadores produzidos no país – com preços em média cinco vezes maiores que os estrangeiros.

CAPÍTULO 4
O AMANHECER DOS COMPUTADORES

Que os brasileiros podiam fabricar computadores, estava evidente desde pelo menos os anos 1960, quando o Instituto Militar de Engenharia (IME) e o Instituto Tecnológico da Aeronáutica (ITA) criaram seus protótipos – a Lourinha e o Zezinho, respectivamente. Estas, porém, eram máquinas conceituais que apenas mostravam como funcionava um "cérebro eletrônico" (como eram chamados os computadores na época). Para avançar, seria preciso ter apoio de centros de pesquisas, disponibilidade de capital e a perspectiva de ganhos por uma economia de escala (no seu início, os computadores eram enormes e caros demais). Apenas as multinacionais reuniam essas condições.

Entre elas, a IBM levava certa vantagem: instalara no Rio de Janeiro a sua primeira fábrica fora dos Estados Unidos, nos idos de 1999. Muito antes, em 1917, já havia prestado serviços de estatística para o governo brasileiro e, em seguida, ajudado a coletar e interpretar os dados para o censo de 1920. A companhia ainda chamava-se Computing Tabulating Recording Company (CTR). Nascera no final do século XIX, quando o estatístico Herman Hollerith desenvolveu máquinas elétricas para a contagem do censo de 1890 nos Estados Unidos. Foi um sucesso: em vez dos sete anos de demora para tabular os resultados, a CTR gastou três. Era uma economia de milhões de dólares.

Essa experiência foi um atrativo para os primeiros serviços no Brasil, antes mesmo de a companhia se chamar IBM (a troca de nome ocorreu em 1924, sob o comando de Thomas J. Watson). Após o censo, a IBM passou a cuidar da contabilidade de várias empresas – e até hoje, muita gente chama o certificado de pagamento de "holerite", nome da máquina perfuradora de cartões que serviam de contracheque (em homenagem a seu criador).

Na década de 1950, a IBM começou a fabricar computadores, principalmente para ajudar no esforço de guerra dos norte-americanos na Coreia. Por aqui, a fábrica da companhia começava a produzir calculadoras e máquinas elétricas para auxiliar na contabilidade. Apesar de toda essa dianteira, a IBM sentia um nó na garganta pelo fato de a Burroughs, sua concorrente havia décadas, ter vendido o primeiro computador a operar no Brasil. A rigor, a informática brasileira começou em 1957, com a compra de um Univac 40, da Remington, pelo governo de São Paulo, para modernizar o serviço de emissão de contas de água e esgoto[17]. No ano seguinte, o Banco Francês e Italiano trouxe outro Univac para o Brasil para calcular saldos e movimentações das contas dos clientes. Em 1999, a companhia beneficiadora de algodão e processadora de alimentos, Anderson Clayton, instalou em sua sede em São Paulo um Ramac 305, da IBM – primeiro "cérebro eletrônico" a contar com um disco rígido para memória, que acabou aposentando o sistema de cartões perfurados (não à toa: em 50 disquetes magnéticos, era capaz de processar informações equivalentes às armazenadas em 64 mil cartões perfurados).[18]

Mesmo com todos esses antecedentes, o Burroughs B-205 instalado na PUC-RJ, em junho de 1960, entrou para a história como o primeiro computador a operar produtivamente no Brasil. Não foi apenas porque os antecessores tinham uso mais limitado. Ocorre que, embora a IBM fosse a maior das nove fabricantes norte-americanas de computadores

---

17 Essa história está bem contada em PEREIRA, Lucas de Almeida. *Os primórdios da informatização no Brasil: o "período paulista" visto pela ótica da imprensa*, in História (São Paulo) v. 33, n. 2, p. 408-422, jul./dez. 2014 ISSN 1980-4369. Disponível em: https://www.scielo.br/j/his/a/R5jGnGzS35qWzL6xPKsW5fL/?format=pdf&lang=pt. Acesso em: 20 nov. 2024.

18 A importância do Ramac 305 na história da computação pode ser compreendida no texto de Kyle VanHemert no *site* da Gizmodo. Disponível em: https://gizmodo.com/ibm-305-ramac-the-grandaddy-of-modern-hard-drives-5494858. Acesso em: 20 nov. 2024.

na virada para a década de 1960 e tivesse os maiores investimentos em *marketing* e propaganda para educar os brasileiros sobre essa revolução, a Burroughs deu-lhe um nó em publicidade: a cerimônia de inauguração do B-205, no Centro de Processamento de Dados da PUC-RJ, contou com a presença do presidente Juscelino Kubitschek e do cardeal de Milão, Giovanni Battista Monticini, que três anos mais tarde seria consagrado como o papa Paulo VI.

A Burroughs havia conseguido se associar à imagem de futuro tão apregoada por Juscelino, com seu *slogan* de avançar 50 anos em 5. Essa máquina era imponente. Pesava mais de uma tonelada e ocupava uma sala inteira da PUC-RJ – a única em toda a universidade que contava com ar-condicionado. A IBM não ficou totalmente de fora: o conjunto contava com uma impressora da marca. Era como participar da festa da concorrente com um papel de coadjuvante. E isso os executivos da IBM não engoliam.

MEU CAMINHO ATÉ A IBM

Legenda: Moyses, o pai de Antonio Gil, em 1924, enquanto aluno do Colégio Cristo Rei, de Botucatu (SP)

Foi nessa época que eu entrei na IBM. Não que eu tivesse planejado – até porque não tinha bola de cristal –, mas naquele momento o Brasil estava engatando uma segunda marcha rumo ao progresso, e acabei testemunhando histórias fundamentais da formação tecnológica do país.

O setor de tecnologia era tão incipiente que arregimentava pessoas das mais variadas origens. Minha própria história pode ilustrar um pouco isso.

Nasci em Palmital, uma cidade pequena no interior de São Paulo, na fazenda de meu avô, Affonso Modesto Gil. Ele havia saído de Avaré, da fazenda de meu bisavô, em 1913, uma época de penetração de colonos no oeste de São Paulo e no norte do Paraná. Em lombo de burro, com a mulher, Sebastiana, e sete filhos, comprou terras, àquela altura baratas, a se instalou em fazenda própria no dia 24 de dezembro. Por causa da data, chamou a fazenda de Natal. Era tudo mato, ele começou a plantar café e criar gado.

Quando seu Affonso morreu, a fazenda foi vendida, e o dinheiro, dividido entre todos os filhos. Um dos meus tios administrou mal a herança; quatro anos depois, meu pai ficou a zero. Em 1949, fui estudar em colégio interno, em Campinas. Mais tarde, minha família foi para São Paulo. Meu pai, Moysés Modesto Gil, virou motorista de táxi. Minha mãe, Maria Emília, abriu uma pensão. Eu entrei no Atheneu Paulista, um dos melhores colégios do estado. Um dia, na quarta série, fui tirado de sala na hora de um exame – meus pais não haviam pagado a mensalidade. A crise foi resolvida porque eu era um ótimo aluno: o diretor me deu uma bolsa de estudos. Aos 15 anos, porém, senti-me na obrigação de ajudar a família. Saí do Atheneu, fui para uma escola pública e prestei um concurso para trabalhar no Iapi, um instituto que financiava projetos de habitação popular.

Quando passei no concurso, no meio do segundo ano científico (atual ensino médio), passei a estudar à noite. Por meio de um colega, fiquei sabendo que existia uma faculdade de Engenharia chamada ITA e me interessei. O cursinho era caro, mas meus pais conseguiram bancar. Foi o único vestibular que prestei. Como o resultado saía um mês antes dos outros, quando fui aprovado nem pensei em alternativas.

O SURGIMENTO DO ITA

Não conhecer o ITA hoje em dia causa estranheza. Naquela época, porém, a faculdade da Aeronáutica estava nos seus primórdios. Ela foi formada em 1950, inspirada no sonho do inventor e aeronauta brasileiro Alberto Santos Dumont, um dos pioneiros da aviação. Em 1918, ele escreveu que seu "mais intenso desejo era ver verdadeiras escolas de aviação no Brasil"[19]. Admirador de Santos Dumont, o coronel-aviador Casimiro Montenegro Filho visitou algumas escolas técnicas nos Estados Unidos, na primeira metade da década de 1940[20]. Encantou-se com o Instituto Tecnológico de Massachusetts (MIT) e se tornou o principal incentivador de um projeto similar no Brasil. Com o fim da Segunda Guerra Mundial e o interesse dos Estados Unidos em expandir sua zona de influência, confluíam os interesses pela formação de um centro tecnológico da aeronáutica no país. Para construí-lo, o Ministério da Aeronáutica contratou o professor do MIT Richard Herbert Smith. São José dos Campos era então uma vila mais conhecida por seu asilo para tratamento de tuberculosos. A prefeitura, porém, vislumbrou a oportunidade e doou um terreno à Aeronáutica. Não fosse isso, o ITA poderia ter ido para Guaratinguetá (também no estado de São Paulo).

---

19 Para saber mais sobre a história do ITA acesse o *link*: https://www.fab.mil.br/noticias/mostra/35763/INSTITUCIONAL%20-%20Especial:%2070%20anos%20da%20cria%C3%A7%C3%A3o%20do%20ITA%20(1%C2%AA%20d%C3%A9cada) Acesso em: 20 nov. 2024.

20 Para esta cronologia, pode ser consultado o *link*: https://pt.slideshare.net/slideshow/instituto-tecnologico-de-aeronautica-ita-pdf/270285793. Acesso em: 20 nov. 2024.

As obras para a construção do centro tecnológico, o CTA, começaram em 1947. O plano era ter um instituto de pesquisa e desenvolvimento e um instituto de formação de pessoal: que foi o ITA, criado em 1950, abrigou a primeira turma de engenheiros aeronáuticos. No ano seguinte, abriu-se o curso de Engenharia eletrônica – no qual ingressei em 1956.

Ingressei e, logo na primeira semana, quase desisti do curso. Não há nenhuma dúvida, hoje, de que o ITA é um dos grandes motores do progresso do Brasil. Ali se gestou a Embraer, uma empresa de classe mundial, mas não foi apenas isso: os alunos criaram a Embratel, a Avibrás e diversas outras empresas; desenvolveram o motor a álcool, o avião Bandeirante, a urna eletrônica, o radar meteorológico; povoaram e povoam as diretorias e as presidências de várias das maiores empresas e instituições acadêmicas do país. Naquela época, porém, não se tinha ainda essa visão. Naqueles primeiros anos, a faculdade nem era reconhecida pelo Ministério da Educação (o que só aconteceu em 1954, dois anos antes de eu começar o curso).

O que me marcou naquele início, portanto, foi uma senhora de uma decepção com os professores. A maioria deles era jovem, quase tão jovem quanto os alunos. Os livros didáticos vinham todos do Massachusetts Institute of Technology (MIT), e os professores passavam o tempo inteiro consultando o material. Davam a impressão de que estavam apenas algumas páginas à nossa frente. Estudavam o próximo capítulo para nos passar nas aulas seguintes.

É evidente que não havia apenas professores jovens. A primeira turma de docentes do ITA veio com o professor Richard Smith, que virou reitor do instituto. Havia mais de uma dúzia de estrangeiros que buscaram asilo nos Estados Unidos nos anos da guerra ou logo depois, incluindo alemães que haviam apoiado em diferentes graus o regime nazista.[21] Assim como o engenheiro Wernher von Braun, que desenvolveu foguetes para os nazistas, foi uma figura essencial para os norte-americanos conquistarem o espaço, o Brasil também teve sua cota de avanço científico graças aos alemães – na Embraer, os projetos do Convertiplano, um avião capaz de decolar na vertical, sem pista, e o helicóptero Beija-flor foram herdeiros diretos das pesquisas feitas no esforço de guerra de Adolf Hitler.

Além de alemães, havia irlandeses, franceses, poloneses, tchecos, ingleses, holandeses, chineses.[22] Gente de primeiríssima linha. Suas aulas eram dadas em inglês. Para trabalhar com eles e, em seguida substituí-los, o Ministério da Aeronáutica também contratou alguns professores de prestígio nacional.[23]

Para mim, no entanto, a impressão que ficou foi a dos jovens buscando transmitir um conteúdo que haviam absorvido muito pouco tempo antes.

---

21   Entre os alemães estava Heinrick Focke, que projetou um avião de decolagem vertical (como um helicóptero) para os nazistas, uma empreitada interrompida pelo fim da guerra e retomada no Brasil, pela Embraer, com o nome de Convertiplano. Por uma série de motivos, principalmente a dificuldade de importar equipamentos para a montagem, o projeto do Convertiplano foi abandonado, mas deixou como herança um novo conhecimento técnico e vários profissionais que acabaram ficando no país, como funcionários da Embraer. A história está bem contada na reportagem de Carlos Cardoso, para a *Meio Bit*. Disponível em: https://meiobit.com/421362/convertiplano-como-o-brasil-teve-seu-proprio-werner-von-braun/ Acesso em: 20 nov. 2024.

22   OLIVEIRA, Nilda Nazaré Pereira. *Entre o criar, o copiar e o comprar pronto:* a criação do ITA e do CTA como instituições de ensino e pesquisa para a consolidação da indústria aeronáutica brasileira (1945-1990). 2008. Tese (Pós-graduação em História Social). Faculdade de Filosofia, Letras e Ciências Humanas da USP. Disponível em: https://teses.usp.br/teses/disponiveis/8/8138/tde-07072008-100907/publico/TESE_NILDA_NAZARE_PEREIRA_OLIVEIRA.pdf. Acesso em: 20 nov. 2024.

23   Uma lista deles é fornecida no artigo "As origens da Embraer", de Maria Cecilia Spina Forjaz, em publicado na revista *Tempo Social*, v. 17, n. 1, jun. 2005. Disponível em: https://www.scielo.br/j/ts/a/WSQycbJRGX9cS8BH865W5NQ/?format=pdf. Acesso em: 20 nov. 2024. No *site* da Associação dos Engenheiros do ITA, há uma lista mais extensa de professores de cada turma. A da minha, por exemplo, está neste *link*: http://www.aeitaonline.com.br/wiki/index.php?title=Turma_de_1960

Depois do trauma da chegada, eu logo percebi que o ITA era uma experiência completamente nova. Tínhamos aula de manhã, laboratório à tarde. E o laboratório era puxado, tínhamos de desenvolver coisas. Era trabalho braçal, imprescindível para a gente aprender de verdade. O sistema de ensino seguia o modelo norte-americano: baseava-se em períodos semestrais, e a estrutura de ensino era dividida em departamentos. Esse sistema acabou prevalecendo no Brasil, a maioria das universidades o adotou. Ele favorecia, de um lado, o dinamismo do currículo, de outro, a autonomia e a liberdade acadêmicas.

Nesse ponto, o ITA foi uma escola de vida. E de formação de caráter. Os alunos faziam provas no quarto, podendo consultar o que quisessem. A biblioteca não tinha porta nem controle. E jamais, pelo menos no meu tempo, houve um escândalo. Era o que eles chamavam de disciplina consciente. Os próprios alunos tomavam conta de si. A gente morava no ITA, e também fazia o Centro de Preparação de Oficiais da Reserva (CPOR) e ganhava uma mesada – o que, no meu caso, foi bom para aliviar a situação familiar, embora meus pais àquela altura já estivessem mais ajeitados financeiramente.

Não levou muito tempo para eu entender que não tinha jeito para a aeronáutica. Minha única aventura nos ares foi como piloto de planador., mas não cheguei a tirar o brevê. Num dos acampamentos de voo a vela, eu fui sorteado para pilotar o avião de São José dos Campos até a Ilha Bela. No entanto, um colega do ano anterior, George Fukui, estava para tirar o brevê e pediu para pilotar no meu lugar. Eu deixei. Em pleno voo, o profundor (equipamento responsável por apontar o bico do avião para cima ou para baixo), formado por uma roldana com um cabo de aço, arrebentou. O planador embicou, e o instrutor saltou. Ato contínuo, o avião abriu-se ao meio. O Fukui se viu no ar. Puxou o paraquedas, que abriu, mas caiu num fio de alta tensão. Passou 48 horas duro, sem conseguir se mover.

Interpretei esse episódio como uma manifestação de Santo Antônio, meu anjo da guarda. Na mesma hora desisti de voar e comecei a pensar em qual seria a minha vocação.

Em 1960, no último ano de curso, eu tinha de fazer um trabalho de graduação. Fiz um projeto em teoria das filas, usando um livro do… MIT, é claro, pois o livro a toda hora fazia referência a computadores. Daí me veio a ideia: bater à porta da IBM. Um dos professores do ITA conhecia um funcionário, que me recebeu e, depois de me entrevistar, Richard Wallauschek disse que a empresa estava contratando a primeira turma de engenheiros

"Mas nós estamos contratando para trabalhar com máquinas de contabilidade", ele alertou. Ainda não se faziam computadores aqui. Fiz o teste, passei, recebi uma proposta de trabalho – no Rio de Janeiro, onde ficava a sede. Mal voltei para o ITA, o reitor, Marco Antonio Cecchini, me chamou. Ele soubera que minha função seria de vendedor de máquinas de contabilidade.

Legenda: Turma de formandos do ITA, em 1960

Outros três alunos haviam feito teste para manutenção do equipamento. "Você passou cinco anos estudando aqui para ser vendedor?", ele disse.

Não era bem assim. A IBM ia mandar os contratados para fazer um curso de um ano e meio sobre as máquinas de contabilidade. Vou repetir: um ano e meio de curso para entender o funcionamento de uma máquina elétrica que fazia contas. No entanto, naquele exato momento, a empresa estava começando a importar computadores. Precisava de analistas de sistemas também. A proposta era a de que eu e um colega fizéssemos o curso e, ao final, escolhêssemos se queríamos o cargo de vendedor ou de analista. Escolhi ser analista. Como analista, fui deslocado para dar assistência à Universidade de São Paulo (USP), que em 1961 comprou o primeiro computador científico do Brasil. A partir daí, eu faria parte da disseminação dos cérebros eletrônicos no país.

ACAMPANDO NA PRAÇA DOS TRÊS PODERES

No entusiasmo pela inauguração de Brasília, no dia 21 de abril de 1960, eu e mais três colegas do ITA, Waldecy Gonçalves, Leon Polsvosky e Ozilio Carlos da Silva, partimos no Jeep do Leon para o centro-oeste. Convencemos o CTA do Brigadeiro Montenegro nos dar alimentos e barracas do CPOR para a aventura.

Aventura em termos, pois o asfalto nos levaria de São Paulo a Brasília. Também convencemos o prefeito de São José dos Campos nos nomear representantes da cidade na inauguração. O objetivo era entregar uma carta ao Presidente Juscelino Kubitschek.

Depois de longa viagem chegamos na hora da missa da inauguração, onde é hoje o Supremo Tribunal Federal. Montamos a barraca nos arredores dos Três Poderes e fomos à missa.

Ficamos na fila do gargarejo vendo Juscelino e dona Sarah chorarem e ouvirem o "Peixe vivo"[24]. Impossível não se emocionar, nós quatro

---

24   A música "Peixe vivo" do folclore mineiro, acompanhou a vida pública de Juscelino. A canção

também choramos.

No dia seguinte fomos tomar banho na rodoviária, por nossos ternos e fomos para o Congresso Nacional. Cara, coragem e sorte. O senador do Rio Grande do Sul, Daniel Krieger, nos levou para Salão Verde onde foi a festa e o discurso do deputado Ranieri Mazzilli, citando o filósofo alemão Spangler.

Depois, a recepção com champanhe Don Perignon e caviar, e o Brasil inteiro presente.

O Ozilio, entusiasmado, disse ter adorado caviar e perguntou o que eram aquelas bolinhas pretas no caviar. Eu, com a carta do prefeito nas mãos, caminhei esbarrando no vice, Jango Goulart, até o presidente para quem entreguei a carta do prefeito. Juscelino agradeceu e entregou a um ajudante.

A carta foi lida à noite na Voz do Brasil. Sucesso absoluto com a prefeitura de São José dos Campos.

A volta para o Rio de Janeiro foi tumultuada, com o Jeep falhando a cada 20 km e bebendo gasolina até Porecatu, na divisa com Minas Gerais. Chegamos no escuro e aí um retrato do Brasil: no escuro, encontramos um mecânico, um menino de uns 15 anos que desmontou o carburador numa bacia cheia de gasolina suja. Quando vi o carburador desmontado pensei: "Aqui ficaremos". Meia hora depois estávamos prontos para partir.

Pagamos 50 cruzeiros ao mecânico e demos todas as latas de comida do CTA.

---

tornou-se marca registrada de sua cidade natal, Diamantina (MG). Veja mais em: https://www.camara.leg.br/noticias/21813-especial-historico-a-vida-de-juscelino-kubitschek/. Acesso em 19 fev 2025

Fomos até o Rio de Janeiro sem problemas e por estradas asfaltadas.

O coração feliz e cheio de esperança no Brasil. A esperança continua até hoje com as palavras do Juscelino ecoando nos nossos ouvidos.

Legenda: Notícia publicada no Jornal Valeparaibano, em 19 de abril de 1960

CAPÍTULO 5
OS COMPUTADORES CHEGAM AO MERCADO

Antes dos computadores "científicos", que começaram a chegar às universidades naquele início da década de 1960, foram as empresas (e os governos) que abriram o mercado para os cérebros eletrônicos. A pioneira foi a empresa de petróleo Esso, que comprou o então potentíssimo IBM 1401[25]. Logo em seguida vieram a prefeitura de São Paulo e o banco Bradesco. As vendas começaram em 1961, enquanto eu estava no curso de preparação da IBM. Quando cheguei à empresa, havia quadros nas paredes comemorando a "primeira grande venda na América Latina". O 1401 foi um marco na história da computação. Há quem o compare ao Modelo T, o carro da Ford que transformou o mercado automobilístico no início do século XX, porque ele também foi produzido em massa. Era a estreia dos computadores na lógica da economia de escala, que permitiria seu barateamento e sua universalização.

EFICIÊNCIA MAIOR, CUSTO MENOR:
O INÍCIO DA CURVA

Para entender a evolução que o 1401 representou, é preciso lembrar que, no início da informática, os computadores realizavam operações específicas com base em dados fornecidos por cartões perfurados. O

---

[25] A compra foi celebrada na imprensa como "a chegada dos métodos eletrônicos", conforme a reportagem do *Correio da Manhã*, edição 20912. Disponível em: http://memoria.bn.br/DocReader/Hotpage/HotpageBN.aspx?bib=089842_07&pagfis=18926&url=http://memoria.bn.br/docreader#. Acesso em: 20 nov. 2024.

local onde ficava o furo determinava o tipo de operação que a máquina faria. Havia cartões, por exemplo, para organizar a lista de vendedores da empresa, depois outra pilha de cartões para cada vendedor, com informações como o número de produtos vendidos, o preço, a data etc. Geralmente, uma máquina organizava os cartões, outra máquina fazia os cálculos. Depois, era preciso separar os cartões novamente para que os dados principais (no exemplo acima, os vendedores) ficassem livres para receber as informações do mês seguinte (outros cartões, com suas vendas, preços etc.).

Embora essas operações representassem um ganho enorme de eficiência em relação ao trabalho manual, ainda requeriam uma dose bastante alta de interferência humana, para "alimentar as máquinas". Então, em 1954, a empresa francesa Bull inventou um computador capaz de fazer tanto os cálculos quanto a contabilidade – e começou a ganhar mercado. A resposta da IBM veio em etapas, culminando com o lançamento do 1401 cinco anos mais tarde, em 1959. Ele trazia uma fita magnética, que guardava os dados com muito mais rapidez (e podia ser apagada). Para dar uma ideia da racionalização, a empresa de mídia norte-americana Time-Life transferiu as informações contidas em 40 milhões de cartões perfurados para apenas algumas centenas de fitas magnéticas.[26]

Entre as vantagens do 1401 estava a rapidez: ele passou a ser usado até como um "administrador" das máquinas maiores para economizar o tempo de alimentá-las com informações. Além disso, a nova linha trazia alguns periféricos bem mais avançados, como a impressora 1403, mais veloz e com impressão melhor, e uma leitora/perfuradora de cartões própria.

---

26 Uma explicação mais detalhada sobre a história do 1401 pode ser encontrada no artigo The Legendary IBM 1401 Data Processing System, de Robert Garner e Frederick Dill, na revista *IEEE Solid-State Circuits Magazine*, edição do inverno de 2010. Disponível em: http://ibm-1401.info/IBM1401_IEEE_SSCS_Mag_Jan2010-100DPI.pdf Acesso em: 20 nov. 2024.

E havia o preço. Assim como o Modelo T, da Ford, o 1401 ajudou a tornar a computação acessível para as empresas. Custava estonteantes US$ 500 mil (em valores de hoje, mais de US$ 3,5 milhões)[27] – mas o modelo de negócios da IBM era majoritariamente de aluguel, assim como nas predecessoras máquinas elétricas de contabilidade. A taxa mensal começava em US$ 2,500, porém a maioria dos clientes incluía periféricos ou grupos de máquinas, e a taxa média girava em torno dos US$ 6,5 mil (cerca de US$ 50 mil em valores de hoje)[28]. Parece uma exorbitância, mas apenas porque a evolução na indústria da informática foi exponencial, e os preços caíram de modo correspondente. Para a época, o 1401 era uma baita economia: custava por volta de um sexto do preço de um *mainframe*. Não à toa, em 1965, metade dos cerca de 26 mil computadores que existiam no mundo eram da família 1400.

DEMONSTRAÇÃO DA MÁQUINA E LIÇÃO HUMANA

A princípio surpreendida pelo sucesso do próprio lançamento, no início da década de 1960, a IBM já previa que seu mercado cresceria. Antes de entregar o 1401 da prefeitura, a empresa instalou um modelo em uma loja na praça da República, no centro de São Paulo, para expô-lo a potenciais clientes. Vista de hoje, a máquina era de uma simplicidade acaciana. Naquele tempo, no entanto, era complexa o suficiente para requerer que um técnico norte-americano viesse instalá-la e apresentá-la. Eu fui designado para ser seu assistente, em uma série de apresentações para empresas e instituições do Brasil inteiro.

A sala era quase inteiramente ocupada pelo computador e seus periféricos uma impressora 1403, a leitora de cartões e algumas fitas magnéticas. Uma antessala servia para receber as visitas. Durante o dia, téc-

---

27   Cálculo feito com base na cotação do dólar em outubro de 2024
28   Idem

nicos do Bradesco e da prefeitura revezavam-se para testar os programas que usariam quando recebessem as máquinas que haviam comprado. O final da tarde e o início da noite eram reservados para as demonstrações.

A ideia era que eu assistisse às demonstrações durante uma semana e depois assumisse a função do técnico. Fui então me apresentar a ele. No final da tarde, um pouco antes da chegada do primeiro cliente potencial, o telefone da sala tocou. Estavam à procura do técnico. Seu sogro havia morrido. Resultado: eu ia ter de fazer a demonstração, baseado apenas nas explicações que ele tinha me dado em uma hora de aula.

Poucos minutos depois, lá estava eu, do alto dos meus 24 anos, recebendo o presidente da Mercedes-Benz e sua comitiva. A apresentação em si era algo ridículo, você ligava as máquinas e dizia: "olhe como desta máquina eu consigo controlar todas as outras". Aí, a impressora deveria responder ao comando dado pelo computador principal. Tudo muito simples. No entanto, quando eu apertei o botão, a impressora disparou. Voava papel para todo lado. Eu apertava o botão para desligar e... nada. Tivemos de tirar o plugue da tomada.

Somente depois entendemos. O técnico do Bradesco que havia usado a impressora durante o dia colocou ao contrário a fita perfurada que controlava a máquina. A impressora procurava o buraco da fita que a faria parar e nunca chegava a ele. Compreendido o problema, tentamos de novo. Mal ligamos a máquina, uma placa de metal que ficava atrás da entrada do papel voou. Eu a agarrei em pleno ar e a entreguei ao vendedor da IBM, que estava ao meu lado. A partir daí, o teste funcionou.

Assim que acabou a apresentação, o presidente da Mercedes nos convidou – a mim e ao gerente da IBM – para jantar. Apontou o dedo para mim e disse "você vem comigo". No carro, tive uma das mais valiosas lições de gestão de pessoas da minha vida.

Assim que entramos na luxuosa Mercedes, ele falou: "Olha, eu tenho 63 anos e fiquei muito feliz com a sua apresentação. Porque eu vi que não é só velho que erra, jovem também erra. E deixa eu aproveitar para lhe dizer que o meu nome é Alfred Jurzykowski – Schultz Wenk é o presidente da Volkswagen."

Eu tinha chamado o cliente pelo nome errado a apresentação inteira! Podia até ser uma confusão compreensível um nome de origem polonesa e um nome de origem alemã, os dois presidentes que trouxeram grandes empresas automobilísticas para o Brasil –, mas era imperdoável. E, no entanto, que elegância! Em vez de me dar uma bronca pela apresentação atrapalhada e pela inabilidade, veio com essa história de que jovem também erra, me corrigiu em particular, nos convidou para jantar… no restaurante Fasano, um dos mais chiques da cidade, que então ficava no início da avenida Paulista, onde, anos mais tarde, se instalou a livraria Cultura.

A partir daí, a praça da República virou o ponto de demonstração da empresa. Por ali passaram todos os grandes clientes da IBM do país inteiro. Para mim, mais marcante foi aquela lição de como tratar as pessoas.

UM OBSTÁCULO NO GOVERNO

Uma segunda lição eu aprendi também dentro de um carro, dessa vez da Ford. Ela aconteceu quando a IBM vendeu para o Ministério da Fazenda o primeiro pacote de serviços que a gente poderia chamar de "moderno": serviria para calcular o Imposto de Renda. A ideia era instalar, espalhadas pelo país, cinco máquinas 1401, programadas para realizar os cálculos específicos da Receita Federal.

Era uma nova necessidade. Em 1962, o governo havia tornado obrigatória a declaração de bens, a ser apresentada com o Imposto de Renda, para detectar casos de enriquecimento indevido. Com outras mudanças de regulação e o aumento no número de declarações, os equipamentos se tornavam cruciais para o Ministério da Fazenda. Nessa época, a Remington Rand ganhou uma concorrência e forneceu para o governo seu modelo Univac – que ficou obsoleto em pouco tempo.

Nesse contexto, a prefeitura de São Paulo saiu na frente. Comprou o 1401 da IBM em agosto de 1960. A máquina foi entregue somente em dezembro de 1961 – módicos dezesseis meses depois! A ideia era agilizar a cobrança de impostos municipais. Tamanha era a novidade, que a prefeitura nem tinha espaço para abrigar a máquina. No Parque do Ibirapuera, onde ficavam vários órgãos da administração, não havia infraestrutura adequada para seu funcionamento – e o 1401 começou a operar na sede da própria IBM.[29]

Concomitantemente a isso, havia a iniciativa federal para agilizar o cálculo e a verificação dos impostos. Eu fazia parte da equipe que viajou ao Rio de Janeiro para desenvolver os programas e treinar pessoal. Passamos uma semana no imponente prédio do Ministério da Fazenda, na Avenida Presidente Antonio Carlos, no centro da cidade, em reuniões com a diretoria. Eu estava me sentindo o máximo (ou, como se dizia na época, o bambambã). A partir dali, fui alocado no time de São Paulo para desenvolver a programação de processamento do imposto.

Voltei cheio de entusiasmo e me apresentei ao superintendente, seu Mauro, um senhor de uns 50 e poucos anos. Ele foi pego de surpresa. A direção havia comprado o sistema da IBM sem falar com ninguém da equipe. Eu, um rapazola, começava a explicar as vantagens do sistema que eles tinham acabado de ganhar, percebendo no entanto que não havia lá muita vontade da parte dos clientes.

---

29   Para mais detalhes, ver o artigo de Lucas de Almeida Pereira e Maria Gabriela da Silva Martins Cunha Marinho. Adversidades, disputas e gargalos na difusão de computadores no Brasil: A inserção da Administração Pública e do setor privado na constituição de um mercado brasileiro de tecnologia da informação. (1957-1964)". *Revista Brasileira de História & Ciências Sociais – RBHCS*, v. 8, n. 16, jul./dez. 2016. Disponível em: https://periodicos.furg.br/rbhcs/article/view/10612. Acesso em: 20 nov. 2024.

O seu Mauro, porém, ficava encantado com as histórias sobre o computador. Uma vez nós o levamos para uma apresentação na praça da República, montada especialmente para ele. Mal chegou perto do computador, saiu um papel na impressora desejando-lhe "Bom dia, sr. Mauro", que nós tínhamos preparado. Ele ficou embasbacado.

"Seu Mauro, o senhor precisa designar o pessoal para nós treinarmos", eu disse.

Sem muita empolgação, ele concordou.

Reunimos cerca de trezentos funcionários públicos, numa sala perto do parque Dom Pedro, no centro de São Paulo, e eu montei uma apresentação sobre aquela novidade, o "cérebro eletrônico". Na sequência, passamos um teste da IBM para avaliar quem estaria qualificado a mexer com a programação. Era um exame de conhecimentos básicos de Matemática e Lógica. Dos quase trezentos, apenas cinco foram aprovados.

"E agora, seu Mauro? Precisamos de uma turma de vinte, só temos cinco." A solução que ele deu foi passar o teste de novo, facilitando as respostas. E lá fui eu, "flexibilizar" a prova. Dessa vez, passaram dez. E com dez nós começamos a trabalhar. Em pouco tempo, com algumas desistências e transferências, os dez se tornaram cinco.

Os treinamentos, com aulas todos os dias, caminhavam devagar. Era incompreensível para mim. Até que um dia um dos rapazes, de uns 30 anos, com quem tive uma aproximação um pouco maior, me convidou para almoçar. Ele me encontraria no prédio da IBM, que ficava na avenida São Luiz, no centro. Quase não havia carros no Brasil na época, e ele despontou com um reluzente Thunderbird, um carro de luxo da Ford.

Quando eu comentei que aquele carro era fantástico, ele respondeu com outra pergunta: "você já entendeu por que ninguém aparece nas suas aulas para ser programador?" A resposta era que vários deles tinham carros parecidos com aquele. Ganhavam tão bem assim? Não, tiravam uma remuneração extra fazendo o Imposto de Renda de outras pessoas. Ninguém estava interessado em processamento de dados.

Eu querendo vender o futuro, a tecnologia, a oportunidade... para gente que tinha os próprios esquemas. Aquele programa acabou sendo cancelado. Tinha sido implantado de cima para baixo, com pouca organização, e despertou ciumeira e resistências. Fizemos algo maior, somente para São Paulo, e mesmo isso demorou. Os dois computadores da prefeitura instalados em 1962 começaram a operar somente em 1964 – entre outros motivos porque o pavilhão onde acabou ficando, no Parque do Ibirapuera, sofria com constantes racionamentos de energia. Nessa época, percebendo a capacidade de aumento na arrecadação que o computador possibilitava, também a prefeitura do Rio de Janeiro comprou dois modelos IBM 1401. Capitaneada por órgãos públicos, prestadoras de serviço e, logo em seguida, bancos e grandes empresas, começava a difusão da informática no país.

CAPÍTULO 6
AS UNIVERSIDADES ENTRAM NA ERA DA INFORMÁTICA

A sensação de fazer parte de uma indústria nova, que prometia revolucionar os meios de produção, era empolgante. Ainda mais no contexto de um país que, apesar da volatilidade política, crescia a olhos vistos. De todas as áreas em que o computador ingressava, no entanto, nenhuma era tão fascinante quanto as universidades.

Aquele ano de 1961, em que eu entrei para a IBM, marcou a estreia dos computadores no mundo acadêmico. Já houvera experimentos antes, mas pela primeira vez passava-se do conceito de "cérebro eletrônico" para a realidade de um computador de fato capaz de operar. No ano anterior, a PUC-RJ comprara um Burroughs B205, mas o IBM 1620, a versão "científica" do 1401, era muito mais moderno – tanto que serviu para introduzir a informática a uma geração inteira de estudantes mundo afora. Foi esse o computador que a USP adquiriu (um ano depois, o ITA também compraria um igual). Tinha 20 mil posições de memória, cinco vezes mais que a versão comercial. Mais importante que isso, tinha sido produzido com a intenção de ser o mais barato possível.

O mais barato possível, naquela época, era algo em torno dos US$ 60,000 – menos de um quinto do preço do 1401. E, para as universidades, a IBM ainda oferecia um desconto de 50% a 60%. Por ser tão mais em conta, o 1620 podia ser efetivamente vendido, enquanto o 1401 era alugado.

Considerando que a IBM ainda tinha um parque instalado de máquinas elétricas – também no esquema de aluguel, a venda de um 1401 e a de um 1620 era suficiente para bater as metas do ano inteiro. Não é à toa que a empresa comemorou tanto as primeiras vendas.

Legenda: Em 1961, dando aula para a cúpula do Bradesco.

Legenda: Fazendo a apresentação do IBM 1401 para o conselho do Bradesco em 1961. Da esquerda para a direita: Antonio Gil, José Bonifácio Amorim, gerente da filial de São Paulo da IBM, Amador Aguiar, fundador do Bradesco, e Lázaro de Mello Brandão, VP e futuramente presidente do Bradesco.

MENTES BRILHANTES

Logo na volta do meu curso de introdução à IBM, fui designado para atender a USP. Entrei... e não queria mais sair de lá. Não se tratava simplesmente de vender um computador, e sim de participar de um projeto de mudança da universidade. Na época estava lá o professor Mário Schenberg, como diretor do departamento de Física. Foi um dos maiores físicos teóricos do século e abriu o caminho para os primeiros cursos de computação do país[30]. Tive várias reuniões das quais ele participou – parecia dormir em todas – junto com Oscar Sala, um físico nascido na Itália e criado em Bauru, interior de São Paulo, um dos principais nomes da Física Nuclear na metade do século passado. Sala usava o computador em suas pesquisas sobre reações nucleares, ocorridas a partir do acelerador eletrostático Van de Graaff.

Anos mais tarde, quando visitei um centro do conselho europeu para pesquisas nucleares – Conseil Európén pour la Recherche Nuclear (Cern) – em Viena, os físicos me perguntaram como o Brasil tinha conseguido fazer com o 1620 coisas que eles não haviam conseguido realizar com o 7094, o maior computador da época.

Schenberg e Sala não eram as únicas mentes brilhantes da USP. O ambiente de discussões teóricas era fascinante nos departamentos de Física e Matemática, e eu me enfurnei na parte científica do uso de computadores. Aparentemente, como o ano já estava ganho em termos de vendas, a IBM não se incomodava tanto com o tempo que eu gastava na universidade. O que era, aliás, uma ótima política de longo prazo, por cimentar a liderança da marca no desenvolvimento da informática no Brasil.

---

30   Uma biografia esquemática dele pode ser encontrada neste artigo: http://www.sbfisica.org.br/v1/portalpion/index.php/fisicos-d-brasil/74-mario-scheberg-2.   Acesso em: 5 nov. 2024.

Num dos primeiros cursos que dei sobre computadores para o pessoal da USP[31], estavam Imre Simon, um jovem nascido na Hungria, e Tomasz Kowaltowski, um jovem nascido na então União Soviética. Os dois se apaixonaram pela área e nunca mais largaram a Ciência da Computação. O curso era apenas básico, mas em seguida eles aprenderam sozinhos a linguagem de programação do 1620 e outras[32]. Daquele Centro de Cálculo Numérico, criado pela USP em 1962 para receber o computador da IBM, saíram os docentes que implantaram os primeiros cursos de Ciência da Computação no Brasil – da Unicamp, em 1969, e da própria USP, em 1971. Como não ficar absorvido por uma missão dessas?

"VOCÊ, DE CIENTÍFICO NÃO TEM NADA"

Esse idílio acabou sendo interrompido... por outra experiência de sonhos. Enquanto ainda estava na faculdade, eu havia pleiteado uma bolsa de estudos do governo francês, na área de pesquisa operacional. A bolsa foi finalmente aprovada e, em 1963, lá fui eu para Paris. A IBM apoiou o meu curso. Não apenas garantiu meu emprego na volta como continuou pagando meu salário e ofereceu que eu estudasse em sua filial francesa. O instituto de cálculo científico que a IBM mantinha em Paris era um dos melhores do mundo, e o governo francês aceitou que eu fizesse o curso lá.

---

31   Um relato sobre esse curso está no artigo *História do Centro de Cálculo Numérico (CCN) e suas Contribuições*, de Fang, Isu et Altri. Disponível em: https://www.ime.usp.br/~song/ime/ccn-origem-comp-new.pdf. Acesso em: 20 nov. 2024.

32   Mais tarde, Imre Simon fundou um campo da Matemática chamado Geometria tropical, que estuda as propriedades geométricas de polinômios. Ela se chama Geometria tropical em referência ao Brasil, onde ele vivia.

Foi uma mistura de sabático (com apenas um ano de empresa) e lua de mel estendida: eu havia acabado de me casar com Olga Maria, uma moça que conheci em São José dos Campos, no último baile que frequentei como aluno do ITA. Ela havia vindo para São Paulo para cursar a Faculdade de Ciências Sociais na USP. Na época, entre seus professores estavam Fernando Henrique Cardoso e Ruth Cardoso. O período na França, como se pode imaginar, foi interessantíssimo. E de lá eu voltei, em 1964, com um filho e com o título de coordenador de programas científicos da IBM.

Com poucas semanas da minha chegada no Brasil, o presidente da IBM nacional, o polonês Janusz Zaporski, me chamou à sua sala e me disse em inglês, a língua que sempre usava: "Estou aqui com um convite para sua transferência para Nova York.".

Quase cai da cadeira. Eu mal tinha voltado de Paris para o Rio de Janeiro, sede da IBM no Brasil, e recebia um convite para atuar na área científica nos Estados Unidos. Uma honra e tanto!

"Só que eu não vou concordar", me avisou Zaporski. "E você sabe por quê? Porque você, de científico, não tem nada. O seu lugar é na área comercial!"

Como eu ia discutir? Aí, para desespero de todos os meus conhecidos, aceitei o posto em vendas.

Até então, minha área tinha sido pesquisa operacional. Eu já tinha um papel em vendas, fazendo prospecção no Brasil, na Colômbia, no México e na Argentina, mas era uma função que mesclava atendimento técnico com vendas. E o Zaporski enxergou de longe: eu não tinha nada de cientista. Desde que voltei de Paris, já tinha começado contatos com universidades do Brasil inteiro. A IBM lançara uma versão mais moderna do 1620 – que chamou de Modelo 2 –, e eu rodei o país instalando o computador em universidades.

Foi uma experiência fantástica, que me pôs em contato com vários dos principais cientistas do Brasil. Um deles foi o professor Alberto Luiz Galvão Coimbra, um engenheiro químico com título de mestrado pela Universidade Vanderbilt, dos Estados Unidos. Coimbra foi o pioneiro dos cursos de pós-graduação com mestrado e doutorado, como havia nos Estados Unidos. Por aqui fazia-se apenas o que hoje se considera pós-graduação *lato sensu*, cursos rápidos de especialização em alguma área. Ele montou um mestrado em Engenharia Química, em 1963, atraindo professores norte-americanos para dar aulas na Universidade do Brasil (antigo nome da Universidade Federal do Rio de Janeiro, UFRJ). Em 1965, criou um segundo curso de mestrado, de Engenharia Mecânica. E, para a expansão da pós-graduação, nasceu a Coordenação dos Programas de Pós-Graduação e Pesquisa de Engenharia (Coppe).

O primeiro computador da Coppe foi um IBM 1130, comprado em 1968. Nesse ano, o Ministério da Educação promoveu uma reforma no sistema universitário que oficializou a pós-graduação do modo como era realizada pela Coppe.

Coimbra também foi pioneiro na contratação de professores e alunos bolsistas com dedicação exclusiva, em tempo integral. Ele próprio largou seis dos sete trabalhos que tinha na época. Para viabilizar esse sistema, contou com a ajuda do economista José Pelúcio Ferreira, chefe de uma divisão do Banco Nacional de Desenvolvimento Econômico (BNDE que, em 1982, tornou-se BNDES, incluindo o Social à sigla). Juntos, eles criaram o Fundo de Desenvolvimento Técnico Científico (Funtec), com recursos do banco, para manter professores e pesquisadores de alto nível nas universidades. Pelúcio, um dos grandes amigos que fiz durante minha carreira, também se envolveria na disseminação dos computadores, como se verá logo adiante.

AGARRANDO O TOURO A UNHA

Para acelerar a adoção dos computadores pelas universidades brasileiras, a IBM fez um acordo com o MIT. Com o time de professores norte-americanos, fiz viagens pela América Latina inteira para mostrar a importância de investir nas novas tecnologias.

No entanto, a venda não se baseava apenas nas discussões técnicas. Ela exigia muito jogo de cintura. Uma experiência inesquecível ocorreu em Belo Horizonte, na Universidade Federal de Minas Gerais (UFMG). O interesse nos computadores era tão grande que a minha apresentação foi marcada para o auditório da faculdade de Engenharia. Chegando lá, estávamos somente eu, o vendedor local da IBM e o diretor da escola de Engenharia. Ante o auditório imenso, lotado de cadeiras vazias, o diretor ficou constrangido e me perguntou se eu preferia cancelar a apresentação. "De jeito nenhum". respondi.

Acabei fazendo uma das melhores palestras da minha vida. Ao terminar, é claro que não houve aplausos, nem mesmo perguntas. Apenas uma: "O senhor trouxe o contrato?" Sim, havia levado. O diretor assinou-o ali mesmo.

Mais peculiar ainda foi a venda para a Universidade Federal da Paraíba. Àquela altura, já não vendíamos o 1620, e sim seu sucessor, o IBM 1130. A apresentação do pessoal do MIT convenceu o então diretor da Escola Politécnica de Campina Grande (que deu origem, anos depois, à Universidade Federal de Campina Grande), Lynaldo Cavalcanti de Albuquerque. Contudo, mesmo com os 60% de desconto que a IBM concedia, a faculdade não tinha dinheiro para investir no computador.

Pior, ainda em 1967, a Universidade tinha um interventor militar, Guilardo Martins, professor da Escola de Medicina, que não apenas considerava a compra de um computador totalmente desnecessária como afirmava que, se ele fosse comprado, teria de ir para o *campus* principal, em João Pessoa, e não para o interior.

Então, Lynaldo, que mais tarde se tornaria reitor da universidade, depois presidente do Conselho de Reitores das Universidades Brasileiras e, em 1980, presidente do Conselho Nacional de Desenvolvimento Científico e Tecnológico (CNPq), tratou de encontrar uma solução independente – inusitada. Com o grupo de colegas que criara a Escola Politécnica, formou uma associação privada cujo único objetivo era viabilizar a compra do computador.

O grupo teve apoio do comércio local, que acreditava no projeto de desenvolvimento de Campina Grande como um polo tecnológico. Eles arranjaram um Fusca e fizeram uma rifa para angariar dinheiro. Em seguida, um fazendeiro doou um boi, e Lynaldo montou uma festa para rifá-lo. Em 1968, no dia marcado, lá fui eu para Campina Grande, apresentar o sorteio. Era, literalmente, agarrar um touro a unha para conseguir o computador.

O episódio teve sucesso internacional. Naquele período, a IBM tinha um gigantesco departamento de comunicação, que fez uma reportagem, distribuída para as filiais de todo o mundo, sobre a rifa.

A visão de Lynaldo se provou corretíssima. Com o computador, o terceiro *mainframe* do Brasil e o primeiro das regiões Norte e Nordeste, a Escola Politécnica da Paraíba tornou-se referência nacional, atraindo estudantes de vários estados e consolidando a cidade como um polo de tecnologia.[33]

---

33 A complementar minha memória, a história é relatada pela professora de História, Rosilene Montenegro, coordenadora do projeto Memória da Tecnologia e Ciência de Campina Grande, citada na reportagem de André Resende para o *site G1*. Disponível em: https://g1.globo.com/pb/paraiba/noticia/2019/10/11/referencia-na-tecnologia-campina-grande-teve-1o-computador-do-norte-e-nordeste-do-brasil.ghtml Acesso em: 20 nov. 2024.

MOVIDO A VELA

Legenda: **À esquerda,** T.J. Watson, *chairman* da IBM. No fundo da imagem, o Padre Laercio Moura, reitor da PUC-Rio e, ao seu lado, Antonio Gil

Também em 1968 ocorreu um marco na computação brasileira, capitaneada pelo presidente da IBM, Thomas Watson Jr., foi a inauguração do Rio DataCentro, na PUC-RJ, um dos principais centros de desenvolvimento da Ciência da Computação no Brasil.

Tudo começou com a minha visita ao padre Antônio Geraldo Amaral Rosa, então professor da Escola de Engenharia e vice-reitor acadêmico da universidade. Eu estava ali, pregando as vantagens da nova era da informática, com um computador realmente moderno. A PUC tinha um Burroughs, e a IBM nunca conseguiu engolir essa derrota. O que nós oferecíamos era algo bem melhor: um IBM 7044, que era "o" computador científico. O padre Amaral comprou a ideia, mas com uma condição: ele tinha de ser doado.

Eu convenci a IBM de que aquilo era um bom negócio. Não apenas ceder um computador em regime de comodato (um empréstimo sem pagamento), como facilitar um contrato com a Universidade de Waterloo, no Canadá, para inaugurar um intercâmbio na área da Ciência da Computação. Mais ainda, nós articulamos a visita de Watson, o presidente de empresa mais admirado da época, para inaugurar um centro de computação na PUC.

Watson Jr. não era só o presidente da companhia mais valiosa e mais admirada do mundo. Era o sujeito que transformou a companhia que o pai liderara – de produtora de máquinas elétricas e máquinas de cortar salame em fabricante dos computadores mais avançados do planeta. Ele era um ícone.

Quando Watson Sr., seu pai, visitou o Rio de Janeiro, em 1950, veio num navio. Dezoito anos mais tarde, Watson Jr. chegaria num barco a vela, que ele próprio pilotava. Essa visita fui eu que acompanhei.

Zaporski, o presidente da IBM do Brasil, um dia recebeu uma carta de Watson Jr., informando que ele iria de avião até Buenos Aires e lá participaria de uma regata em seu barco, o Palawan, até o Rio de Janeiro. A carta era explícita: "Preciso de assistência, mas não vá gastar dinheiro da IBM comigo. Nada de mais do que US$ 10 a diária."

A missão que Zaporski me deu era coordenar a vinda de Watson. "Só que você vai fazer exatamente o contrário do que ele pediu na carta", orientou-me "Você vai usar todos os recursos que forem necessários."

Olha, esse Zaporski entendia das coisas. Porque eu montei uma equipe de dez pessoas, trilíngues, para acompanhar as escalas do presidente mundial. Reservei os melhores hotéis. E, quando ele chegou ao Rio, disse. "Janusz, que porcaria esse país. Não tem um hotel que preste, ninguém que fale inglês!".

Esse mau humor tinha um motivo extra: a regata não saiu exatamente como ele gostaria. No começo, tinha ido bem até demais. O meu equivalente na IBM argentina, encarregado de recebê-lo por lá, resolveu que aquela era uma oportunidade para brilhar. Mandou fazer um modelo matemático das correntes marítimas entre Buenos Aires e o Rio de Janeiro – ofereceu a Watson um mapa de navegação otimizado.

Durante os oito dias que durou aquela regata, todo o pessoal da IBM tornou-se, repentinamente, especialista em navegação, barcos, ventos. Dada a rivalidade enorme entre as sucursais da IBM no Brasil e na Argentina, cobravam-me: "por que você não teve essa ideia?". O modelo era realmente eficiente, o Palawan liderou com facilidade. Enquanto todos os concorrentes vinham perto da costa, ele ia mais afastado. No entanto, a 48 horas de chegar, o modelo revelou sua falha: o Palawan ficou parado em meio a uma calmaria. No dia 12 de fevereiro de 1968, chegava ao Rio de Janeiro o iate Ondine, tendo batido o recorde da prova (7 dias, 21 horas, 34 minutos) apesar de ter sofrido diversas avarias.[34] Palawan ficou em segundo lugar. Imagine a cara do pessoal da Argentina. O Watson queria demitir todo mundo.

Apesar do revés esportivo, a visita ao Rio foi um sucesso. Ao inaugurar o Rio DataCentro e promover o programa da Universidade de Waterloo, a IBM ajudou a criar o primeiro curso de Ciências da Computação do Brasil, que formou cerca de 250 mestres no país inteiro.

Aquela conversa que o padre Amaral e eu tivemos acabou suscitando uma revolução. Não apenas pelo computador, que era uma novidade completa na época, mas também pelo curso no exterior. A IBM apoiou a vinda de cinco pessoas do Canadá e a ida de cinco estudantes brasileiros para a Universidade de Waterloo. O que hoje é banal, naquela época era uma aventura. Tanto que, um belo dia, o pai de um dos estudantes entrou com o filho na minha sala na IBM para me questionar: "O senhor me desculpe, mas eu não o conheço; o senhor está querendo levar o meu filho para o Canadá?". Eu respondi: "O senhor acha que eu estou

---

[34] Conforme entrevista de um dos tripulantes, o brasileiro Carlos Buarque de Macedo, ao jornal *O Estado de S. Paulo*. Disponível em: https://acervo.estadao.com.br/pagina/#!/19680213-28479-nac-0024-999-24-not/busca/Palawan Acesso em: 20 nov. 2024.

traficando o seu filho?"

O garoto acabou indo. Era Carlos José Pereira de Lucena, que lá concluiu uma tese matemática e acabou se tornando um dos luminares da ciência de *softwares* no Brasil.

A IBM teve, a princípio, somente o ganho de imagem, mas em seguida vendemos uma nova versão do computador para a PUC-RJ, por US$ 3 milhões – com financiamento do Banco Interamericano de Desenvolvimento (BID). Foi aí que quase me estrepei.

Àquela altura, em 1972, eu já havia sido promovido a diretor de vendas Aos 33 anos, era o mais jovem diretor da história da empresa. Quase perdi o cargo que havia acabado de conquistar porque o computador já estava instalado, mas o dinheiro não saía.

Foi nessa época que eu conheci o Pelúcio. Em 1971, ele havia sido nomeado presidente da Financiadora de Estudos e Projetos (Finep), do Ministério de Ciência e Tecnologia. Era um caso interessante, uma pessoa de esquerda, bem de esquerda, com posição de destaque no governo militar – possivelmente porque, no aspecto das políticas desenvolvimentistas, a esquerda e os militares tivessem muito mais pontos de convergência do que de divergência. Pelúcio era o responsável pelo programa que possibilitaria o pagamento do computador. Eu ia praticamente todos os dias à Finep. Ficamos bastante amigos, mas o dinheiro, mesmo... demorou, demorou muito, mas acabou saindo.

CAPÍTULO 7
O OBJETO DE DESEJO DAS EMPRESAS

As universidades davam os primeiros passos para aderir à era dos computadores, e o setor público via neles um instrumento para melhorar a administração e, principalmente, arrecadar impostos com mais eficiência. Contudo, foi no setor privado que as importações deslancharam para valer.

Há que lembrar que as máquinas eram caras, muito caras. Tanto que suscitaram o surgimento, no início da década de 1960, de prestadoras de serviços como a Speed (velocidade, em inglês, mas também um acrônimo para Serviço de Processamento Eletrônico de Dados), a Orgamec e a Datamec, que compravam os computadores (naquele sistema de prestações mensais característico da época) e ofereciam às empresas um rateio de horas de uso. O sistema de compartilhamento também foi bastante usado pelo setor público para reduzir custos. Como se vê, a ideia de "*software as a service*" tem antecedentes bastante longevos.[35]

Para as empresas, porém, já era óbvio que a compra das máquinas valia a pena. Dado seu preço, quem saiu na frente, naturalmente, foram as grandes indústrias e sobretudo os bancos. Entre estes, um caso especial foi o Bradesco.

---

35 Um resumo sucinto sobre a entrada dos computadores no Brasil pode ser encontrado no artigo "Adversidades, disputas e gargalos na difusão dos computadores no Brasil", de Lucas de Almeida Pereira e Maria Gabriela da Silva Martins Cunha Marinho, na *Revista Brasileira de História & Ciências Sociais – RBHCS*, v. 8, n. 16, jul./dez. 2016. Disponível em: https://periodicos.furg.br/rbhcs/article/view/10612/pdf. Acesso em: 20 nov. 2024.

Embora outras instituições financeiras tivessem adquirido computadores ainda na década de 1950 – o Banco Francês e Italiano, em 1958, o Banco Hipotecário Lar Brasileiro, em 1960, e o Banco Sul-Americano, também em 1960, por exemplo – o Bradesco foi o primeiro a comprar o modelo 1401, que, como se viu, inaugurava uma categoria inteiramente nova na informática. Comprou em 1961 e continuou comprando nos anos seguintes. Naquela década, o Bradesco rapidamente se transformou no principal cliente da IBM do Brasil – àquela altura, já indiscutivelmente a principal fornecedora de cérebros eletrônicos no mundo (dizia-se, então, que a IBM era a Branca de Neve do mercado, em meio aos sete anões: Burroughs, Univac, NCR, Control Data Corporation, Honeywell, General Electric e RCA)[36].

O banco, sempre caracterizado como uma "gestão caipira", foi o pioneiro do investimento na informática no Brasil. Não foi apenas a aquisição dos computadores. Amador Aguiar, o mítico fundador do Bradesco, aderiu com tanta convicção àquela novidade, que colocou todos os seus executivos para fazer um curso de computação – ministrado por mim.

A JANELA DO BRADESCO

A importância do investimento para o Bradesco pode ser mostrada pela própria transação: quem me recebia para conversar sobre os produtos era ninguém menos que o próprio Amador Aguiar. Era sempre acompanhado de Lázaro Brandão, que estava em vias de se tornar diretor e, mais tarde, seria vice-presidente, depois, presidente e presidente do conselho.

---

36 Leia o artigo Branca de Neve e os Sete Anões, de Jim Metzler e Steve Taylor, publicado no *site Networkworld*. Disponível em: https://www.networkworld.com/article/2212166/snow-white-and-the-seven-dwarfs.html. Acesso em: 20 nov. 2024.

O envolvimento da alta cúpula se justificava porque o computador era um instrumento crucial para guiar o banco em seu caminho de crescimento. Além disso, havia na época uma excitação em dizer que a empresa ia investir numa máquina daquelas – era um sinal de que a companhia começava a se sofisticar, criando estruturas e burocracias que hoje parecem triviais, mas que eram então coisa rara no Brasil e mesmo no mundo. Era um sinal de ingresso na modernidade.

A relação iniciada com aquelas compras tornou-se tão estreita que me levou, anos mais tarde, a ser um executivo à frente de um dos negócios do banco. Muito tempo depois, ainda encontrava Lázaro Brandão em reuniões amistosas – a última delas num almoço, poucas semanas antes do seu falecimento, em outubro de 2019. [37]

Uma das incríveis lições que extrai da convivência com Amador Aguiar e Lázaro Brandão é que, nas seis décadas em que tive contato com eles, sempre fui tratado da mesma maneira: quando era analista de sistemas, quando fui presidente de empresa, quando era consultor… sempre igual, sempre com o mesmo respeito. Seu Brandão costumava prestar uma baita atenção ao seu interlocutor. Antes de começar uma reunião, conversava. "O que você acha da taxa de juros do Banco Central?", perguntou-me uma vez. E eu lá ia saber?, mas ele prestava atenção.

Com o tempo, seu Brandão tornou-se uma personificação da cultura do Bradesco. Nos mínimos sinais, como demonstra uma história que o advogado e banqueiro Fernão Bracher me contou – na frente do próprio Brandão.

---

[37] Uma das inúmeras reportagens sobre Brandão, que destaca sua trajetória de sete décadas no Bradesco, foi escrita pelo jornalista João Sorima Neto para o jornal *O Globo*, publicada em 16 jan. 2019. Disponível em: https://oglobo.globo.com/economia/morre-lazaro-brandao-ex-presidente-do-conselho-do-brades-1-24021019. Acesso em: 20 nov. 2024.

Pouco antes de ter sido presidente do Banco Central, em 1985, durante o governo Sarney, Bracher havia sido vice-presidente do Bradesco. Era uma das primeiras vezes em que o banco contratava para a diretoria alguém que não fosse "prata da casa", formado na própria instituição. Em sua primeira reunião, no salão de cerca de 500 metros quadrados com uma grande mesa e, junto a esta, várias mesas individuais, Bracher estava sentado ao lado de Brandão quando perguntou: "seu Brandão, está ventando nas minhas costas, posso fechar esta janela?". A resposta foi: "Claro... depende de quem a abriu." Lázaro Brandão era assim. Falava por enigmas. Ninguém nunca o ouviu dizer "faça isso". Você é que tinha de correr o risco da ação. A janela ficou aberta.

O PORÃO DO BRADESCO

Naquele princípio da era da informática, tanta era a avidez com que o Bradesco aumentava sua coleção de computadores, que a própria IBM tentou frear suas compras Sim, a IBM tentou parar de vender para o Bradesco.

Por volta de 1967, a empresa estabeleceu um programa mundial de *capacity planning* (planejamento de capacidade), desenvolvido no Watson Labs, o laboratório da empresa em Yorktown Heights, no estado de Nova York. Era uma ferramenta que analisava todo o sistema do cliente e, ao final, entregava uma conclusão: você tem recursos demais para velocidade de computação, pouco espaço de armazenamento, coisas assim. Era um balanceamento de configurações do conjunto de computadores e *softwares* do cliente.

O então presidente da IBM, Gilbert E. Jones, saiu mundo afora mostrando esse sistema aos principais clientes. E um belo dia mandou uma carta ao presidente da IBM do Brasil, Janusz Zaporski, dizendo que viria ao país para visitar clientes selecionados. O Bradesco era o primeiro da lista.

O telex de Gil Jones dizia que a visita ia demonstrar "que os seus meninos estão *overselling* (vendendo além do necessário) para o Bradesco". Essa era uma percepção corrente na IBM, que levava a uma convicção de que nós estávamos enganando o Bradesco. Como toda grande corporação, a IBM era repleta de fofocas. Uma politicagem atroz. Quando você dava bons resultados, sempre havia grupos invejosos para falar mal. Daí que, a cada vez que fechávamos uma venda para o banco, em vez de receber parabéns, nós éramos instados a explicar o que e por que estávamos vendendo.

Esse era o contexto da visita de Gil Jones ao Bradesco. Ele foi recebido, com toda a deferência, pelo seu Amador – embora sem meias, porque ele só usava sapatos sem meias – e pelo seu Brandão. Gil Jones apresentou-lhes o *capacity planning*. Ele falava, e eu traduzia. Seu Brandão perguntou se era algo que a IBM estava querendo vender ao Bradesco, e Gil lhe respondeu: "Nós não queremos vender um palito de fósforo a mais do que o que o senhor precisa. Nós vamos usar essa ferramenta para avaliar o seu sistema, e o que passar do necessário a gente recebe de volta.". Para isso, a IBM enviou uma equipe de sete analistas ao Bradesco.

Então, seu Amador falou: "O senhor acha que estamos comprando equipamentos demais? Fico muito satisfeito de ouvir a sua preocupação". E fez questão de levar a turma da IBM para uma visita às instalações do Bradesco, no prédio Azul (hoje chamado de prédio Vermelho), na Cidade de Deus, um bairro do município de Osasco, em São Paulo.

Passamos pelo Centro de Processamento de Dados, onde estava um computador enorme e vários periféricos, que haviam sido vendidos pela IBM. Parecia coisa demais, mas não era tudo. Descemos ao porão do prédio. Quando se abriu uma porta, havia caixas e mais caixas de equipamentos da IBM. Tudo fechado.

"Senhor Jones, o senhor acha que ali em cima temos equipamentos subutilizados? Pois aqui tem coisa parada", disse seu Amador. "Mas o senhor sabe quanto vai tirar daqui? Zero. Porque amanhã eu compro um banco, peço um computador para a IBM, e vocês me dizem que o prazo de entrega é de um ano. Daqui não vai sair máquina nenhuma."

Aos olhos de hoje, aquela situação parece um esquete de comédia, mas o Bradesco vivia uma etapa de consolidação. Precisava ter à disposição um bom poder de processamento para incorporar outros bancos, para integrá-los imediatamente. Estava a caminho de se tornar o maior banco privado do Brasil —seria ultrapassado somente em 2008 quando houve a fusão entre o Itaú e o Unibanco.

Nesse ponto, a gestão caipira era avançadíssima. O Itaú, por exemplo, tinha uma série de critérios para qualquer compra. Antes de fechar um negócio, iam os Ph.D.s do doutor Olavo Setúbal para avaliar. Era uma burocracia! Com o Brasil crescendo do modo como crescia nas décadas de 1960 e 1970, a rapidez do Bradesco era mais proveitosa. Dr. Setúbal, presidente do Itaú, dizia: "Eu tenho Ph.D.s para me ajudar. O Aguiar sabe."

ENTRE ALMOÇO E JANTAR

A visita de Gil Jones ao Brasil teve também o seu lado pitoresco, que ilustra as peculiaridades do funcionamento de grandes companhias em meados do século passado. Era de praxe, então, que se organizasse um "*family dinner*", um jantar com as famílias. Os funcionários, com seus respectivos cônjuges (a imensa maioria era de homens com suas mulheres) e filhos seriam recebidos por Jones, no restaurante Fasano, que ficava na avenida Paulista.

O restaurante tinha várias salas, e a IBM reservou um andar inteiro para a confraternização. A organização ficou a meu encargo com a expressa recomendação de que não poderiam ser servidas bebidas alcoólicas.

Esse era um dos princípios estabelecidos pelo executivo que consolidou a IBM no início do século XX. Thomas J. Watson Sr. De acordo com a autobiografia de seu filho, Tom Watson Jr., que o sucedeu na presidência da empresa, quando Watson Sr. era um vendedor de máquinas de costura para a empresa Wheeler and Wilson foi celebrar uma venda em um bar, ficou bêbado e, ao sair, percebeu que lhe tinham roubado o cavalo, a carroça e os produtos que carregava. Vinha daí sua proibição estrita de álcool para os funcionários, inclusive fora do ambiente de trabalho.[38]

Essa regra era ridicularizada pelos concorrentes, principalmente da Burroughs, que costumava realizar convenções bem mais, digamos, animadas. Parodiavam um dos lemas mais marcantes de Watson Sr. "*Think*" ("Pense") – era costume que os funcionários e os clientes ganhassem uma plaquinha ou um cartaz com a palavra, nas respectivas línguas de cada subsidiária – dizendo: "*You think, we drink*", algo como "enquanto vocês ficam pensando, nós bebemos".

Quando cegamos ao Fasano, no entanto, eu a tiracolo como o tradutor designado para Jones, dezenas de pessoas estavam com copos de uísque na mão. Zaporski, o presidente da filial brasileira, ficou lívido. Deu uma bronca e, em poucos minutos, os garçons do restaurante estavam recolhendo as bebidas das mãos das pessoas.

Enquanto isso, no andar de baixo, os convidados de uma festa de casamento estavam furiosos, bebendo suco de tomate, suco de laranja... e nenhum álcool. O restaurante havia confundido os serviços das duas festas. Levei uma senhora bronca, e uma recomendação para que o erro não se repetisse no dia seguinte, quando Gil Jones ofereceu um almoço

---

38   Watson Jr., Thomas J.; Petre, Peter (1990). *Father, Son & Co.:* My life at IBM and Beyond. Bantam.

apenas para a diretoria da empresa, na sede do Jóquei Clube, no centro. Não tive dúvidas. Às 11 horas, uma hora e meia antes do horário marcado para o almoço, fui até o Jóquei, chamei o *maître*, mandei retirar das prateleiras e trancar num armário tudo o que fosse bebida alcoólica.

Duas horas depois, vem vindo o *maître* na minha direção, apontando para mim e dizendo: "Foi ele que mandou guardar toda a bebida!" Atrás dele vinha ninguém menos que o senhor Gil Jones. Ele queria um uísque...

CAPÍTULO 8
O REINADO DO SOFTWARE

Ainda na década de 1960, a indústria dos computadores passou por uma transformação radical. Com a invenção do revolucionário System/360, a IBM dava início à separação entre *hardware* e *software* – entre as máquinas em si e os programas que as operavam.

O S/360 nasceu a partir do sucesso do 1401 – mas não como uma evolução natural e, sim, por causa de uma briga interna. Ocorre que o 1401 era tão procurado pelos clientes que o pessoal da fábrica onde ele foi desenvolvido, em Endicott, no estado de Nova York, resistia a fazer os computadores maiores. Daí cresceu a rivalidade com a fábrica de Poughkeepsie, a 250 quilômetros de distância, também no estado de Nova York.

A disputa interna era tão grande, que os programas criados em Endicott não rodavam nos computadores feitos em Poughkeepsie.[39] Isso provocava um problema e tanto para a empresa porque os clientes que quisessem migrar para computadores maiores não tinham incentivo a manter a fidelidade à marca. Se não podiam aproveitar parte dos investimentos que haviam feito em sistemas anteriores, tanto fazia comprar um computador da IBM ou de alguma concorrente.

Tão grave quanto essa falha de *marketing* eram os custos associados a manter linhas independentes: a companhia tinha de sustentar diversos programas de pesquisa e desenvolvimento, as linhas de montagem eram diferentes, o estoque não podia ser racionalizado, e por aí vai.

---

39 Essa história está contada no livro *IBM:* The Rise and Fall and Reinvention of a Global Icon (IBM: a ascensão, a queda e a reinvenção de um ícone global), de James W. Cortada, historiador que trabalhou na IBM durante vários anos.

A solução foi radical. O vice-presidente T. Vincent Learson, conhecido como Vin ou T.V., pegou o engenheiro-chefe da divisão de computadores pequenos e colocou-o como chefe da melhor equipe de desenvolvimento de produtos na divisão de computadores grandes. De acordo com o executivo-chefe da IBM na época, Thomas J. Watson Jr., "muita gente achava que isso equivalia a eleger o secretário-geral do Partido Comunista da União Soviética, Nikita Krushchev, como presidente dos Estados Unidos".

Além disso, a empresa investiu no projeto de cinco computadores compatíveis: os programas e os periféricos de qualquer um deles deviam funcionar nos demais. Essa foi a origem do S/360. O nome vinha da ideia de um sistema que englobasse tudo (dando a volta completa, os 360 graus de um círculo).

Na época, uma mudança desse porte era considerada um enorme risco para a empresa. A IBM estava apostando todos os seus recursos nessa guinada. Tanto que, no dia 7 de abril de 1964, foram anunciados nada menos que 150 novos produtos, incluindo 6 computadores, 44 periféricos (discos rígidos, fitas magnéticas, impressoras, unidades de controle) e a promessa de criar *softwares* que fariam tudo aquilo trabalhar em conjunto. O fracasso dessa iniciativa poderia ter matado a IBM, mas o sucesso também não foi fácil. No primeiro mês após o anúncio do S/360, a companhia recebeu 100 mil pedidos de clientes – cinco vezes mais do que o número total de computadores, de qualquer marca ou modelo, que havia em toda a Europa Ocidental, nos Estados Unidos e no Japão! O ritmo de produção teve de ser acelerado a um ponto que comprometia a qualidade da entrega. Faltavam peças, os *softwares* tinham falhas, mas os pedidos continuavam chegando.

Um sucesso tão estrondoso fez com que a concorrência se mexesse. Várias empresas se uniram para oferecer sistemas compatíveis umas com as outras (mas não com a IBM). Outro grupo resolveu remar na direção da IBM. A partir de uma licença da RCA, fabricavam máquinas compatíveis com o S/360.

ERA DE GRAÇA. NÃO É MAIS

Uma das principais consequências do sucesso do S/360 veio no final da década. Em 1969, a IBM resolveu separar as vendas de *software* e serviços das vendas de *hardware*.

Até então, os clientes não pagavam pelos programas. Ou melhor, o desenvolvimento dos programas estava incluído no preço das máquinas. Os serviços – a instalação dos computadores, treinamento para os usuários, cursos, análise dos sistemas do cliente – eram oferecidos como cortesia. Boa parte do meu trabalho nas universidades e nas empresas em geral, sobretudo no Bradesco, caía nessa lógica. A premissa era manter a relação com o cliente, apoiada no fato de que a maioria das máquinas era vendida na forma de um contrato mensal, como um aluguel. A decisão da IBM de passar a vender programas separadamente está na origem da indústria do *software*.2 Não apenas isso, também favoreceu o crescimento de um mercado para companhias independentes que prestavam serviços de informática.

Dito assim, e com o olhar de hoje, parece uma decisão simples de tomar. Longe disso. Embora poucas iniciativas tenham dado tão certo na história da empresa – talvez na história de todas as companhias, a experiência deixou uma certeza em Thomas Watson Jr.: "nunca mais podemos apostar tudo em algo novo dessa magnitude", disse.

A IBM mais do que dobrou de tamanho de 127 mil para 265 mil empregados, entre 1962 e 1971; e a receita passou de US$ 3,2 bilhões, em 1964, para US$ 8,2 bilhões, em 1971. A partir dali, porém, a diretriz passou a ser nunca embarcar em um novo projeto que requeira mais do que 25% da capacidade produtiva da empresa.

E não era apenas uma questão de transformar as fábricas. O que a IBM fez, de um momento para o outro, foi mudar seu modelo de negócios. Para nós na linha de frente, foi uma dificuldade enorme. Consegue imaginar um meio de convencer os clientes de que eles agora precisavam pagar por algo que antes recebiam de graça?

Pois foi isso o que eu tive de fazer. Inúmeras vezes. O conceito de pagar pelo *software*... Aliás, o conceito do *software* era em si muito estranho. Eu sentava com o seu Brandão, do Bradesco, apresentava uma conta, e ele dizia: "*software*, o que é isso?"

O SUCESSO TRAZ O GERME DO FRACASSO

É claro que a indústria do *software* só poderia nascer com a diminuição do tamanho dos computadores – e com sua proliferação. Não é que não houvesse programas antes, mas eles eram feitos para clientes especiais – um *software* único, caro – ou para ser vendidos juntos com uma máquina específica. A IBM chegou a ser processada nos Estados Unidos, em 1969, por autoridades antitruste, pelo fato de que as máquinas que vendia funcionavam somente com os programas que ela fazia (o caso foi abandonado alguns anos depois pelo Departamento de Justiça).

Quando começou a onda de microcomputadores, os computadores pessoais, nos anos 1980, o gênio já havia saído da garrafa. O *software* havia se tornado mais importante que o *hardware*. Tragicamente, a IBM não percebeu essa reviravolta. Seu sucesso foi apropriado e desenvolvido por outros, principalmente pela Microsoft, de Bill Gates. E isso a levou a viver a maior crise de sua história.

Essa crise, como tantas outras, foi precedida por uma sensação de invencibilidade, por uma lucratividade extraordinária. Como disse o poeta trágico Eurípides, da Grécia Antiga, "Aqueles a quem os deuses querem destruir, eles primeiros tornam loucos.". No Brasil, eu vivi no centro da loucura da IBM.

Capítulo 9
Ascensão e queda do garoto prodígio

Nessa época eu já era diretor de vendas da IBM. No início da década de 1970, após um ano e meio como gerente distrital de vendas, eu, com 30 e poucos anos, tornei-me o diretor mais jovem do Brasil, com uma sala de 100 metros quadrados. Com todas as vendas do país sob a minha responsabilidade, a sensação não podia ser melhor: o mercado que florescia, crescendo 50%, 60%, 70% ao ano. O departamento de vendas, àquela altura, contava com cerca de 3 mil pessoas.

No entanto, foi também por essa época que nasceu a Comissão de Coordenação das Atividades de Processamento Eletrônico (Capre), o primeiro passo na criação de uma reserva de mercado para a informática.

Ela começou de mansinho, em 1972. Sua função inicial era garantir eficiência para os recursos computacionais na administração federal. Essa missão logo se transformou em outra: desenvolver tecnologia brasileira através do cerceamento da concorrência estrangeira. Havia a percepção de que, à medida que o tamanho dos computadores diminuía, tornava-se mais simples produzi-los. Em 1975, a Capre já era responsável pela análise de todos os pedidos de importação. No ano seguinte, ganhou a atribuição de desenhar uma política nacional de informática.

A Capre era um arranjo curioso. Unia o governo militar, ufanista e convencido de que o Estado tinha a missão de guiar o desenvolvimento do país; uma parte da classe empresarial, que enxergava uma oportunidade de ouro com o crescimento de um mercado inteiramente novo e adorava a ideia de fechar as fronteiras aos competidores; e os militantes de esquerda, que consideravam a reserva de mercado uma boa forma de criar empregos na nascente indústria da tecnologia.

Esse arranjo era, obviamente, um baita problema para a IBM, mas seu grande impacto seria sentido somente alguns anos depois. Muito mais grave, naquele momento, eram os problemas que a própria IBM criava para si.

A BOLHA DAS VENDAS

Quem quer que trabalhe com metas já deve ter sentido algo parecido, você tem um objetivo, ao qual estão atrelados bônus, promoções etc. Se você atinge esse objetivo, no ano que vem tem mais. Ninguém nunca diz "já crescemos o suficiente". Por isso, pode-se dizer que aquele crescimento era assombroso, tanto no sentido de espetacular como no sentido de lançar uma sombra sobre nós.

A IBM do Brasil não soube lidar muito bem com essa dinâmica. Quando você cresce 50%, 60%, os erros também se acumulam. O sucesso camufla os problemas, e havia problemas muito sérios.

Ainda que o Brasil crescesse, e as empresas brasileiras estivessem investindo, os resultados da IBM estavam acima da realidade. O Brasil era um caso à parte entre todas as filiais da companhia, e o otimismo alimentou uma prática questionável, para dizer o mínimo. Se formos rigorosos, o que estávamos fazendo era falsificar resultados.

Como? A IBM tinha um *bureau* de serviços. Embora o grosso da receita viesse da venda de máquinas, também vendíamos *softwares* e prestávamos serviços de computação avulsos para as empresas. Então, para estimular a venda de equipamentos, nós propúnhamos aos clientes comprar tempo de máquina. Eles adquiriam um computador maior do que realmente necessitavam e, em troca, nós lhes garantíamos uma receita por horas de serviço daquela máquina.

Quer dizer, parte do nosso crescimento estrondoso era alimentado por uma bolha. Depois de um tempo, ia ficando mais e mais difícil comprar tantas horas de serviço (porque elas tinham de ser vendidas para outros clientes).

A VISITA DO PRESIDENTE MUNDIAL

Ocorre, que, em 1974, mudou a presidência da IBM Internacional, que era responsável pelas operações do Brasil e de mais 50 países. Quem assumiu o posto foi o senhor Ralph Pfeiffer Jr., que tinha o sugestivo apelido de Átila, o Huno: por onde ele passava, era difícil nascer grama. Pfeiffer era a metade de uma espécie de "casal vinte" entre os executivos norte-americanos. Sua mulher, Jane Cahill, tinha uma carreira brilhante: foi a segunda mulher a atingir o posto de vice-presidente da IBM, ao qual renunciou nove meses depois de casar, por achar que a companhia não podia ter dois altos executivos casados. Na mesma linha, em 1976, recusou um convite para ser secretária do Comércio dos Estados Unidos porque, afirmava: "o casamento é minha prioridade número um". Em 1978, ela assumiu o posto de presidente do conselho da rede de TV NBC. Foi a primeira mulher no cargo[40].

Pois foi esse Pfeiffer que, ante uma crescente desconfiança com os resultados tão surpreendentes da filial brasileira, resolveu fazer uma visita ao país. Em maio de 1975, ele anunciou sua viagem.

Para recebê-lo, preparamos uma apresentação com os prognósticos

---

40 Um resumo da carreira de Pfeiffer pode ser consultado em https://www.nytimes.com/1996/09/15/nyregion/ra-pfeiffer-jr-69-rebuilt-covenant-house.html

Acesso em: 25 nov. 2024. Para Jane Cahill, estes dois artigos relatam sua carreira: https://www.ibm.com/blogs/think/2019/03/an-appreciation-jane-cahill-pfeiffer/; e https://www.encyclopedia.com/education/economics-magazines/pfeiffer-jane-cahill. Acesso em: 11 out. 2024.

para o ano. Como diretor de vendas, coube a mim juntar os dados e fazer uma prévia da apresentação para a diretoria brasileira.

Naquele tempo, o presidente da IBM Brasil era José Bonifácio de Abreu Amorim. Ele assumiu o posto em 1969, depois que seu antecessor, o polonês Janusz Zaporski, morreu, com apenas 61 anos. Era uma época em que as empresas, principalmente as multinacionais, funcionavam de modo um tanto aristocrático. Zaporski tinha sido escolhido para o cargo pelo executivo que deu forma à IBM, Thomas Watson Sr. era, portanto, intocável. Amorim era quase isso. De uma família quatrocentona, foi durante anos campeão brasileiro de hipismo com o cavalo Loverain, estabeleceu em 1949 a marca de 2m17 no salto em altura, um recorde brasileiro que foi quebrado somente 32 anos depois, em 1981. Era um sujeito simples, mas frequentava as mais altas rodas da elite brasileira. Seu prestígio na matriz era enorme. Poucos anos antes, quando eu era assistente do presidente Maisonrouge, da IBM Internacional, ele me dizia: "Antonio, quando o Amorim escreve sobre algum assunto, eu nem me preocupo mais. Amorim falou, está falado." Essa situação estava para mudar em breve.

O MAIOR ERRO

Ao analisar nossos números, a situação tornou-se clara para mim. E, na reunião com a diretoria, avisei que não conseguiríamos atingir a meta de vendas naquele ano. Não tinha como.

A reação não podia ter sido pior. Amorim – o gentil Amorim – levantou-se indignado, dizendo: "Você está louco! Como não vamos fazer o resultado?!? Eu sou há 20 anos o melhor vendedor da IBM na América Latina, não vai ser agora que eu não vou cumprir a missão!".

O clima pesou. Eu já era muito contestado na empresa por ter sido promovido tão jovem. Era taxado de inexperiente. "Refaça essa apresentação", ordenaram-me.

Eu tinha um respeito muito grande pelo Amorim. Diante da pressão, cometi o maior erro da minha vida profissional: mudei a apresentação. Quando veio o pessoal de Nova York, eu disse que iríamos cumprir a meta, mesmo sabendo que não era possível.

Pfeiffer ficou aqui uma semana, revendo nossa planilha de vendas. Tudo parecia estar indo bem. Nós inventamos uma história para justificar o otimismo, e a semana correu como uma longa experiência de *wine and dine*: vinhos e jantares.

Ao final da semana, ele falou: "Essa é a essência da gestão vir ao vivo e conversar. Nada como olhar as coisas de perto. Lá em Nova York, todo mundo diz que vocês têm problemas, que não vão fazer o resultado, mas eu vim, vi, e volto revigorado. Vocês me convenceram. Por isso, que é bom ser esse contato direto.". E foi embora.

Antes, porém, avisou: "Eu volto em setembro.". A cúpula da IBM do Brasil ficou eufórica. "Está vendo o que você ia fazer?", disseram-me. "Você ainda tem muito o que aprender, menino."

E eu respondi: "Vocês estão doidos. O recado dele foi muito claro, vai voltar daqui a quatro meses para acabar com essa graça. Vocês estão muito contentes, eu estou é assustado.". O problema não era só a meta altíssima, era a situação toda. Nós tínhamos primeiro de limpar as bobagens que havíamos feito, desinflar a bolha das vendas. Em vez de aumentar as vendas, o que ia haver era uma redução.

Dito e feito. Em setembro, cá estava o senhor Pfeiffer novamente no Brasil. Faltando três meses para encerrar o ano, já não dava mais para contar a mesma história. O desastre estava evidente.

Assim que acabou a apresentação, voltei para a minha sala e encontrei, sentado na minha cadeira, o vice-presidente para as Américas. Estranhei. Ele disse: "Senta aí. Você não é mais o diretor de vendas da

IBM do Brasil.".

A DEGOLA – AO ESTILO IBM

Para quem havia sido pego na mentira, até que a conversa não foi tão ruim. Sabe-se lá por que eu não estava sendo demitido. Talvez porque a organização, como costumava dizer um colega da empresa, me considerasse um Wunderkind, um garoto prodígio. Ou talvez porque os norte-americanos tenham percebido que eu tinha feito aquela encenação de maio a contragosto. O fato é que o vice-presidente me deu duas opções: "ou você vem para Nova York, para uma posição na matriz, ou fica aqui, em outro posto que nós vamos arrumar", ele disse.

Perguntei se podia conversar com o meu vice-presidente, Carlos Pacca de Almeida, que era meu chefe. "Pode falar, mas ele não é mais seu chefe.", respondeu. Então, pedi para falar com o presidente Amorim. "Ele não manda mais.".

Como eu temia, a volta de Pfeiffer em setembro foi para justificar seu apelido de Átila. Não sobraria ninguém, foram todos cortados. Cortados, quer dizer, ao estilo da IBM da época. Que era também o estilo da maioria das grandes empresas multinacionais. Nas décadas de 1960 e 1970, as empresas eram tão grandes, o mercado a explorar era tão vasto, graças às inúmeras oportunidades surgidas da necessidade de reconstruir o mundo após a devastação da Segunda Guerra Mundial, que o costume era não demitir ninguém. As pessoas eram encostadas. Perdiam poder, mas ficavam. Foi o que aconteceu com Amorim. Manteve o título de presidente, mas perdeu a função. Foi-lhe imposto um argentino para tutelá-lo, com o cargo de gerente-geral da América Latina, diretamente encarregado do Brasil. Seu nome era Pepe Guerra. Tinha sido guarda pessoal de Evita Perón.

Diante das duas alternativas, perguntei quanto tempo eu teria para decidir. "Dois dias", foi a resposta. "Não precisa, eu resolvo agora", eu disse. "Vou ficar."

Minha sensação era de que eu não podia fugir do problema, tinha de enfrentar as consequências do que tínhamos feito, mas foi duro. Eu estava acostumado a chegar às 7 horas ao escritório e já encontrar uma fila de gente para falar comigo. Eu mal tinha tempo de ir ao banheiro. No dia seguinte àquela conversa, tempo foi o que não me faltou. Ninguém me procurava. Não somente ninguém vinha falar comigo como a minha sala foi cortada. Passaram uma parede falsa dividindo o espaço de 100 metros quadrados, meu escritório virou um corredor pequeno.

Eu havia sido substituído por Waldecyr Gonçalves, um amigo que havia sido meu colega de quarto no ITA. Foi ele que mandou erguer a parede – não fazia sentido ocupar o mesmo espaço que eu, mas o resultado foi o ostracismo. Eu sequer tinha com quem almoçar.

Eu passara a responder diretamente ao Pepe Guerra. Era um artista, um sedutor. Logo que assumiu, ele me disse: "*Muchacho*, você viu o que aconteceu. Você tem a confiança total de todos, mas nós precisamos planejar o futuro. Não se preocupe, a empresa está crescendo, e eu vou lhe dar um cargo importante: você vai ser Diretor de Planejamento Estratégico.".

Parecia uma oportunidade e tanto. E eu resolvi agarrá-la com afinco. Um colega da IBM, Valmor Bratz, muito estudioso, falou que me ajudaria. No dia seguinte, depositou na minha mesa uma pilha de livros sobre planejamento estratégico. Uma pilha. Eu comecei a devorar aquilo tudo. E me encantei com o assunto.

O Pepe havia feito questão de colocar na agenda uma reunião semanal comigo sobre planejamento estratégico, e foi religioso. Toda semana nos sentávamos para conversar. Eu virei um teórico da estratégia. Comecei a usar computador, projetar cenários para dali a 25 anos. E ele me respondia, em portunhol: "*Muchacho*, nó sé, 20% de *crescimiento* me parece *muy* agressivo. Vamos a *poner* 18%.". E assim ia. Um teatro perfeito. Nisso ele foi maravilhoso.

Até que um belo dia eu peguei o livro do Robert Townsend, ex-presidente da Avis, locadora de carros.[41] O livro era um apanhado de observações curtas sobre temas variados. E um deles era sobre planejamento estratégico, uma experiência que ele teve quando trabalhou na American Express. Ele contava que um dia chegou em casa, e sua mulher lhe perguntou: "oi, meu bem, que você planejou hoje?". Foi o suficiente para que ele voltasse à empresa pedisse demissão.

Eu não cheguei a pedir demissão, mas fiz algo semelhante. Aceitei um convite para trabalhar no governo.

Legenda: Antonio Gil, Robeli Libero e Waldecy Gonçalves no Havaí, em 1973

---

41 O livro era *Up the organization*: how to stop the organization from stiffling people and stranglinf profits (algo como "Levantar a organização: como impedir a organização de sufocar pessoas e estrangular lucros"). Publicado em 1970, ficou 28 semanas na lista dos mais vendidos do jornal *The New York Times*, categoria não-ficção, sete delas em primeiro lugar (conforme o obituário de Townsend, publicado pelo próprio *The New York Times*. Disponível em: https://nytimes.com/1998/01/14/business/robert-townsend-77-dies-wrote-up-the-organization.html). Acesso em: 20 nov. 2024.

Capítulo 10
O hiato no governo

Parece uma bobagem, mas quando anunciaram, na sede da IBM, que havia um carro do governo – enviado pelo Ministério do Planejamento – para me pegar... aquilo foi uma lavada de alma. Não que eu alguma vez tivesse me desesperado com a minha situação profissional, mas ali eu estava saindo por cima de uma confusão que tinha abalado as carreiras do presidente da empresa e do vice-presidente a quem eu respondia.

Apesar de haver fortes motivos para demissão dos envolvidos, nós não agimos corretamente, esse o maior arrependimento da minha carreira – aquele era um tempo anterior à febre de enxugamento de pessoal que atingiu as grandes corporações mundo afora nos anos 1980 e 1990 (um movimento que foi racionalizado pela tese da "reengenharia"[42], a defesa de um novo modo de gestão das empresas, com menos camadas gerenciais). Cada um a seu modo, os executivos envolvidos foram simplesmente encostados[43].

---

42 O conceito foi criado pelos consultores norte-americanos Michael Hammer e James Champy e virou febre a partir de um artigo de Hammer publicado na *Harvard Business Review*, na edição de jul./ago. 1990 (O artigo está disponível em: https://hbr.org/1990/07/reengineering-work-dont-automate-obliterate. Acesso em: 20 nov. 2024.), sob o provocativo título de Reengineering Work: don't automate, obliterate ("Reengenharia do trabalho: não automatize, destrua"). A ideia básica era revisar todos os processos da empresa, repensando tudo a partir do zero (em vez de fazer emendas em hábitos ultrapassados). Embora eles não preconizassem exatamente uma onda de demissões, suas teses foram interpretadas dessa forma por grande parte das empresas.

43 A prática ainda é comum no serviço público, no qual os processos de demissão são difíceis e muitas vezes custosos politicamente. Ela pode inclusive chegar aos extremos. No Japão, onde a cultura do emprego para a vida toda está ainda incrustada, existe um fenômeno do *madogiwazoku*, literalmente "a tribo que senta perto da janela": são as pessoas a quem é dada uma tarefa insignificante e que passam os dias lendo jornal ou contemplando a vista. Se nas décadas seguintes as empresas ocidentais passaram pelo processo de enxugamento, no Japão, o *madogiwazoku* foi potencializado: tornou-se mais frequente outro método de afastamento, o *oidashibeya*, literalmente "sala de banimento". O

Amorim, que então já era meu amigo e continuou sendo até o fim da vida, foi mantido como presidente, porém com muito menos influência. Eu disse a ele: "Seu Amorim, eles têm razão. Eu falei para vocês, em maio, que isso não ia dar certo.". Ele, porém, ainda não se convencia: "Foi esse Guerra, argentino filho da mãe, que me traiu.".

O cargo de diretor de planejamento estratégico, que me coube, seguia a mesma linha. Meu purgatório, porém, durou menos de dois meses. Em outubro de 1975, estava eu sentado em minha sala (ou melhor, no que restou da minha sala), quando recebi um telefonema: "senhor Gil, o ministro Reis Velloso gostaria de falar com o senhor.". João Paulo dos Reis Velloso era o ministro do Planejamento do governo Geisel. Disse-me que o governo estava querendo criar mecanismos gerenciais mais eficientes no setor estatal e que minha experiência numa empresa comercial poderia ser valiosa.

"Minha intenção é pedir à IBM que ceda você para o governo.", falou. Imagine que bem que era para o ego ouvir essa frase, ainda mais naquele momento. No entanto, respondi que a IBM tinha de concordar. "A IBM concordou.", disse. "Você vai ser um dos diretores do Conselho Nacional de Desenvolvimento Científico e Tecnológico (que até o ano anterior se chamava Conselho Nacional de Pesquisas, CNPq, cuja sigla se manteve). Tratava-se do órgão que coordenava a política nacional de Ciência e Tecnologia antes da criação do ministério específico para isso, em 1985.

Eu conhecia o ministro Reis Velloso dos contatos que costumava ter com ele como representante da IBM, mas era um conhecimento muito superficial. O convite para integrar o governo, eu atribuo a outros dois

---

executivo fica numa sala sozinho, sem trabalho interessante, sem contato com colegas, sem cartão de visitas, em um ostracismo que, frequentemente, o leva à depressão. É uma forma de "incentivo" para que o próprio empregado peça demissão. Mais detalhes podem ser encontrados na página da Japan Intercultural Consulting. Disponível em: https://japanintercultural.com/free-resources/articles/oidashibeya-japanese-purgatory/. Acesso em: 20 nov. 2024.

fatores. O primeiro era José Pelúcio Ferreira, o economista da Finep com quem eu lidei de perto para montar esquemas que permitissem levar computadores para as universidades. Pelúcio, que era meu fã (assim como eu era dele), me indicou. Ele era vice-presidente do CNPq e tinha enorme influência lá. Embora fosse um esquerdista de marca maior, reconhecia minha capacidade de trabalho, sobretudo pelo episódio da criação do Datacentro da PUC. Ao mesmo tempo, seu esquerdismo (não abertamente declarado num governo militar) o levava a acreditar muito no papel do Estado na indução da economia e nisso se aproximava da ideologia do governo Geisel, intervencionista por natureza.

O segundo fator a contribuir para aquele convite foi, acredito piamente, Santo Antônio, meu santo de devoção. Durante muitas ocasiões em minha carreira senti sua intervenção. Aquele telefonema de Reis Velloso, naquela hora, foi uma dessas vezes. Uma semana depois da ligação, eu fui conversar com ele pessoalmente e, poucos dias depois, chegava o carro do ministério para me levar ao governo.

A IBM não ficou triste de me dar licença; naquele momento, eu era uma peça sem muito encaixe na empresa. Para mim também foi ótimo não apenas representava uma oportunidade muito interessante, um novo aprendizado, mas havia um quê de vingança daquele chega para lá que eu levara. O cargo tinha certa importância, o governo mandara uma carta à IBM solicitando a minha colaboração. E a carta teve de seguir para a sede, em Nova York, para que eu fosse liberado. Para mim, era uma evidência inquestionável da obra de Santo Antônio.

UMA KOMBI PARA O GENERAL

O trabalho no governo significava ir para Brasília, como um dos diretores do CNPq. Eu seria responsável pelos cinco institutos que compunham o órgão:

- Instituto Brasileiro de Informação em Ciência e Tecnologia (Ibicit);
- Instituto de Matemática Pura e Aplicada (Impa);
- Instituto Nacional de Pesquisas da Amazonia (Inpa);
- Instituto de Pesquisas Espaciais (Inpe);
- Centro Brasileiro de Pesquisas Físicas (CBPF)[44].

Mais que isso, fui encarregado de desenvolver um plano operacional e um plano estratégico para o CNPq, nos moldes do que era feito na iniciativa privada. E aí começam as histórias.

A primeira tem a ver com a própria ida a Brasília. Como funcionário do governo, eu tinha direito a uma casa e um auxílio de 250 mil cruzeiros na moeda na época para fazer a mudança, comprar mobília etc. No entanto, cerca de um mês depois da minha contratação, minha mulher resolveu que não queria morar em Brasília. Propus então que, em vez da casa, eu tivesse um quarto de hotel. Era mais prático para mim e muito mais barato para o CNPq.

Pois bem, registrei-me em um hotel de segunda linha na parte hoteleira da cidade. Estava bem acomodado. O único porém era que o quarto não tinha ar-condicionado. Então pedi para que instalassem um no meu quarto.

Dado esse arranjo, eu não teria necessidade dos 250 mil cruzeiros de auxílio para mudança. Prontifiquei-me a devolver o dinheiro – e tive

---

[44] Breve sinopse da estrutura da CNPq, de autoria do sociólogo Carlos Eduardo Martins. pode ser encontrada no portal *Enciclopédia Latino Americana*. Disponível em: http://latinoamericana.wiki.br/verbetes/c/cnpq. Acesso em: 20 nov. 2024. Em 1976, seria incorporado ainda ao CNPq o Observatório Nacional, voltado a observações astronômicas, meteorológicas e geofísicas, como se pode conferir no *site* da própria instituição. Disponível em: https://www.gov.br/observatorio/pt-br/acesso-a-informacao/institucional/historico. Acesso em: 24 nov 2024

meu primeiro entrevero com a burocracia estatal. O diretor financeiro do CNPq me respondeu que não sabia como receber o dinheiro de volta. O gasto, pré-autorizado, ele sabia como justificar. Para a devolução de um dinheiro não gasto, não havia protocolo. E, portanto, era difícil aceitar.

Insisti não somente na devolução como também no pagamento da correção monetária (a inflação era então de cerca de 2% ao mês). O diretor recorreu a Delfim Netto, que até 1974 fora ministro da Fazenda e agora era embaixador na França, com quem tinha uma ligação estreita.

Enquanto isso, meus colegas de diretoria do CNPq se instalaram em casas na região do Lago Paranoá. A esposa de um deles comprou plantas em São Paulo e as levava para Brasília em avião fretado. A ajuda de custo era de tal porte que dava para comprar tapetes persas para a decoração – como de fato uma das casas tinha.

Por aí dá para entender que ninguém gostou muito da minha atitude de devolver o dinheiro. Nem mesmo Jose Dion de Melo Teles, o festejado primeiro presidente do Serviço Federal de Processamento de Dados (Serpro), que se tornou presidente do CNPq naquele ano e que tinha também a verba que lhe cabia para instalar-se confortavelmente em Brasília.

O zelo acabou me saindo mais caro do que os olhares enviesados dos colegas. Quando saí do CNPq ainda tive de responder a um processo por improbidade! Tivesse sabido dos problemas que me aguardavam, teria simplesmente comprado um ar-condicionado e mandado instalar no quarto por minha conta.

Outra pequena confusão ocorreu quando cortei o benefício de carro – com motorista – a que tinham direito todos os diretores. Para manter a facilidade de transporte, contratei uma kombi com motorista, incumbida de pegar o pessoal em casa. Umas dez pessoas, mais ou menos.

Ao tomar essa medida de racionalização de despesas, esqueci apenas de um detalhe. Naquela época, o Serviço Nacional de Informações (SNI, a agência de inteligência do governo, especialmente ativa durante o governo militar em sua campanha contra movimentos de esquerda) tinha um funcionário designado para cada órgão público. No CNPq, esse funcionário era um general, que se recursou terminantemente a entrar na kombi. No primeiro dia em que o motorista foi buscá-lo em casa, o general, em alto e bom som, esbravejou: "Diga para o senhor Gil enfiar a kombi no… Eu que não entro nessa porcaria!".

Também tive uma pequena rusga com o diretor do Inpa, o agrônomo e geneticista Warwick Estevam Kerr, um cientista de renome internacional, falecido recentemente, em 2018, aos 96 anos.[45] Era um sujeito fantástico, mas se rebelou contra mim por causa do planejamento estratégico e operacional. O problema é que ele queria ter 400 Ph.D.s no Inpa, e eu não aprovava.

Não é que não fosse útil ter um número desses de doutores. Acontece que eu fiz as contas: para ser útil em termos de produtividade, cada um deles precisaria de, pelo menos, cinco assistentes. Ou seja, o que ele me pedia era a contratação de 2 mil pessoas. Não havia condição. Então entramos numa espécie de dança em seu planejamento anual, ele colocava as contratações, eu cortava.

O doutor Kerr não tinha a intempestividade nem o linguajar do general do SNI, mas, a seu jeito, também me brindou com sua ira. Um dia, ele me disse: "Doutor Gil, a Amazônia tem milhares de espécies ainda não catalogadas. Algumas são bem esquisitas, como o peixe que tem a característica de penetrar na uretra de quem se banha no rio e, uma vez lá dentro, abrir-se de maneira a impedir que o tirem de lá.

---

45 Veja artigo no *site* de notícias *D24am*. Disponível em: https://d24am.com/amazonia/ex-diretor-do-inpa-geneticista-warwick-estevam-kerr-morre-aos-96-anos-em-sp/. Acesso em: 20 nov. 2024.

Quero lhe dizer o seguinte: se o senhor não me der os meus Ph.D., o próximo bicho desses vai se chamar Gilis, em sua homenagem.".

Até hoje não sei se ele chegou a me fazer essa "homenagem", mas era uma pessoa maravilhosa, acabamos nos acomodando. O que jamais ocorreu com o general, que, aliás, era sogro de um grande amigo meu. Ele tinha carro próprio e passou a usá-lo.

Esses relatos anedóticos dão uma ideia de como se fazia a gestão do dinheiro no setor público. Estamos falando de um terceiro escalão da administração. O que não quer dizer que o órgão funcionasse mal, ao contrário. Durante a minha gestão, o CNPq completaria 25 anos. Foi fundado em 1951, em linha com movimentos parecidos em países desenvolvidos: apenas um ano depois da estruturação do National Science Foundation, dos Estados Unidos, e na mesma época que Centre National de la Recherche Scientifique (CNRF), da França, e das primeiras discussões para criação de um ministério da Ciência no Reino Unido.[46]

Em boa parte, a criação do CNPq deveu-se à visão do almirante Álvaro Alberto da Motta e Silva, engenheiro formado pela Escola Politécnica, que, em 1925, participou da comitiva de recepção ao físico alemão Albert Einstein e, dez anos depois, trouxe ao país o físico italiano Enrico Fermi, criador do primeiro reator nuclear, tido como o "arquiteto da bomba atômica".

Àquela altura, a energia nuclear era vista como sucessora do carvão e do petróleo, e Álvaro Alberto propôs ao governo do presidente Eurico Gaspar Dutra, em 1946, a criação de um conselho nacional de pesquisa – que saiu do papel cinco anos depois.

---

46   Um bom resumo da história do CNPq pode ser encontrado na edição 64, de maio de 2001, da revista *Pesquisa*, da Fapesp, em comemoração dos 50 anos do órgão. Disponível em: https://revistapesquisa.fapesp.br/cnpq-50-anos-de-ciencia/. Acesso em: 20 nov. 2024.

De lá para cá, o número de pesquisadores se multiplicou enormemente com a concessão de bolsas de estudo. Nos diferentes governos, o apoio à pesquisa tem variado bastante, também em razão das diversas crises econômicas pelas quais o Brasil passou, mas ninguém discute a importância da pesquisa para o país.

A SOLUÇÃO PARA O INSTITUTO DO CORAÇÃO

> **IBM** — Boletim de Notícias
> Rio, 1 de agosto de 1980.
>
> **IBMISTA AGRACIADO COM PRÊMIO DA FUNDEBE**
>
> Com a presença dos Exmos. Srs. Ministro da Previdência Social, Jair Soares e do Governador do Estado de São Paulo, Paulo Salim Maluf, Secretários Estaduais e outras autoridades, o Presidente da Fundação para o Desenvolvimento de Bioengenharia, Professor Euclides J. Zerbini, conferiu no dia 29/07/80, o Diploma de Conselheiro da Fundação para o Desenvolvimento de Bioengenharia a algumas personalidades, entre elas o Sr. Antonio Carlos Rego Gil, Diretor de Management Services.
>
> Este ato representou o reconhecimento da FUNDEBE aos serviços prestados pelo Sr. A. C. R. Gil na obtenção de recursos humanos e materiais para o funcionamento do Instituto do Coração do Hospital das Clínicas de São Paulo, durante o período em que ocupou o cargo de Diretor no Conselho Nacional de Desenvolvimento Científico e Tecnológico – CNPq.
>
> Nº 92 — Esta notícia deverá permanecer nos quadros de aviso durante dois dias úteis.
>
> IBM do Brasil – Indústria, Máquinas e Serviços Ltda.

Legenda: Antonio Gil recebe prêmio da Fundebe

Foi nessa minha passagem pelo CNPq que se criou o Instituto do Coração (InCor). A rigor, o Instituto de Doenças Cardiopulmonares estava criado desde 1963, como um centro de pesquisas em cardiologia, pneumologia e cirurgias cardíaca e torácica, dentro da USP. No entanto, não havia ainda um prédio para ele. O Instituto funcionava praticamente apenas no papel.

Isso mudou quando o cirurgião Euryclides de Jesus Zerbini realizou o primeiro transplante de coração da América Latina – e o quinto do mundo. A equipe brasileira poderia ter sido a pioneira, pois já fazia intervenções em cachorros, porém, como es cães não sobreviviam muito tempo, um grupo de professores do Hospital das Clínicas resistiu ao procedimento em seres humanos. A glória recaiu sobre o médico sul-africano Christiaan Barmand, mas os temores estavam corretos: o paciente morreu 18 dias após o transplante. Os três primeiros pacientes brasileiros também morreram em pouco tempo, mas as cirurgias abriram caminho para enormes sucessos futuros.[47]

A partir do primeiro transplante e da repercussão que a cirurgia obteve, Zerbini e seu colega Luiz Venere Décourt, responsável pela parte clínica, conseguiram avançar com o projeto de um prédio para o InCor. As obras demoraram cinco anos, de 1969 a 1974, tanto pela dificuldade em angariar recursos como pela visão de construir um hospital que servisse à demanda futura – e, portanto, superdimensionado para a época.

Foi a obra mais cara em toda a história do Departamento de Obras Públicas até ali, um hospital de onze andares em Pinheiros, região nobre de São Paulo, com área de 30 mil metros quadrados e uma enfermaria de 270 leitos, menor apenas que Hospital de Lyon na especialidade

---

47   PASSOS, Letícia. Há 50 anos, acontecia o primeiro transplante de coração no Brasil, *in* revista *Veja*, 25 maio 2018. Disponível em: https://veja.abril.com.br/saude/ha-50-anos-acontecia-o-primeiro-transplante-de-coracao-do-brasil/. Acesso em: 20 nov. 2024.

cardíaca.[48]

A fama que o doutor Zerbini conquistara ajudou a construir o hospital, mobilizar e animar um grupo de jovens médicos talentosos, importar equipamentos de primeira linha (da Hewlett Packard), contratar um corpo de funcionários, mas isso não era suficiente. O hospital não funcionava, porque não havia fluxo financeiro. A organização não estava montada.

Foi nesse momento que eu fui chamado a colaborar. Recebi um chamado do ministro Reis Velloso. Ele mostrou-me um papel sobre o InCor com uma anotação do presidente Geisel, em letra bem pequenininha. Geisel tinha o costume de ler tudo o que lhe caia na frente e fazia sua gestão por meio de bilhetes para os subordinados. Naquele, estava escrito aperas: "ministro Velloso, providenciar".

Essas providencias ficaram a cargo do CNPq. A missão era fazer com que o InCor desse seus primeiros passos. Nas primeiras vezes que encontrei o doutor Zerbini, em sua sala minúscula no Hospital das Clínicas, ele disse: "Nós estamos falando do coração, mas eu sou um sapateiro. O coração é um músculo que nem a sola de um sapato. Quando dá defeito, a gente conserta; é um negócio grosseiro."

Naquele início, o InCor já era chamado de "elefante branco", considerado uma obra cara que não servia para nada. Outro apelido, mais técnico, mas Igualmente venenoso, era "Instituto do Pericárdio", por ter somente o invólucro e nada dentro[49]. O desafio era reverter esse quadro.

---

48 Conforme reportagem do jornal *Folha de S. Paulo*, de 17 mar. 1974.
49 STEUER, Ruth Silvia. *Um exercício de poder na saúde*: o caso InCor. 1997. Tese (Doutorado) Faculdade de Saúde Pública da Universidade de São Paulo. Disponível em: https://www.teses.usp.br/teses/disponiveis/6/6135/tde-26112018-122330/publico/DR_318_Steuer_1997.pdf. Acesso em: 20 nov. 2024.

Cheguei a participar de várias reuniões, fui até membro da diretoria do InCor, mas minha principal colaboração foi ter indicado um amigo como diretor administrativo do InCor. Paulo Anthero Soares Barbosa era um azougue, fez um trabalho espetacular. A solução que acabou prevalecendo foi a criação de uma fundação com o intuito de arrecadar dinheiro para o funcionamento do hospital, que ele presidiu por vários anos. Foi a primeira experiência do tipo no Brasil: a parceria entre uma entidade privada e um hospital público. A Fundação para o Desenvolvimento da Bioengenharia, depois rebatizada como Fundação Zerbini, dribla a burocracia estatal e gera recursos para o InCor, através de doações e da cobrança de leitos e serviços utilizados por convênios e pacientes particulares.

A ÁGUA PARA O NORDESTE

Uma terceira experiência que me impressionou em minha passagem pelo setor público foi, mais uma vez, originada por um bilhetinho com a letra pequenininha do presidente Ernesto Geisel, passada para mim pelo ministro Velloso. Queriam, ambos, solucionar o problema das secas no Nordeste e impulsionar a agricultura.

Nordeste, clima semiárido que lembra um deserto, pesquisas agrícolas... Logo pensei: quem melhor lida com essas questões no mundo? Israel. Escrevi para o Instituto Weizmann, um dos mais conceituados organismos de pesquisa em Ciências Naturais e Exatas, pedindo ajuda. Foram solícitos: enviaram ao Brasil um de seus cientistas, que passou três meses no Nordeste coletando dados e fazendo análises.

A conclusão que me apresentou: o Nordeste tem águas, se fizer poço, encontra. Também tem sol à vontade e muita terra. Ou seja, disse ele, o Brasil não precisa de um instituto de pesquisas agrícolas. O que o país necessita é de um instituto de gerência.

Aí eu tinha um problema. Como contar isso para o Geisel? Fomos até ele eu, o Velloso e o israelense. Deixamos que o cientista desse o recado: "vocês já têm tudo aqui», afirmou. Geisel ouviu calado.

Algum tempo depois, a Empresa Brasileira de Pesquisa Agropecuária (Embrapa), criada em 1972, assumiu esse papel de gerenciamento, instrução dos produtores, adaptação de espécies para os diversos biomas e várias outras iniciativas que fizeram deslanchar a revolução agrícola no país.

UM PERÍODO RICO, PORÉM FRUSTRADO

Em suma, minha passagem pelo governo fazia todo o sentido, era lógico que alguns dos métodos da iniciativa privada poderiam melhorar muito a administração pública, porém, os meus quase dois anos no governo tiveram parcos resultados.

A experiência foi ótima, aprendi muito, vivi esses episódios curiosos, sedimentei uma amizade com o ministro Reis Velloso e com Pelúcio, viajei representando o CNPq em várias oportunidades, como num Congresso nas Nações Unidas, mas a criação de mecanismos de controle de ações e de gastos, que era o principal objetivo da minha ida para o CNPq, esta avançou muito pouco.

Não é que eu não tenha tentado. Tentei com afinco. Um amigo costumava me dizer que eu fui até ingênuo, mexendo com coisas perigosas – por exemplo, ao impedir um general do SNI de usufruir do carro. Também não foi por falta de autoridade. Eu controlava a verba, consegui fazer com que todos apresentassem seus planos de gestão, mas eles resistiam.

O general do SNI não foi o único que me mandou tomar naquele lugar. Também tive problemas com o Inpe, no qual o capitão engenheiro Fernando de Mendonça rejeitou veementemente o meu envolvimento. Era um sujeito brilhante, que se formou com honrarias máximas pelo

ITA e depois fez doutorado na Universidade Stanford, participando em seguida de um programa da Nasa (a agência espacial norte-americana) em Radiociência.

O Inpe devia muito a ele; seus trabalhos na Nasa facilitaram diversos acordos de uso de satélites pelo Brasil e transferência de tecnologia. Por seu intermédio, o astronauta Neil Armstrong e o cientista chefe do programa espacial dos Estados Unidos, o alemão Wernher von Braun, vieram ao Brasil.[50] Por ter tanta influência, estava acostumado a fazer o que bem entendesse no Inpe. Daí sua ojeriza ao que eu representava, um controle externo. Contudo, eu era um de seus menores problemas. O governo militar, àquela altura, estava incomodado com seu estilo e começou a centralizar a atuação do Inpe. Em 1976, Fernando de Mendonça deixaria a presidência do instituto.[51]

Eu também sairia do governo, pouco tempo depois. Com a perspectiva de hoje, dá para perceber que a minha tarefa era impossível: num único ministério, um funcionário sozinho mexer com a máquina pública – ainda mais com essa mácula de ter sido da IBM. Porque, para boa parte daquele pessoal, eu era algo pior do que um burocrata. Eu era da IBM.

E para lá voltaria.

---

50   Para a visita de Armstrong, consulte o jornal *O Globo*. Disponível em: https://blogs.oglobo.globo.com/blog-do-acervo/post/50-anos-da-chegada-lua-neil-armstrong-visitou-o-brasil-tres-anos-antes-de-viagem-da-apollo-11.html. Acesso em 25 nov 2024, e na galeria de fotos do Inpe, em: http://www3.inpe.br/FernandoMendonca/galeriaFotos.php. Acesso em: 20 nov. 2024. Para a visita de Von Braun, referências no *blog Brazilian Space*. Disponível em: https://brazilianspace.blogspot.com/2011/07/von-brau-no-brasil.html. Acesso em: 20 nov. 2024. e no canal do *YouTube Sala de Guerra*, de Júlio César Guedes. Disponível em: https://www.youtube.com/watch?v=JXiOimFj2Jg Acesso em: 20 nov. 2024.

51   Uma sucinta biografia do capitão pode ser encontrada na página de homenagem do Inpe a ele. , Disponível em: http://www3.inpe.br/FernandoMendonca/biografia.php. Acesso em: 20 nov. 2024. Uma curiosidade sobre ele, porém, não está ali: a construção do Castelo da Villa Medieval, em São José dos Campos, que se pode conhecer em reportagem da *TV Aparecida*, que inclui entrevista com Mendonça. Disponível em: https://www.youtube.com/watch?v=XUQM45tpF6s&t=16s. Acesso em: 20 nov. 2024.

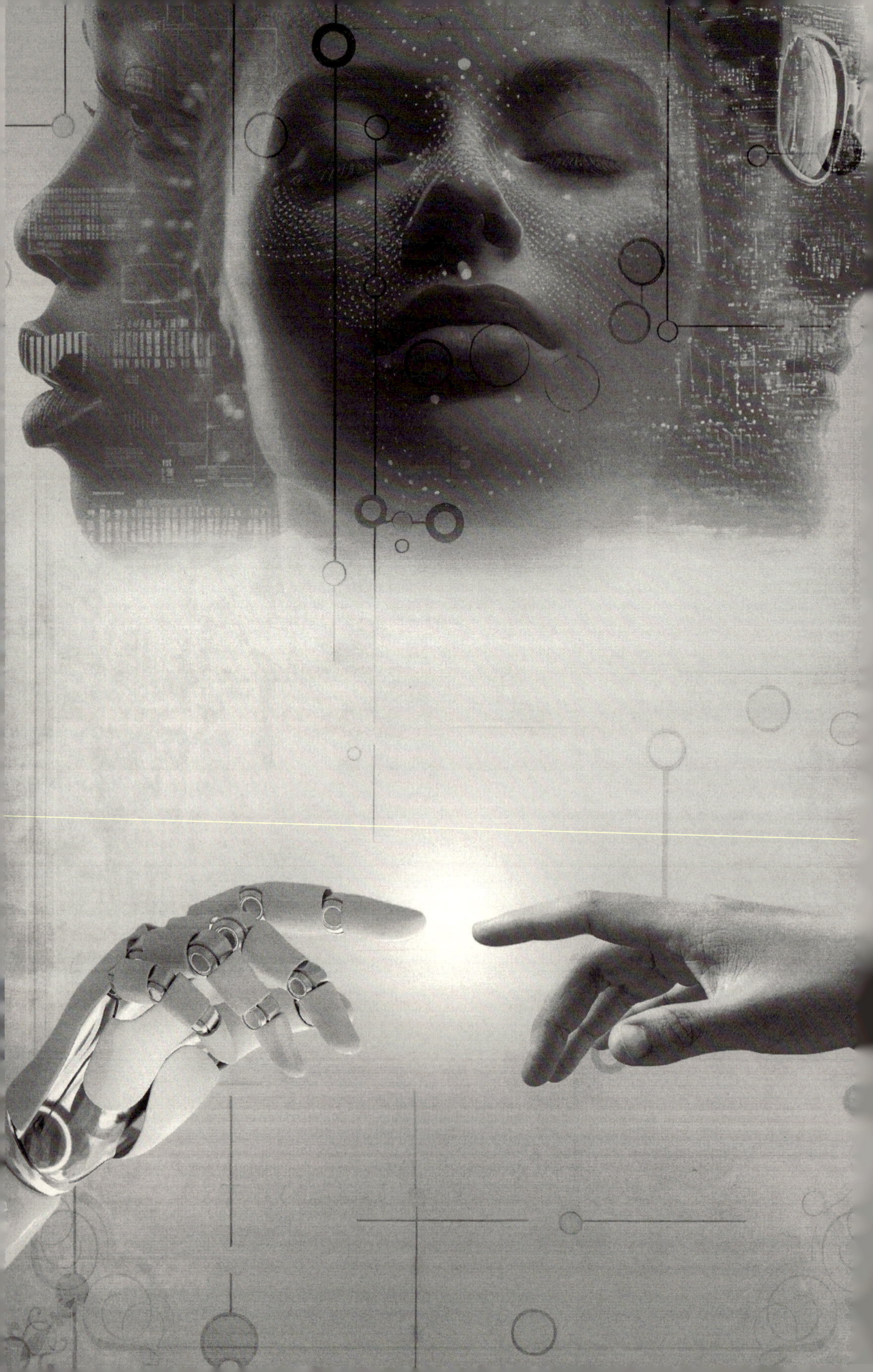

CAPÍTULO 11
DE VOLTA À IBM

Minha volta para a IBM era uma bola cantada e se deu basicamente por dois motivos. O primeiro é que, a rigor, eu nunca saí da IBM. Estava emprestado. Eu não era funcionário do CNPq, como a maioria das pessoas que trabalhava comigo. Havia, portanto, uma razão financeira. Ao contrário dos funcionários do governo, que gozam de estabilidade no trabalho, eu podia ser mandado embora a qualquer momento.

Meu período no governo não foi desvantajoso somente porque a IBM continuou me pagando alguns benefícios, como plano de saúde e contagem de tempo do plano de aposentadoria da empresa. Mas isso, obviamente, não poderia durar para sempre.

O segundo motivo, muito ligado ao primeiro, é que a IBM começou a me chamar de volta E com um baita de um argumento. Ali pela virada de 1976 para 1977, o Pepe Guerra, aquele argentino que liderava a IBM Brasil, me chamou e disse: "Não vou ficar aqui nesse país a vida inteira, temos de nomear um presidente.".

Segundo ele, a empresa contava com três candidatos no páreo – e eu era um deles. "Mas para isso você tem que voltar", me falou.

Para mim, essa conversa era irresistível. Desde que entrei na empresa, eu tinha o objetivo de me tornar presidente. Como em tantas multinacionais, o ambiente na IBM era extremamente competitivo. Para ter chance, eu teria de mostrar serviço.

Esse se tornou, naquela época, o principal problema da IBM. Chegou a um ponto em que o presidente do conselho da IBM Internacional, Ralph Pfeiffer, decidiu vir ao Brasil para tratar do assunto pessoalmente com o ministro Reis Velloso. Com certa mentalidade de *playboy*, achava que nós, os brasileiros, não estávamos tratando do assunto com competência, e ele nos mostraria como fazê-lo. Veio num jato da própria empresa, um Gulfstream.

Fomos, Amorim e eu, encontrá-lo em Brasília, onde passamos dois dias hospedados no Hotel Nacional, então o mais imponente da capital, que recebera poucos anos antes a rainha Elizabeth II e o príncipe Philip.

Esses dois dias foram quase completamente tomados por reuniões com Pfeiffer e um pequeno time de conselheiros que ele trouxera dos Estados Unidos para preparar sua reunião com ministro Velloso. A cultura norte-americana já é geralmente mais afeita a planejamentos do que a brasileira; na IBM, essa característica era elevada à segunda potência, para Pfeiffer, em particular, era terceira ou quarta potência. Ele não dava um passo sequer que não fosse meticulosamente programado.

Era do seu feitio jamais falar algo espontaneamente, de supetão. Não. Qualquer palavra tinha um exato significado. Ele era capaz de interromper tudo para trocar uma palavra que estivesse mal colocada. E dá-lhe ensaios para a reunião. Os ensaios, aliás, haviam começado em Nova York. Eu viajara para lá para o início dos preparativos. Em Brasília, nós finalizávamos a estratégia.

Na época estava muito em voga a teoria da linguagem corporal. E Pfeiffer se preparava para diversos cenários na conversa: se o ministro fizer um gesto assim, significa que é uma reunião de amigos, se fizer assado, é sinal de confronto.

Até que, finalmente, chegou a hora de sermos recebidos no Palácio do Planalto. Reis Velloso era um piauiense magrinho, as mangas de seu paletó sobravam, e na mesa de sua sala havia livros para todo lado, todos marcados. Quando chegamos, ele estava atrás da pilha de livros. Levantou-se e veio em nossa direção com os braços abertos. Imediatamente entramos na rotina "amigo", o cenário mais favorável que havíamos ensaiado.

Pfeiffer, um pouco teatralmente, disse ao ministro que tinha vindo no Brasil porque "esses caras" (nós, Amorim e eu) lhe diziam que o governo não deixava a IBM produzir. Contou que a IBM Brasil já era a sexta ou sétima maior operação da companhia no mundo, e que esse era o maior problema da empresa. Explicou a política da IBM, os planos para o Brasil, como iríamos qualificar fornecedores, aumentar a fábrica, que logo produziríamos um computador maior…

Velloso respondeu que isso tudo era justamente o que o Brasil queria, investimento aqui. De fato, havia burocracias a serem cumpridas, mas a IBM podia ficar tranquila de que tudo seria resolvido. Pfeiffer quase explodia de alegria. "Ministro, estou indo daqui do Brasil direto para Honolulu, no Havaí, para a reunião anual do conselho da IBM. Posso anunciar lá que está autorizada a comercialização e a exportação do sistema 32 no Brasil?" perguntou. "Pode!", respondeu Reis Velloso.

Já na saída, Pfeiffer perguntou se podia telefonar para o ministro dos Estados Unidos. Velloso rasgou um papelzinho, pegou o lápis e anotou um telefone. "Tome, este é o meu número pessoal."

Pfeiffer pegou o papelzinho com um ar de triunfo, entregou-o a seu assistente administrativo e disse que ligaria. Estávamos numa quinta-feira, a reunião do conselho era no sábado. Quase eufórico, depois da reunião, Pfeiffer discorria: "É isso, tem vezes em que nós temos de lidar diretamente com o problema, não adianta colocar intermediário. Vocês me desculpem, mas brasileiro para resolver problema não dá, tive de vir eu mesmo aqui.".

Com toda a humildade possível, eu lhe respondi: "Ralph, você vai me perdoar, mas nem telefone para esse número.". Ele perguntou por quê, e eu disse: "Porque o ministro Reis Velloso mora num prédio vizinho ao meu, no Rio de Janeiro, e lhe deu um telefone de Brasília. No fim de semana, ele vai estar no Rio, como em todo fim de semana.".

De fato, morávamos ambos no Leblon, na zona Sul do Rio, entre as ruas Bartolomeu Mitre e General Urquiza. Eu tinha razão. Reis Velloso não atendeu à ligação de Pfeiffer naquele sábado. Nem em nenhum outro dia. A autorização para fabricar o sistema 32 também nunca saiu.

CAPÍTULO 12
A ERA DA DIPLOMACIA

É claro que o presidente do conselho da IBM internacional não ficou nem um pouco satisfeito de fazer papel de bobo, depois de ter se gabado na reunião do Havaí que a proibição de vender o sistema 32 no Brasil estava resolvida. Se o ministro Reis Velloso chegou a tomar alguma atitude, eu nunca soube, mas àquela altura havia uma engrenagem movida pelos "guerrilheiros antidependência" que dificilmente se moveria. E que estava, em última instância, alinhada com o próprio Reis Velloso e com o presidente Geisel.

Quando isso ficou absolutamente claro, Pfeiffer me chamou para uma conversa em Nova York. Mal cheguei à sede da IBM, um vice-presidente encarregado da América Latina me falou: "Tony, prepare-se. Você não imagina como está o Ralph.".

A reação dele comigo foi até positiva. "Agora estou entendendo o seu problema", disse, mas ele estava realmente bravo. Deu-me uma carta, que eu devia entregar em mãos ao ministro Reis Velloso. "Posso ler?", pedi. Ele assentiu.

Eram umas cinco ou seis páginas. Depois que as li pedi para voltar a falar com ele. "Ralph não posso entregar esta carta. Desse jeito, não. Corro o risco de nem sair de Brasília, ir preso direto.".

Em resumo, a carta continha uma ameaça: se a fabricação do sistema 32 não fosse autorizada até um dia tal, a IBM iria transferir a fábrica para a Argentina. Mais do que o mero fato de conter uma ameaça, o tom da carta era agressivo. Eu falei "não é assim que a gente lida com o governo; uma carta dessas fecha as possibilidades de fazer negócios no país.".

No final das contas, não podia mudar muito a carta, que havia sido escrita por três ou quatro vice-presidentes da IBM e aprovada por Pfeiffer. Obtive permissão apenas para amenizar seus termos. O conteúdo era aquele mesmo, mas pelo menos seria comunicado de uma forma um pouco mais delicada. Ainda assim, quando entreguei a carta ao ministro – meu amigo João Paulo, com quem eu tinha uma história já de anos –me recebeu, leu e, no mesmo momento, respondeu, em tom extremamente formal: "O governo brasileiro tomou conhecimento da posição da IBM.". Nem me deixou sentar. Depois levou a carta para o Geisel.

A carta – com linguagem atenuada – rendeu à IBM um congelamento de seis meses nas relações com o governo brasileiro. Seis meses. Imagine se eu tivesse entregado a original.

O PAPEL DE PEREGRINO E PREGADOR

A partir dali, começava um novo capítulo para a IBM, e para mim principalmente. Não conseguimos vender um único sistema 32 no Brasil. Os 27 equipamentos que haviam ficado prontos acabaram sendo exportados, meses depois, quando ficou óbvio que o mercado brasileiro não seria aberto para eles. Meu acesso ao ministro Velloso estava fechado. Começava, então, uma corrida de recuperação. Nessa hora, o Amorim, presidente da filial brasileira da IBM, voltava a brilhar.

Em tempos de regime militar, ele tinha um trunfo: havia sido durante anos o recordista brasileiro de salto com cavalo. Por isso, tinha uma ligação estreita com vários oficiais – a começar pelo general Moacir Potiguara, chefe do Estado Maior das Forças Armadas de Geisel e envolvido com a Capre. Fomos procurá-lo. A primeira coisa que nos contou foi que Reis Velloso havia mostrado a carta ao presidente, que a leu e reagiu: "manda a IBM enfiar a fábrica no…!".

Aos nossos argumentos – o investimento, a ajuda nas exportações, a formação de pessoal – Potiguara se manteve insensível. Disse que estava nos recebendo somente por causa de sua relação pessoal com o Amorim, mas concedeu: "Eu vou criar uma comissão para vocês venderem seu peixe para eles.".

A comissão tinha algumas pessoas do ministério do Planejamento e um militar, o major Fernandes, da Aeronáutica, designado pelo general Potiguara para ser o contato da IBM no processo de reconexão com o governo. Passou a ser a minha missão convencê-los da importância da IBM para o país. Foi uma longa escalada, seguida passo a passo. Esse período, que englobou do final do governo Geisel ao início do governo Figueiredo, eu considero a minha maior contribuição para a IBM: ter atenuado a carta e, depois, ter desenvolvido a estratégia para reatar relações com o governo.

A estratégia consistia basicamente em uma apresentação. O famoso PowerPoint, porém antes de ele existir. Era tudo desenhado, mesmo. Tinha uma defesa científica: gráficos de quanto a IBM contribuía com impostos, quanto exportou, quanto faturava, a força de trabalho, os fornecedores, a educação para a informática etc.

Além da comissão do setor, fiz um programa de visitas a todos os ministros que tinham alguma ingerência sobre o assunto. Agendamos tudo por intermédio do general Potiguara. Íamos, eu e o vice-presidente de operações, Robeli Libero, por todos os gabinetes de Brasília fazendo essa apresentação. Com cenas humilhantes, até. Como a apresentação para o general Waldir Pires, ministro do Exército de Figueiredo – que eu fiz de joelhos.

Não havia outro jeito. A sala dele era um grande vazio, não tinha móvel nenhum, apenas uma cadeira, que mais parecia um trono, uma plataforma e duas cadeiras Chegamos, fomos direcionados para o nível abaixo da plataforma. Como fazer a apresentação dessa distância? O único jeito que teve foi eu me ajoelhar, colocar os papéis na minha frente e fazer a apresentação para ele. O ministro do Exército não esboçou nenhuma reação. Nenhum sorriso, nenhuma palavra.

Outra situação embaraçosa foi a entrega de um prêmio de corrida de cavalos. Eu havia contratado um assessor de relações públicas para a IBM muito entrosado em Brasília, e ele cismou que nós tínhamos de patrocinar corridas. Um belo domingo, ele me telefonou: "Venha para Brasília, nós estamos promovendo um páreo da IBM, e quem vai entregar o prêmio é o general João Batista de Oliveira Figueiredo (então ainda chefe do Serviço Nacional de Informações, mas já o sucessor designado do presidente Geisel)".

Lá fui eu para Brasília, para a tribuna, onde me postaram ao lado de Figueiredo e do embaixador do Chile, um general todo emperiquitado de medalhas. Foram duas horas de páreo. Duas horas em que o Figueiredo não dirigiu a palavra a mim uma única vez. No final, fomos a ele entregar a medalha ao cavaleiro e colocar uma fita no cavalo – eu, que mal sabia onde era a frente e onde era a traseira do animal.

De resto, eu ia para as redações de jornais para contar a história da IBM, encontrava políticos, fazia tudo o que era possível para melhorar a imagem da empresa... e para alertar para os efeitos perversos da reserva de mercado.

Era um trabalho inglório, mas o pessoal da matriz reconhecia a importância. Não havia como mensurar seus resultados, por isso criei um mecanismo para reportar as minhas relações com o governo, de maneira formal, narrando os encontros, esclarecendo minhas impressões do modo mais objetivo possível. Isso me rendeu até um prêmio: um cheque de US$ 10 mil pela *businesslike manner* com que eu lidava com o assunto.

Ao final dessa temporada de gelo à IBM, eu consegui uma entrevista de Geisel com o executivo-chefe da IBM, Frank Cary. E o que aconteceu? Ele não veio. Teve uma reunião de conselho no dia e deu o cano em Geisel. Um trabalhão para explicar... Mais para a frente, consegui marcar outra entrevista. Fizemos mais um pontinho, porém as concessões eram muito pequenas. Basicamente, tínhamos permissão para trazer equipamentos que a indústria nacional não seria capaz de produzir de maneira nenhuma.

Legenda: Indo ao encontro com o presidente Geisel

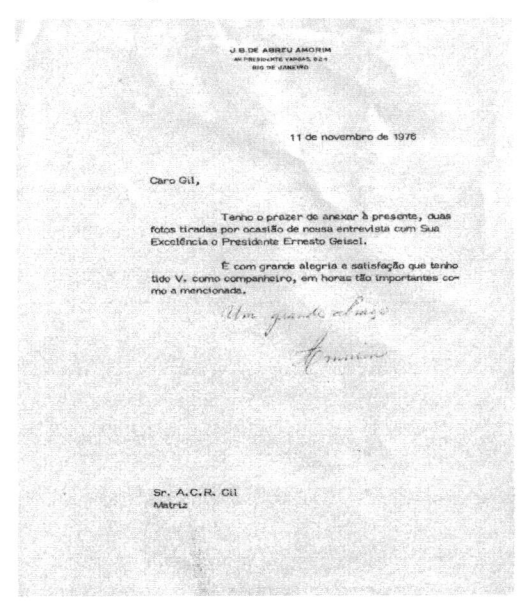

Legenda: Carta relativa ao encaminhamento das fotos feitas por ocasião do encontro com o presidente da República

O ENCONTRO DE "PRIMEIRA CLASSE"

Depois de tantos meses de relações emperradas com o governo, a questão já não era mais o sistema 32. A IBM começou a fazer outro computador, o 4341, de porte maior. Queríamos liberação de importação, produção, venda e exportação. Houve algumas pequenas vitórias, como o encontro que promovi entre o ministro da Indústria e Comércio do governo Figueiredo, João Camilo Pena, e Pfeiffer.

A história desse encontro mostra como as decisões de negócios são, as vezes, fortuitas e favorecem quem tem boas relações sociais. Começou quando eu ia para Nova York, viajando de primeira classe (naquela época, as empresas pagavam voos na primeira classe, e assim eu costumava encontrar pessoas conhecidas, como a ex-primeira-dama Sara Kubitschek ou Nilza Brasileiro de Almeida, a mãe do Tom Jobim).

Naquela viagem, eu estava sentado atrás do ministro Camilo Pena. Na chegada a Nova York, o avião arremeteu, foi até o Canadá e voltou, não me lembro por qual problema. O que eu lembro é de pensar: "é agora". Mudei de banco e sentei ao lado dele. Apresentei-me e perguntei se ele concederia uma entrevista ao presidente da IBM em Nova York. Respondeu-me que teria um horário vago na agenda entre 11 horas e 11h30 no escritório comercial do Brasil, na Quinta Avenida. "Estarei lá com o presidente da IBM Internacional", falei.

Obviamente, Pfeiffer não estava sabendo de nada. E ele ficava em White Plains, a uma hora e meia de Manhattan. Assim que saímos do avião, ainda no aeroporto, corri para um telefone público, liguei para a casa dele. Eram cerca de 7h30. O próprio Pfeiffer atendeu. Eu lhe disse que tinha marcado horário para uma reunião com o ministro da Indústria e do Comércio. Depois daquela reunião com Reis Velloso, era natural que pairasse certa desconfiança. Será que o ministro cumpriria o combinado? O encontro havia sido marcado fora de qualquer protocolo, sem secretária. No entanto, deu tudo certo. A reunião foi extremamente amigável. Não resultou em medida nenhuma, mas era mais um pontinho no processo de recomposição das relações com o governo. E servia para Pfeiffer mostrar ao conselho da IBM que estava operando, não ficava passivamente esperando o desenrolar da situação.

LEBLON SIM, IPANEMA NÃO

O IBM 4341 pertencia à linha 4300, de computadores médios (o 32 era então considerado um minicomputador, e os objetos da reserva seriam os micro, embora essa linha jamais tenha sido explicitada a contento). Lançada em janeiro de 1979, a série de equipamentos 4300 era compatível com a linha 370, tinha um processador mais rápido e maior capacidade de armazenamento, mas seus maiores atrativos eram gastar menos energia e ter menor exigência de resfriamento – para as companhias médias passava a ser mais barato comprar o próprio computador do que utilizar os serviços de empresas especializadas.[52]

O Brasil fez parte do lançamento mundial da nova linha, ou seja, o argumento de que a IBM vendia equipamentos obsoletos para o Brasil eram falaciosos, e os computadores seriam em grande parte produzidos aqui. Tínhamos convicção de que a venda dos modelos seria autorizada, uma vez que eles eram bem maiores de que o limite estabelecido pela Capre para o estímulo da indústria nacional. Ainda assim, tínhamos de fornecer toda sorte de informações ainda em 1978, antes do lançamento.

Era um caos, porque, de um lado, a IBM não aceitava dar detalhes sobre seus produtos, principalmente dos que ainda estavam em projeto; de outro lado, o governo brasileiro exigia uma apresentação minuciosa para ser avaliada pelos técnicos da Capre.

---

[52] Saiba mais sobre a série 4300 no link: https://en.wikipedia.org/wiki/IBM_4300. Acesso em: 25 nov 2024

Entregamos, então, os planos de produção da série. Eram os projetos de três modelos, que tinham os codinomes (tamanha a nossa confiança na aprovação) Ipanema, Leblon 1 e Leblon 2. Havia anda a possibilidade de aumentar a capacidade das máquinas Leblon com o que chamávamos de Leblon 1 expandido e Leblon 2 expandido.

Mesmo obedecendo às regras e fornecendo as informações, foi difícil. O governo (ou o grupo nacionalista que dominava a Capre) criava toda sorte de problemas: quais peças seriam importadas, por quê, quanto se exportaria em relação ao que se venderia aqui, eram detalhes que não acabavam nunca.

Na minha sala da IBM havia um quadro de um pintor brasileiro famoso – naquela época, a sala de cada executivo era decorada com a obra de algum artista. Esse quadro tinha umas tiras amarelas coladas, que faziam um desenho. E eu prometi a mim mesmo que, no dia em que conseguisse autorização para o 4341, arrancaria aquela fita.

No final de 1978, a Capre finalmente deu um veredito, embora ainda parcial: autorizava a produção e a venda apenas dos dois modelos de maior porte, Leblon 2 e o Leblon 2 expandido; sobre os outros modelos, adiou a decisão. Apesar da aprovação, havia exigências rígidas: para cada equipamento vendido no Brasil, a fábrica tinha de exportar três: a IBM tinha um prazo após o qual teria de abrir suas patentes para a indústria nacional, ou seja, transferir tecnologia: o índice de nacionalização dos produtos teria de aumentar progressivamente, e os periféricos associados ao novo modelo tinham de ser produzidos no Brasil.[53]

---

53   Mais detalhes em BORGES FILHO, Eduardo de Medeiros, Brasil: Política Nacional de Informática (Uma retrospectiva – 1983). 1984. Dissertação (Pós-graduação), Escola de Administração de Empresas de São Paulo da Fundação Getulio Vargas (EAESP/FGV). Disponível em: https://repositorio.fgv.br/server/api/core/bitstreams/1d7cab69-2cd9-49a8-8a95-f3ae10b6ecbc/content. Acesso em: 20 nov. 2024.

Você acha que a novela acabou aí? Não. Ainda era preciso assinar uma autorização. E o responsável por ela enrolava. Um dia, fui até Brasília, e o sujeito teve a pachorra de dizer que não tinha secretária para datilografar o documento. "Não seja por isso", eu disse. Voltei lá pouco depois com uma secretária. Aí ele não teve escapatória. Sai da sala dele às 19 horas, exausto, mas com o papel na mão. Corri para o aeroporto para pegar o avião de volta ao Rio.

No dia seguinte, no meu escritório, a primeira coisa que eu fiz foi ....rrrrrra, rrrrrrip. Rasguei o quadro. Não consegui descolar as fitas, rasguei.

Quanto aos computadores de porte um pouco maior, o Ipanema e o Leblon 1 – sua produção e venda no país acabou sendo negada, em maio de 1979, assim como a do B-2800, da Burroughs.[54]

O JOGO MAIS PESADO DA SEI

A aprovação de venda dos computadores médios da IBM, ainda que parcial, alimentou a crise já existente no setor de informática durante a transição entre os governos Geisel e Figueiredo. Representantes da indústria nacional temiam que as políticas protecionistas fossem abrandadas ou mesmo extintas, e faziam pressão. Os militares estavam insatisfeitos com a influência dos técnicos da Capre. E as multinacionais – a IBM, é claro, mas também a Burroughs e outras – pressionavam para ter permissão de vender. oferecendo equipamentos mais novos e eficientes.

Nesse contexto, capitaneada pelo embaixador Paulo Cotrim, foi criada a Comissão Cotrim, que resultou em críticas atrozes à Capre. Contudo, não na direção que queríamos. Em vez de enfraquecer a re-

---

54   Idem.

serva de mercado, o que ocorreu foi a criação da Secretaria Especial de Informática (SEI), em outubro de 1979[55].

Aquele momento coincidia com o fortalecimento do Serviço Nacional de Informações (SNI), o órgão de inteligência do governo militar. Concebido pelo general Golbery do Couto e Silva em 1964, o órgão se voltou para os computadores na década de 1970, em grande parte para aprimorar sua capacidade de monitorar o que chamava de atividades subversivas. A partir do projeto de abertura lenta e gradual adotado por Geisel (e Golbery, seu principal parceiro), o SNI passou a buscar uma atuação mais abrangente, espraiando-se para as áreas de "interesse nacional" – entre elas, é claro, a informática. Queria ser capaz de orientar políticas de estado[56].

Na transição para o governo Figueiredo, a pessoal do SNI, agora comandado pelo general Octavio Medeiros, tratou de afastar os "barbudinhos", "guerrilheiros tecnológicos", de quem desconfiavam. A SEI era intimamente ligada aos militares, tanto que foi presidida, a partir de 1982, pelo engenheiro de comunicações (mas, acima disso, coronel) Joubert de Oliveira Brízida.

Em maio de 1980, a SEI analisou e manteve a rejeição da Capre à fabricação do 4331 (Leblon 1). Em agosto, porém, conseguimos uma reversão dessa decisão. Liberaram não só o 4331, como também o computador médio da Burroughs (que também tinha fábrica no Brasil e até um modelo mini e calculadoras científicas da Hewlett Packard).

Achar que a SEI representava um cenário melhor do que a Capre,

---

55   O Decreto nº 85.067, do presidente João Figueiredo, está disponível em: http://www.planalto.gov.br/ccivil_03/decreto/1970-1979/d84067.htm. Acesso em: 20 nov. 2024.

56   VIANNA, Marcelo. Segurança Nacional e Autonomia Tecnológica – o avanço do Serviço Nacional de Informações sobre o campo da Informática brasileira (1978-1980), *in XXVIII Simpósio Nacional de História*, 2015. Disponível em: http://www.snh2015.anpuh.org/resources/anais/39/1439738614_ARQUIVO_MARCELOVIANNA_GT39-TRABALHOCOMPLETO.pdf Acesso em: 20 nov. 2024.

para IBM ou para o Brasil, no entanto, é ledo engano. Bastava ver com quem estávamos tratando. Isso ficou bastante claro para mim no dia em que entrou na minha sala um funcionário da IBM enviado dos Estados Unidos. Eu nunca o tinha visto, e ele tampouco se apresentou. Apenas se postou à minha frente e mostrou seu cartão de visitas: era o chefe de segurança da IBM Internacional.

Em seguida, ele me pediu que o acompanhasse. Fomos até o outro lado da rua na praia, em Botafogo, em frente ao Iate Clube do Rio. E aí finalmente falou: "a sua sala está totalmente grampeada.". Disse que meu assistente era do SNI. Que o governo brasileiro estava a par de todas as minhas negociações.

Marcarmos uma reunião no hotel Meridien, onde ele estava hospedado. Ao chegar, eu e Robeli Libero – já então o presidente da IBM Brasil –, perguntamos pelo senhor Tony Pohl. "Não tem ninguém hospedado aqui com esse nome", foi a resposta. Ué, mas esse era o nome no cartão… Resolvemos esperar no *lobby*. Uns vinte minutos depois, ele apareceu. "Você não está hospedado aqui?", perguntei. "É claro que estou! Mas você acha que eu vou dar o meu nome verdadeiro?".

Pohl era norte-americano criado na França e trabalhou com a resistência francesa à invasão alemã na Segunda Guerra. Era ator e músico, mas achou que era seu dever se alistar no exército norte-americano depois da guerra. Em seguida, foi da agência antidrogas dos Estados Unidos, chegou a um cargo equivalente ao de general. Quando se aposentou, em 1974, entrou para a IBM, como executivo sênior para segurança industrial, cargo que ocupou por dezenove anos.[57]

Quando subimos ao seu quarto, ele projetou um filme para nós. O prédio da IBM é todo de vidro, e a sala da diretoria dá para a baía de

---

57 Essas informações podem ser obtidas em seu obituário no jornal *Iohuid*. Disponível em: https://www.ballarddurand.com/obituaries/Anthony-Pohl. Acesso em: 20 nov. 2024.

Guanabara; o filme havia sido feito de um barco, parado na baía, durante uma reunião de diretoria da empresa. Você escutava tudo! E um dos assuntos eram as relações com o governo brasileiro.

Em outra ocasião, o mesmo Tony Pohl me mostrou uma oferta, proveniente do Japão, para compra de três projetos de computador: Ipanema, Leblon 1e Leblon 2! "Comprei esses projetos por dezenas de milhares de dólares", ele me disse. "Nós acreditamos que alguém do governo brasileiro vazou isso.". Fazia sentido: a IBM era extremamente zelosa de seus lançamentos, mas teve de mostrar os projetos praticamente inteiros às autoridades brasileiras para obter a aprovação de fabricação e venda.

Não foi o único episódio do gênero. No final da década de 1970, depois que eu voltei à IBM, certa vez fui dar um depoimento a um comandante da Marinha envolvido com o desenvolvimento da indústria nacional. Ele tinha uma sala no Itamaraty. Quando cheguei, a secretária me avisou que ele precisaria me receber em outra sala, no quarto andar.

Ela me levou para lá. A sala parecia um cofre, com aquela porta ultrassegura. E tinha apenas uma mesa. Eu olhei para ela e disse: "você vai entrar aí comigo, não é?". Ela perguntou por quê, eu respondi: "e se alguém resolve fechar esse troço aí?". Ela deu risada e entrou. Em seguida veio o comandante, tivemos uma longa conversa, várias horas.

Anos depois, um amigo disse que queria me mostrar uma coisa. Era um filme da minha entrevista com o comandante da Marinha. Ele falou: "você é louco de se envolver nessas coisas, bater de frente com o SNI; esse pessoal não é de brincadeira". No entanto, eu nunca tive medo. Não por ser corajoso, mas por ser ingênuo, desligado.

CAMPANHA NA RIVIERA

Havia também lances pitorescos no trabalho de relações institucionais. Vistos com a distância dos anos, quando a tensão já se dissipou, até engraçados. Como a viagem em que levamos o coronel Haroldo Correia de Mattos, ministro das Comunicações do governo Figueiredo, para visitar o laboratório de telecomunicações da IBM na França.

O lugar era fantástico, na Riviera Francesa, perto de Nice. A comitiva era formada pelo ministro, o presidente da Telerj (antiga Companhia Telefônica Brasileira), por mim e por um funcionário da IBM brasileira na França, Henrique Rentería, um chileno brilhante que, além da formação em Engenharia e Física, tinha doutorado em Gastronomia.[58]

Estávamos em 1983 ou 1984, as pessoas começavam a prestar atenção à área de telecomunicações, daí o interesse em ver o que a IBM fazia. Sofisticadíssimo, Rentería tratou de montar um programa de primeira linha. Isso incluía hospedagem no Ritz, um dos hotéis mais luxuosos do mundo e jantar no Maxim's (não era a primeira escolha de Rentería, mas, com tão pouca antecedência, foi a reserva que conseguiu, ele me disse).

No hotel, fomos solenemente recebidos com um *"oui, mon general"*. Notei que a qualidade dos quartos que nos ofereceram diminuía conforme a patente. O ministro, um coronel reformado, ficou numa baita suíte, com vista para o jardim interno. O general da Telerj ficou com algo parecido. O Rentería, que tinha patente de tenente, ficou num quarto menor. Eu, o único que não tinha patente, recebi um quarto que tinha basicamente a cama e um pequeno espaço para me virar.

Haroldo, o ministro, primava pela simpatia. Além do mais, era um opositor da reserva de mercado – pelo menos nos moldes como ela

---

[58] Foi Rentería quem primeiro traduziu (em 1989) para o português o clássico *A Filosofia do Gosto*, de Jean Anthelme Brillat-Savarin, obra pioneira do estudo da Gastronomia, do século XIX. Também é autor de *O sabor moderno*: da Europa ao Rio de Janeiro na República Velha (Forense Universitária, 2007). Outras informações sobre ele podem ser encontradas na monografia "O gosto da tradução", de Iago Medeiros, para seu bacharelado na Universidade Federal de Juiz de Fora, em 2017, na página 29. Disponível em: https://www2.ufjf.br/bacharcladotraducao/wp-content/uploads/sites/166/2020/08/Iago-Medeiros.pdf. Acesso em: 20 nov. 2024.

vinha sendo aplicada pela SEI.[59] E bebia bem. Na volta do jantar no Maxim's, ele já estava um pouco fora de seu estado normal. Caminhávamos pelo Faubourg Saint Honoré, onde fica a entrada do palácio do Eliseu, a residência presidencial Pois em frente ao palácio, Haroldo viu uma caixa de correio de plástico. Era parecida com as caixas que os Correios queriam instalar no Brasil; a França já as usava. Ele não titubeou. Começou a chacoalhar a caixa para testar sua resistência. Por sorte, conseguimos convencê-lo a parar antes que a polícia chegasse.

No dia seguinte, rumamos para La Gaude, na Riviera. No almoço, Rentería reconheceu um garçom e o chamou: "Você não trabalha em Londres?". Sim, trabalhava, mas estava passando uma temporada na França. "Ótimo, então me fale como são as ostras", disse Rentería. "Não recomendo", respondeu o garçom, "a temperatura da água aqui não é igual à da Inglaterra". Era por aí o nível da sofisticação gastronômica… Fizemos a visita aos laboratórios da IBM, dali fomos para Zurique, na Suíça, ver outro laboratório da empresa na área de telecom. De novo, ficamos hospedados num hotel de luxo. Na hora de ir embora, nada de o ministro aparecer. Batemos à porta, e nada. Chamei o *concierge*. Ele abriu a porta e lá estava Haroldo, dormindo pesado, de roupa de baixo, num fogo só. Foi a cena final da visita.

---

59 Tanto o ministro Mattos como seu colega da Indústria e Comércio, Camilo Penna, achavam que o órgão atravancava avanços importantes em suas áreas por impedir a realização de *joint ventures* com empresas estrangeiras. Ver em BAAKLINI, Abdo I; POJO do REGO, Antônio Carlos. O Congresso e a política nacional de informática, *in Revista de Administração Pública*, abr./jun. 1988, p 87-105. Disponível em: https://periodicos.fgv.br/rap/article/view/9438/8492. Acesso em: 20 nov. 2024.

CAPÍTULO 13
A MORDIDA DAS EMPRESAS NACIONAIS

Por mais irritante que fosse a reserva de mercado – ainda mais naquela fase em que era praticada, mas não assumida como tal –, o fato é que ela produziu vários dos efeitos pretendidos. Quer dizer, funcionou. Não exatamente como queriam os idealistas-nacionalistas, mas funcionou. Pelo menos no curto prazo.

Se o grande objetivo de uma política de informática era fomentar uma indústria nacional forte, em um setor que despontava como uma das principais atividades econômicas do planeta, isso eles conseguiram. Do protecionismo brotaram várias empresas – a semiestatal Cobra (que nasceu em 1974 e se tornou uma "campeã nacional" nos anos seguintes), Scopus, Elebra, Itautec, Microtec, Microdigital, Prológica e tantas, tantas outras.

Foi um crescimento assombroso: em 1977, havia quatro empresas nacionais que produziam computadores; em 1986, esse número saltaria para 310. O número de companhias estrangeiras no Brasil também aumentou, mas muito menos: de quatro para 37, no mesmo período. Isso sem falar na indústria de *software*, que explodiu. Em 1986, havia cerca de 1.200 fabricantes de programas e 15 mil centros de processamento de dados no Brasil.[60]

---

60   SCHMITZ, Hubert; HEWITT, Tom. Uma avaliação da reserva de mercado na indústria brasileira de computadores, *in Análises Setoriais e Impacto das Inovações Tecnológicas, Ensaios FEE*, Porto Alegre. Disponível em: https://revistas.planejamento.rs.gov.br/index.php/ensaios/article/view/1466. Acesso em: 20 nov. 2024.

Num país em que o "milagre econômico" começava a arrefecer, a indústria dos computadores puxava a média para cima, com um crescimento entre 30% e 35% ao ano (embora seja normal ter crescimentos percentuais altos quando a base de cálculo é ainda pequena). Os postos de trabalho acompanharam esse desabrochar. Dez anos depois da criação da SEI, em 1989, haveria cerca de 70 mil vagas na indústria de tecnologia. Outro trunfo para a política nacional de informática foi ter conseguido que as empresas brasileiras ocupassem a maior parte do mercado. Em 1986, elas detinham 31% das vendas de computadores e periféricos.[61]

O problema é que essas empresas não produziram o avanço tecnológico que se imaginava. Com o mercado protegido, acabaram se limitando a copiar os modelos estrangeiros que iam surgindo. Em muitos casos, houve acordos de fabricação: importavam a maior parte do equipamento, colocavam uma plaquinha brasileira e diziam que tinha conteúdo nacional. Em outros casos, houve de fato desenvolvimento tecnológico; porém um desenvolvimento restrito a entender como imitar. Quer dizer, formamos uma mão de obra especializada, mas principalmente especializada em engenharia reversa: abrir as máquinas e decifrar como funcionavam.

Com raras exceções, sobretudo no setor bancário, em que a escala e as peculiaridades brasileiras levaram a um desenvolvimento de programas genuinamente inovadores, as empresas brasileiras não passavam muito de maquiadoras. Isso ficou evidente quando a reserva de mercado terminou; quase nenhuma companhia nacional sobreviveu.

O fracasso em formar empresas de ponta se deveu, em boa parcela, à velocidade vertiginosa com que a tecnologia se desenvolvia. Foi a

---

61 De acordo com Michel Rigo, cientista de computação, em seu *blog*. Disponível em: https://www.michaelrigo.com/2014/05/vivendo-na-epoca-da-reserva-de-mercado.html. Acesso em: 20 nov. 2024.

época do surgimento dos primeiros microcomputadores, com a Apple à frente. Quer dizer: quando o pessoal conseguia copiar um modelo a contento, a indústria já estava dois ou três modelos adiante. Isso ajudou a provocar um atraso que, a partir da indústria de computadores, contaminou praticamente toda a indústria nacional, mais boa parte do setor de serviços. (Digo "ajudou a provocar" porque o protecionismo não foi um mal que atingiu somente a informática, cada setor tinha suas restrições, que por si só faziam o Brasil ser uma das nações mais fechadas do mundo ao comércio, algo que tem nos atravancado o progresso.)

Mais, ainda: essa política protecionista levou a represálias. Houve inúmeras queixas internacionais por quebra de patentes. O governo estadunidense fazia pressão e, em meados da década de 1980, acusou o Brasil de práticas ilegais de comércio, incluindo, é claro, pirataria tecnológica, desrespeito aos direitos autorais de suas empresas.

Apesar do custo enorme dessa reserva para o país, houve um aspecto positivo. Criou-se por aqui uma massa crítica, gente que passou a entender os computadores por dentro. Não apenas seu uso, mas como eram produzidos. Digamos que foi uma forma de educar o país nesse setor – mas uma educação caríssima.

E O LUCRO... EXPLODIU

Por incrível que pareça, o recrudescimento do protecionismo também funcionou muito bem para a IBM. De novo: pelo menos no curto prazo. A verdade é que o mercado de microcomputadores era ainda minúsculo, se comparado ao que a companhia faturava. Suas vendas no Brasil, em meados da década de 1970, eram da ordem de US$ 250 milhões. Três quartos desse total vinham das vendas de computadores de grande e médio portes. Outros 20% vinham, em partes praticamente iguais, dos serviços de *software* e da venda de acessórios, como discos e fitas.[62]

O fiasco das negociações para obter a autorização de fabricação e venda do sistema 32 era irritante para a IBM, principalmente porque com ele a companhia esperava ganhar um mercado novo, nas empresas médias. Mas, em termos de dinheiro, a derrota fazia apenas cócegas na multinacional. Ainda estava longe o tempo em que os computadores menores dominariam o mercado.

O problema era o exemplo que isso dava. O protecionismo era o grande temor da companhia. E o Brasil não era o único caso. Naquele mesmo ano, a empresa tinha decidido encerrar suas operações na Nigéria; seis meses antes, no final de 1977, já havia fechado uma fábrica e as operações de *marketing* na Índia. Em ambos os casos, o motivo era o mesmo: a imposição de leis que exigiam que as empresas do setor tivessem no mínimo 60% de capital nacional.[63]

O movimento brasileiro se tornaria até mais radical, não admitindo nenhuma participação estrangeira, embora apenas para uma parcela do mercado (os computadores menores). No caso da Índia, o movimento era amplo: a Coca-Cola já havia deixado de operar no país, outras multinacionais preparavam-se para seguir o exemplo. Era o espírito do tempo: acreditava-se que o domínio de tecnologia e a ascensão à classe das nações desenvolvidas se daria pela substituição de importações. Como havia feito, aliás, a maioria dos países ricos, os Estados Unidos inclusive (criando um mercado protegido em relação à Inglaterra).

A IBM enxergava essa ameaça claramente. Se a moda se espalhasse,

---

62   HELENA, Silvia. A Indústria de computadores: evolução das decisões governamentais, *in R. Adm. Públ.*, Rio de Janeiro, out./dez. 1980. Disponível em: https://periodicos.fgv.br/rap/article/view/7592/6106. Acesso em: 20 nov. 2024.

63   IBM to leave India and avoid loss of control, *in The New York Times*. 16 nov. 1977. Disponível em: https://www.nytimes.com/1977/11/16/archives/ibm-to-leave-india-and-avoid-loss-of-control-disputes-with-other.html. Acesso em: 20 nov. 2024.

ela seria seriamente atingida. Cada operação, entretanto, era pouco significativa: a empresa fazia negócios em 128 países naquela época. Entre os que causavam dor de cabeça (além de Nigéria e Índia, estavam Irã e Indonésia), o Brasil era seu maior mercado. Ainda assim, a preocupação logo foi contrabalançada por uma boa notícia: os lucros cresciam. Cresciam, não: explodiam.

No entanto, a boa notícia era uma baita armadilha. Os lucros aumentaram extraordinariamente nos anos seguintes, mas vinham à custa do futuro. Proibida de investir no mercado de computadores pequenos, os custos da IBM caíram porque não era preciso treinar força de venda, desenvolver canais, gastar com *marketing*, montar fábricas para novas linhas. Em vez disso, a companhia vendia apenas e tão somente os computadores que os brasileiros não tinham como produzir: os grandes e os médios, cuja margem de lucro era maior.

Do ponto de vista do dinheiro – no curto prazo –, a reserva de mercado foi a melhor coisa que aconteceu à IBM. Ela foi empurrada para o nicho em que reinava praticamente sozinha. Um monopólio, por definição. Curiosamente, as constantes acusações de que a IBM tinha o monopólio do setor de informática no Brasil levaram a ações que reforçaram seu domínio de mercado.

Os números eram tão bons, que poucos anos depois, na época eu já era presidente da filial da Venezuela, participei de uma reunião do conselho da IBM e, quando chegou a vez de falar do Brasil, o presidente do conselho disse: "e agora, os resultados imorais da IBM Brasil…". Era algo estrondoso, da ordem de 40% de lucro, já descontados os impostos. Ninguém tinha nada parecido. O normal eram margens de 8% a 10%.

A contrapartida do virtual monopólio da IBM em computadores de médio e grande portes foi um real monopólio para a indústria nacional na faixa dos pequenos. No entanto, não existia indústria nacional, existiam associações de empresas brasileiras que se formaram para aproveitar a oportunidade. Basicamente, fizeram *joint ventures*, compraram tecnologia lá fora e criaram organizações de *marketing*.

E esses empresários ficaram milionários.

A OPOSIÇÃO NA IBM

A verdade é que a IBM não acreditava que o mercado nacional pudesse se desenvolver. Nisso, quebrou a cara, ou melhor, ambos quebraram – o Brasil e a IBM. De um lado, a IBM não era tão imprescindível quanto achava que fosse, de outro, abrir mão da tecnologia estrangeira representou um atraso enorme para o país. Basta comparar os preços praticados aqui com a média internacional. Para nós, os equipamentos de ponta – aqueles que provocariam a revolução na produtividade da indústria mundial – saíam pelo dobro do preço (com exceção do setor bancário, no qual os programas e equipamentos eram até mais baratos do que lá fora).

Ficou óbvio para mim, logo no início, que meu papel diplomático teria duas vias: defender a IBM no Brasil, defender o Brasil na IBM. Porque ali havia opositores fantásticos ao país. Motivados, em larga medida, por preconceito achavam que o Brasil não teria condições de desenvolver tecnologia e nem deveria tentar. Minha posição era completamente diferente. Eu acreditava que o Brasil tinha plenas condições de se desenvolver tecnologicamente, e a melhor maneira de fazer isso era em colaboração com a IBM. Todos se beneficiariam mais.

Um dos mais ferrenhos antipatizantes do Brasil era o cientista-chefe da IBM, Paul Low. Tratava-se de um gênio: doutor em Engenharia Elétrica, era considerado um dos pioneiros na produção de semicondutores[64], o sistema nervoso dos equipamentos eletrônicos. Contudo, fazia parte de uma turma arrogante, que exibia um olhar de superioridade para a equipe da empresa que se ocupava das vendas.

Eu fazia o papel de conciliador, mas nunca levei desaforo para casa. Por isso, nós quase chegamos às vias de fato depois de um episódio que exacerbou sua indignação com o Brasil.

O caso aconteceu pouco tempo depois de minha volta à companhia. Para se contrapor ao avanço da reserva do mercado, a IBM fez uma oferta considerada irrecusável ao governo brasileiro. O Brasil queria desenvolver uma indústria? Então ela ofereceria um programa de desenvolvimento tecnológico para que o país fabricasse semicondutores (também chamados de *chips*).

A negociação para essa oferta foi longa. Fui até o governo brasileiro, expliquei o projeto, trouxe ao país gente de alto gabarito para debater ideias, levei até a IBM ponderações do governo. É claro que a IBM não pretendia doar sua tecnologia de ponta. Estava na mesa, porém, entregar uma tecnologia pouca coisa anterior. Com treinamento de pessoal. Em paralelo, haveria um programa de desenvolvimento de gestão de tecnologia. E a empresa nem queria em troca licença para exportar *chips* (embora esse fosse um desejo). Era um movimento destinado puramente a melhorar as relações com o país e criar boa vontade para arrefecer as políticas que limitavam as multinacionais.

Pois bem, o Brasil recusou a oferta irrecusável. A rigor, nem recusou. O ministro Reis Velloso, a quem entreguei uma oferta formal da IBM, nunca chegou a responder. Quem analisava o projeto no ministério

---

64   Semicondutor é um material que está no meio do caminho entre um condutor de energia e um isolante. Pode funcionar, portanto, como uma peça que às vezes permite, às vezes bloqueia o sinal elétrico; assim, permite traduzir em ações a linguagem dos computadores, feita de zeros e uns (o zero é "não passa", o um é "passa"). O semicondutor mais conhecido na indústria de computadores é o silício – daí o nome Vale do Silício para a região do norte da Califórnia, onde há grande concentração de empresas cujos produtos funcionam à base desse material.

era Mario Ripper, um dos principais articuladores do grupo ideológico nacionalista (os "barbudinhos", no dizer dos militares que viriam a destroná-los). Ripper era meu amigo, mas o processo não foi avante. E Paul Low ficou enraivecido. Jamais imaginou que o país fosse recusar seu plano. Daí sobreveio uma discussão que ficou acalorada.

Uma pena! Se tivesse topado aquela fábrica, naquelas condições, o Brasil poderia ter dado um salto maior na era da informática, inclusive na direção de sua independência tecnológica.

O país chegou a atrair fábricas internacionais de semicondutores. Houve sete por aqui: Philips, Motorola, Siemens, NEC, Fairchild, Texas Instruments e National Semiconductors. Contudo, em vez de absorver a tecnologia dessas empresas, o governo brasileiro restringiu-as, sufocou-as. Esse é, aliás, um dos pontos em que mais claramente se vê o erro brasileiro na busca por desenvolvimento: decidiu proteger seu mercado interno, em vez de capacitar-se para disputar o mercado externo.

Taiwan tomou o rumo oposto[65]. Os dois países partiram basicamente do mesmo ponto. A Philips, por exemplo, instalou fábricas de *chips* nos dois países no mesmo ano, 1974, com a mesma produção inicial de 50 milhões de circuitos integrados por ano. Presa a um mercado limitado, pouco inovador, a fábrica da Philips no Recife congelou sua produção. A de Kaoshiung, em Taiwan, multiplicou-a, e cinco anos depois já fazia 1 bilhão de *chips* por ano.[66]

---

[65] Assim como a Coreia do Sul, um país mais pobre que o Brasil na década de 1970, investiu em exportação e educação, o que elevou sua produtividade.

[66] REDAÇÃO Link. Sobrou pouco da época da reserva de mercado. *Estadão*, 26 out. 2014. Disponível em: https://link.estadao.com.br/noticias/geral,sobrou-pouco-da-epoca-da-reserva-de-mercado,10000030238. Acesso em: 20 nov. 2024.

CAPÍTULO 14
A DISPUTA PELA PRESIDÊNCIA

Ao mesmo tempo em que ingressei nas trincheiras da IBM contra a reserva de mercado, comecei a travar uma batalha pessoal dentro da companhia. Como já mencionei, ao me chamar de volta para a empresa, o argentino Pepe Guerra afirmou que eu seria um dos candidatos ao posto de comandante da filial brasileira – no lugar de Amorim. O próprio Pepe Guerra sairia do país; ou seja, a liderança era para ser eletiva, não tutelada.

Além de mim, havia dois candidatos. Um era Mario Bethlem, filho do general Fernando Bethlem, que havia sido cotado para substituir Ernesto Geisel na presidência do país. Mario era uma pessoa maravilhosa. Primava pelo bom humor e pelo otimismo, estava sempre com um sorriso no rosto. Tinha cursado o ITA, como eu. Embora fosse dois anos mais velho, entrou mais tarde na IBM e era, portanto, mais júnior que eu. Àquela altura, ele era o diretor de vendas; havia assumido meu lugar quando escolhi ficar a cargo das relações institucionais. Mario acabou sendo eleito gerente-geral, mas somente cinco ou seis anos mais tarde.

O terceiro candidato era Robeli Libero. Era diretor de pessoal, enquanto eu estive no CNPq ele se tornou diretor de operações de processamento de dados. Durante boa parte de sua carreira, respondeu a mim, primeiro como diretor regional, no início da década de 1970, quando eu era diretor de vendas; e, naquele momento, quando eu cuidava de serviços gerenciais (praticamente tudo que não era vendas). E ele estava prestes a se tornar meu chefe.

A escolha foi feita em fevereiro de 1978, através de um processo típico da IBM. O executivo norte-americano Jack Welch ficou famoso por seu estilo de gestão na General Electric (GE), que incluía a obsessão pelo processo sucessório. Talvez os mecanismos da GE fossem mais bem delimitados, mas a IBM certamente não ficava atrás. Era política da empresa que houvesse, para qualquer cargo de liderança, um plano de contingência. Quer dizer, havia processos para designar, tão logo quanto possível, qual era a linha de comando e quem assumiria o cargo no caso de impedimento, saída, morte ou promoção de um líder.

Para que houvesse sempre alguém preparado para assumir um posto vago, a companhia tinha um programa que se chamava "*executive resources*" (recursos executivos). Esse programa consistia em um esforço contínuo de avaliar as pessoas com potencial de liderança. Nos níveis mais altos, o pessoal da matriz vinha para o Brasil. Era a hora em que a gente sentava com o chefe, conversava, informava sobre as pessoas que estavam hierarquicamente abaixo. Era preciso estar preparado, não somente para emergências, mas para o caminho natural de crescimento profissional: quem assumiria o quê, dali a quanto tempo. E nós íamos cultivando os profissionais com esse plano em mente.

Na hora da escolha para o principal cargo da empresa no Brasil, havia um ritual a ser seguido, que tinha, obviamente, um forte componente político e era estruturado como uma competição. Sobre o equilíbrio entre os critérios técnico e político para a ascensão profissional, Mario Bethlem tinha uma frase que resumia bem a cultura da empresa: "na IBM, você tem de se sobressair... mas não muito".

No ano da minha volta à empresa, nós, os três candidatos, passamos pelo processo de testes, avaliações de desempenho no posto atual, indicações, testemunhos, como é feito em grande número de empresas. Depois de tudo isso, havia uma prova final, em que tínhamos de fazer uma apresentação de cerca de dez minutos para o conselho. E, sendo a IBM a IBM, essa apresentação era meticulosamente planejada.

A cada candidato era designado um *coach*, que o ajudaria a se preparar. O nível de detalhe a que se chegava era inimaginável, eram necessários vários dias, para um *show* de dez minutos. Minha preparação foi feita em Nova York com um vice-presidente como *coach*. No dia estabelecido, estava na sala, no Rio de Janeiro, o conselho completo da IBM – incluindo Akio Morita, o lendário cofundador da Sony. Além, é claro, do executivo-chefe da IBM, John Akers, e do executivo-chefe da IBM Américas e Extremo Oriente, Ralph Pfeiffer.

Na hora da apresentação, a vice-presidente que me treinou olhou para mim e me deu um empurrão, dizendo *"if you have it, show it"*, algo como "se você tem (o que é preciso para ser presidente), mostre". Modéstia à parte, mostrei. Minha apresentação foi sobre a indústria nacional, o grande nó que emperrava o avanço da IBM no país. Mario Bethlem, se bem me lembro, fez uma apresentação sobre vendas. E Robeli escolheu seguir o caminho padrão: falou sobre pessoal e ganhou a disputa.

Foi uma escolha cartesiana, conservadora. Era a prova de que, embora estivesse evidente que o meu trabalho fosse o mais crítico para a empresa – remendar as relações com o governo, sem o que a própria existência da companhia no país estivesse ameaçada –, na hora do "vamos ver", o que valia, de verdade, eram as vendas. E, durante o período em que fiquei fora, Robeli foi responsável pelo centro de custo Brasil. Isso lhe deu vantagem.

Não era apenas isso, porém. Robeli era mais assertivo que eu. Era mais duro, eu era mais humanista. Adicionalmente, era um profissional muito dedicado. De todos os meus liderados, era o único que sempre fazia a lição de casa. Você pedia algo a ele e podia ter certeza de que seria entregue. Num nível de detalhe impressionante. Talvez ele não fosse brilhante em negociação, por exemplo (não era), mas era muito inteligente e muito aplicado, o que não se poderia dizer de mim (pelo menos não naquele nível).

A partir desse processo sucessório nasceu entre nós certa inimizade. Em parte, porque ele era focado em vendas, quase exclusivamente; relações com o governo, serviços gerenciais, essas outras áreas das quais eu cuidava, na visão dele não eram tão importantes. Queria saber de negócios, negócios, negócios.

E eu sempre quis ser presidente, todo mundo sabia. Como meu trabalho era vital para a empresa, acabei nem sentindo tanto o baque de não ter sido escolhido. Em vários aspectos, fiquei nos três anos seguintes mais proeminente que Robeli. Fazia mais contatos em altas rodas, defendia a empresa na mídia, lidava com estratégia. Ele tinha de vender, eu cuidava da nossa sobrevivência.

Alguns anos depois, quando chegou a minha vez de assumir a presidência da IBM Brasil, ele atravancou minha promoção. Acabei saindo da empresa fundamentalmente por causa dele, mas isso eu conto mais adiante.

AKIO MORITA E A TÁTICA DA SONY

Se não foi suficiente para me levar à presidência da IBM Brasil, a apresentação que eu fiz ao conselho, pelo menos, ela não passou em branco. Ao contrário, terminada a reunião, Akio Morita aproximou-se de mim. Era um dos executivos mais respeitados do mundo, mesmo naquela época, antes de a Sony lançar o *walkman*, produto cuja criação ele próprio havia encomendado e que o elevaria ao patamar de ídolo dos negócios.

"Gostei muito da sua apresentação", ele me disse. Eu falara sobre a indústria nacional, e o assunto era importante também para a Sony. Por isso, ele me perguntou se eu aceitaria compartilhar minhas ideias com alguns executivos de sua empresa. "Claro, com o maior prazer", respondi. Poucos meses depois, recebi uma carta dele, dizendo que mandaria quatro executivos para que eu lhes apresentasse o material. Recebi-os na própria IBM, no Rio. Fiz a apresentação em inglês, e um tradutor convertia em japonês o que eu falava . Agradeceram-me efusivamente, ao estilo japonês, e foram embora.

Um mês depois, chegou outra carta de Akio Morita. Perguntava se eu me incomodaria de receber outro grupo de executivos. É óbvio que eu não ia negar, mas, ao ver quatro sujeitos no meu escritório, pensei: "já estão começando a encher". Naquela época, todos os meus aparelhos eletrônicos eram da Sony – um deles havia pifado. Não tive dúvida: entreguei o aparelho para eles e pedi que o consertassem.

Mais um mês, não é que chegou outro pedido para eu fazer a apresentação para executivos da Sony? Dessa vez, porém, veio um dos japoneses que fizera parte do primeiro grupo. Ele me disse: "Estamos encantados com a sua apresentação, eu queria perguntar se você tem alguém para indicar para ser presidente da Sony aqui no Brasil.".

Respondi que poderia, é claro. Só precisava saber o perfil de profissional que estavam procurando. "Ah, queremos uma pessoa que tenha bom relacionamento com o governo, que tenha sido formado pelo ITA, que tenha 40 e poucos anos". Soltei uma gargalhada e disse: "a única pessoa que eu conheço com essas características sou eu!".

No mesmo tom, ele perguntou: "Mas você não sairia da IBM por 20% a mais do que ganha, não é?" Respondi na hora: "Você está absolutamente certo, não sairia.".

Finalmente, entendi. Desde o início, os japoneses estavam me entrevistando! Desde a reunião do conselho, Akio Morita estava de olho – aproveitou que eu não fui o escolhido na IBM.

Alguns anos mais tarde, Akio Morita me enviou um exemplar autografado de seu livro autobiográfico, *Made in Japan*.

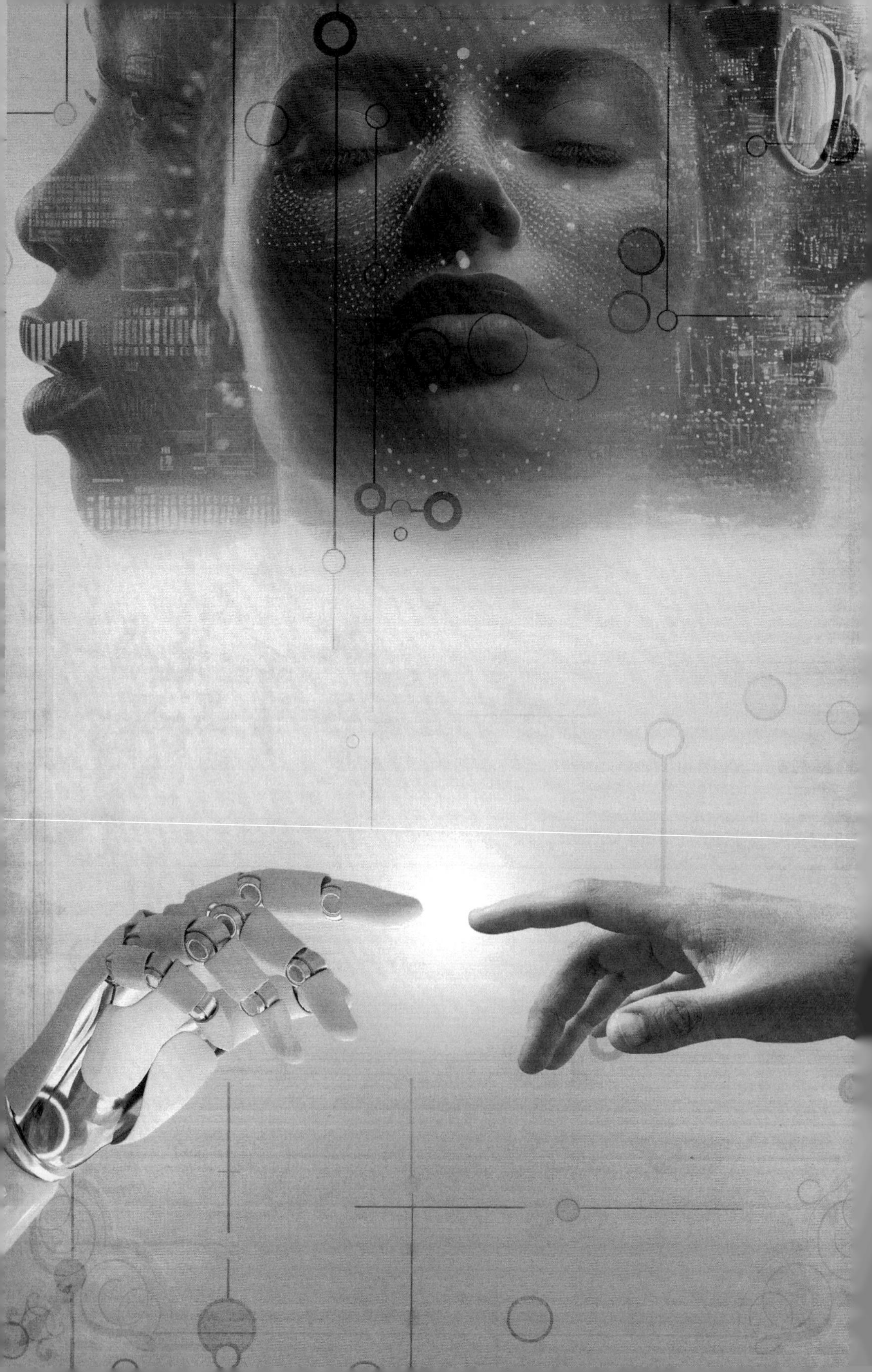

Capítulo 15
Venezuela: uma nova perspectiva

Meu prêmio de consolação foi a Venezuela. Uma operação muito menor que a brasileira, mas uma experiência e tanto. Um baita prêmio!

Aconteceu na virada para os anos 1980. Um belo dia, recebi um convite de Ralph Pfeiffer para uma conversa em Nova York. O mesmo Pfeiffer que tinha me arrancado do cargo de diretor de vendas poucos anos antes, agora me falava, com uma serenidade cheia de segurança: "Quero te convidar para ser presidente da IBM Venezuela.".

Aquilo me pegou totalmente de surpresa. Venezuela? Essa oferta definitivamente não estava no meu mapa de possibilidades, mas estava no dele. Aparentemente, eu seria uma peça importante para resolver uma situação desconfortável. "Nós temos um problema na Venezuela", ele disse. A IBM, até então, jamais havia tido uma greve, e essa era uma palavra maldita para a companhia, que se orgulhava de uma política de pessoal avançadíssima para a época. No entanto, a filial da Venezuela enfrentou uma greve.

As greves eram uma espécie de "mal da década", principalmente nos Estados Unidos. Os "longos anos 1970", como ficou conhecido o período de mudanças sociais intensas que abarcou de 1965 a 1981, foram marcados por uma onda de paralisações poucas vezes vista. Não é que não houvesse movimentos de trabalhadores antes, inclusive com alguns conflitos violentos, mas em geral eram resolvidos pelos sindicalistas em reuniões a portas fechadas com os patrões. Esses sindicalistas formavam quase uma carreira em separado: tratava-se em geral de um posto de vida inteira, ocupado por velhos burocratas ou mesmo gângsteres. No

Brasil, esse tipo de sindicalista originou o apelido "pelegos", em referência à pele colocada por baixo da sela para que o cavalo aceite melhor o peso de seu montador.

Aquela era, no entanto, uma época de transformações. Os bebês do pós-guerra chegavam ao mercado de trabalho, a tecnologia acelerava e tornava velhas ocupações obsoletas; vivia se, então, uma revolução cultural inflamada pela Guerra do Vietnã e pelo movimento *hippie*. Havia um clima de rebeldia no ar. As novas greves eram, muitas vezes, convocadas do chão de fábrica, a despeito das lideranças sindicais. Ou do chão das escolas, professores tomaram a liderança em vários movimentos.[67]

O clima era agravado pelos solavancos econômicos. Até então, havia um acordo tácito em que os sindicalistas forneciam paz nas empresas e os patrões garantiam elevação contínua de salários e benefícios. Era um acordo ganha-ganha. A crise de 1974, derivada do choque do petróleo, mas já anunciando uma era de maior competição para as empresas estadunidenses, começou a transformar a promessa das empresas em dúvida. O mesmo fenômeno atingiu o Reino Unido – que só no ano de 1970 teve 10 milhões de dias de trabalho perdidos por greves[68] – e boa parte da Europa Ocidental.

Era compreensível, portanto, que a direção da IBM mundial tivesse pavor de que a empresa fosse contaminada por esse clima. A greve na Venezuela lhes pareceu então uma situação urgente e dramática.

O diretor-geral da empresa no país, a quem eu substituí, era Salva-

---

67   Winslow, Cal. The 1970s: Decade of the rank and file, *in Jacobin Magazine*. Disponível em: https://jacobinmag.com/2021/01/1970s-decade-strike-workers-labor-history Acesso em: 20 nov. 2024.

68   1060s and 1970s radicalisation, *in The Cabinet Papers* do governo do Reino Unido. Disponível em: https://www.nationalarchives.gov.uk/cabinetpapers/alevelstudies/1960-radicalisation.htm. Acesso em: 20 nov. 2024.

dor Covelo, um cavalheiro espanhol; alto, pinta de príncipe, galã, de cabelos grisalhos, casado com uma cubana, mas duro como boa parte dos espanhóis sabe ser – autoritário. Seu grande orgulho, pasme, era nunca ter contratado um universitário para a IBM. Raciocínio enviesado. Em uma empresa com vocação para a economia do conhecimento, ele acreditava que estava economizando, maximizando lucros por não ter entre seu pessoal ninguém com diploma de ensino superior.

Dava mais ou menos certo. A IBM Venezuela era então uma empresa com faturamento perto dos US$ 200 milhões anuais. Quer dizer, os negócios eram bons, nada excepcionais. O que foi excepcional foi esse problema: uma greve que demandou intervenção da matriz e, mesmo depois de controlada, deixou um déficit no moral da turma.

A ideia era que eu consertasse a situação e preparasse um sucessor, de preferência alguém do próprio país. A política da IBM já era colocar executivos nativos à frente das operações em cada país em que atuava. O espanhol havia ficado catorze anos ali, muito mais do que o usual. Não somente não havia formado sucessores como deixou aquele climão na empresa.

Minha reação ao convite não foi lá muito aberta. Eu disse: "Ralph, estou com 43 anos e quero ser presidente da IBM Brasil. Foi aí que eu descobri que Ralph Pfeiffer, cujo apelido era Átila, o Huno, também sabia ser suave, diplomático e negociador. Com um tom quase paternal, ele me respondeu: "Tony, 43 anos, que maravilha!". Ele tinha 50 e poucos na época. "Você vai ser presidente da IBM Brasil, não se aflija, mas agora eu preciso de você na Venezuela."

Pediu que eu ficasse lá por dois ou três anos – acabei ficando no país entre 1981 e 1983. Na volta, tinha a sua palavra de que eu seria o presidente da IBM Brasil.

TEMPOS RICOS

Eu não sabia nada da Venezuela. É um país lindíssimo e era também riquíssimo. Jamais se poderia imaginar que poucas décadas depois se transformaria no desastre econômico, social e humanitário que se tornou.

O que o conheci ali foi um país mal saído do tempo colonial, em que o poder era extremamente concentrado. Dizia-se na época que a Venezuela tinha doze famílias poderosas. Eram os "Doze apóstolos". Todas essas famílias estavam representadas no conselho de administração da IBM local. Mal eu havia chegado, ofereceram-me um jantar na casa de Lorenzo Alejandro Mendoza Quintero. Ele comandava as Empresas Polar, uma enorme corporação que, àquela altura, havia acabado de inaugurar um complexo cervejeiro no país. No jantar estava reunido praticamente todo o PIB venezuelano.

Durante o jantar, disseram à Olga, minha esposa, que o litoral de Caracas era feio, mas que a apenas meia hora de distância havia praias paradisíacas. Ela ficou animada, até que eu contivesse sua expectativa: "você perguntou como é essa meia hora?". Aquele pessoal não ia para a praia de carro. Todos tinham jatinhos. De fato, o arquipélago de Los Roques, um paraíso na Terra, fica a vinte minutos de voo de Caracas.

Essa era a elite venezuelana. Um estilo totalmente diferente da que existe no México, no Peru e no Equador. Porque na Venezuela não houve uma grande cultura asteca nem inca. Era mais parecida com a do Brasil, uma cultura basicamente importada da Europa, principalmente da Itália e da Espanha, e um povo mestiço – muitos negros, uns poucos índios. A elite branca, nos padrões mais altos da realeza europeia.

Minha secretária, Alicia, é um ótimo exemplo. Era uma mulher madura, belíssima. Em 1954, tinha sido concorrente ao título de Miss Universo, na mesma disputa em que esteve a brasileira Martha Rocha.

Na primeira semana de trabalho, ela entrou na minha sala, abriu uma pasta com uma miríade de cartões de crédito e perguntou se eu queria receber o salário em bolívares, dólares ou cruzeiros. E se eu queria que os depósitos fossem feitos em Caracas, no Rio de Janeiro ou em Nova York.

Para um brasileiro sujeito às regras cambiais de então, que só permitiam a um cidadão trocar mil dólares para viajar, a primeira vez que eu fui a Nova York como presidente da IBM Venezuela foi uma festa. Até ali, com os mil dólares regulamentares eu pagava o hotel, a comida, um passeio ou outro e sobravam não mais do que US$ 200 para fazer alguma compra. Agora, lá estava eu, provido de uma penca de cartões de crédito. Lembro-me da sensação de andar na Quinta Avenida, a meca do consumo estadunidense, e me sentir rico.

A ponto de perder o controle. No meu primeiro mês de Venezuela, minha conta no cartão de crédito foi de US$ 20 mil. O que não era assim tão incomum entre os mais bem remunerados do país. A elite estava a toda hora em Miami. Havia até uma piada: os venezuelanos faziam parte de uma tribo indígena, os "tabaratos", porque era um tal de "tá barato" para cá, "tá barato" para lá.

Por não produzir muita coisa além de petróleo, o país importava de tudo. Naquela época estava passando a novela brasileira *Dancing Days*, estrelada pela atriz Sônia Braga, que fazia sucesso na Venezuela. A minha secretária não entendia por que a personagem de Sônia Braga ia ao supermercado e dizia "uau, geleia importada!"; por que era tão estranho ter um produto importado?

Agora, comparada ao Brasil, a elite venezuelana era bastante simples. As casas dos milionários não chegavam aos pés das que se vê por aqui. E era um país bem mais provinciano.

Para começar, a alta roda era bastante restrita. Graças aos contatos do pessoal do conselho de administração, logo na minha primeira semana no país, fui recebido pelo então presidente da Venezuela, Luis Antoni Herrera Campins. Era um político tradicional, do partido democrático cristão. Contou que havia passado vinte anos no Congresso antes de ser eleito. Seu antecessor, Carlos Andrés Pérez, da Acción Democrática, social-democrata, havia nacionalizado a indústria do petróleo, em 1975, quando os preços subiram graças ao choque liderado pelos países árabes da Opep. Herrera Campins beneficiou-se dessa fonte de recursos, que então parecia inesgotável. E gastava a rodo. Na época em que cheguei, no começo dos anos 1980, a dívida externa ultrapassava os US$ 20 bilhões.

Também havia um provincianismo forte na relação com os Estados Unidos, que mesclava amor e ódio (de uma forma bem mais intensa que no Brasil). Assim, ao lado da admiração desmedida que tinham do estilo de vida, dos produtos e do poder dos Estados Unidos, havia também um forte sentimento antiestadunidense no país. Pela primeira vez na vida, andei com seguranças. Eram três, que me acompanhavam para cima e para baixo.

A SOLUÇÃO RÁPIDA, PERFEITA... E ERRADA

Também eram três os desafios que eu tinha para enfrentar no novo posto. O primeiro era o clima de trabalho, agravado pelas cicatrizes da greve. Embora o choque em si já tivesse sido superado quando eu cheguei, sofri muito. Os venezuelanos são inescrutáveis. Não é fácil entender o que querem dizer. Meu estilo sempre foi aberto, franco, mas entrava no elevador, cumprimentava alguém, falava *"todo bien?"*, e a resposta era *"digamos que bién"*. Isso era um horror! Como interpretar essa resposta? E uma das minhas tarefas rotineiras era reportar o estado de espírito da turma para sede em Nova York.

Essa, digamos, característica venezuelana era uma dificuldade extra. Lá você combinava algo que, no dia seguinte, não valia mais nada. Com a maior cara de pau, era comum que a pessoa desmentisse o que havia dito ou ignorasse totalmente. Isso teve um impacto enorme no meu segundo grande desafio: as relações comerciais com o governo.

Por causa da alta do petróleo, os venezuelanos tinham uma receita enorme – mas tinham também dívidas astronômicas. Não apenas externas. A IBM tinha uma dificuldade assombrosa de receber pagamento pelos seus serviços, em todos os níveis de governo: estados, municípios e governo federal. Naquela época, o modelo de negócios na Venezuela ainda era principalmente o de aluguel. Os computadores eram cedidos, e a empresa recolhia o dinheiro pela cessão. Quer dizer, em tese. Na prática, o governo não estava pagando.

Nesse problema eu mergulhei imediatamente. E cheguei a uma solução muito rápida. Primeiro, mandei que coletassem os dados de toda a base instalada de computadores no setor governamental. Eram equipamentos arcaicos, o valor total girava em torno dos US$ 10 milhões.

Então, naquela primeira audiência com o presidente Herrera Campins, eu propus vender os equipamentos. As prestações seriam aproximadamente iguais ao valor do aluguel. O presidente adorou a ideia. "Poxa, precisou vir um brasileiro aqui para resolver o assunto!", disse.

Era a típica história do herói, que chega de fora e desata um nó que ninguém mais esperava resolver. No primeiro trimestre no cargo, eu fiz desaparecer um problema que perdurava havia anos. Fui festejado em Nova York, ganhei até um prêmio – o usual prêmio para contribuição especial, no valor de US$ 10 mil.

Houve, contudo, um pequeno inconveniente. O governo venezuelano fez com as prestações de compra o mesmo que fazia com o aluguel: continuou não pagando.

Eu passei o restante da minha temporada na Venezuela desfazendo o negócio. Porque, a partir do mês seguinte ao acordo, já não tínhamos mais faturas de aluguel para cobrar. E as de compra eles também não pagavam. Para nossa sorte, havia as empresas privadas, que eram boas clientes. As públicas, essas ficaram uns dois anos com pagamentos irregulares. Eletricidade de Caracas pulava pagamentos; os estados não pagavam direito: a Oficina Central de Estatística e informática (OCEI, um órgão semelhante ao nosso IBGE, com funções também da Secretaria Especial de Informática) não pagava. Aqueles meses foram difíceis. Esse erro, porém, ajudou a levar a empresa para uma necessária remodelação dos negócios no país – sair do aluguel, entrar na venda de equipamentos, depois *softwares* e (um tanto mais tarde) serviços.

O PORÃO E AS ELEIÇÕES

Nessa seara houve alguns casos pitorescos. Um deles envolveu a OCEI. Eu pressionava a diretora: "Dona Ofélia, preciso que você me pague, senão vou ter de tirar esse computador daqui". E ela fazia drama: "*Don Antonio, no!*" Um dia, fui fazer uma cobrança, e ela estava aflita. Pediu-me ajuda. Levou-me até um porão daqueles em que há uma janela de vidro no alto, um pouco acima do nível de solo, para iluminar o ambiente. Ao abrir uma porta, mostrou-me todas as urnas das eleições encaixotadas ali. Ali, no porão de um prédio sem segurança e com um dos vidros quebrados.

"Preciso que a IBM contrate pessoas para tomar conta das cédulas", ela me falou. A Venezuela foi um dos primeiros países a usar computadores para contabilizar resultados de eleições. Nesse caso, um novo computador, da IBM; mas uma coisa era prestar um serviço e outra, completamente diferente, era se imiscuir no processo eleitoral. Respondi: "Ofélia, você está maluca! Você acha que uma empresa norte-americana pode vir tomar conta das cédulas das eleições?".

Não dava, obviamente. Uma semana depois, ela me pediu uma entrevista. Foi me visitar na IBM. Queria pedir emprego. Era um sinal de como a situação do país começava a degringolar. Pouco tempo depois, aliás, ocorria a primeira desvalorização do bolívar em quase duas décadas: o dólar passou de 4,30 para um regime em três camadas: para bens essenciais, mantinha-se a cotação de 4,30 bolívares por dólar; para bens não essenciais, o câmbio ia para 6,00; para viajantes, o novo valor era 7,50 bolívares. Como essa medida, de fevereiro de 1983, permitiu a flutuação do dólar, em junho o câmbio já estava em 10 bolívares; em novembro, chegaria perto dos 13.[69]

Quando aconteceu essa desvalorização, eu recebi uma ordem da tesouraria da IBM: comprar dólares. O máximo que eu pudesse. Se a empresa tivesse algum dinheiro em caixa, devia transformá-lo em dólares. Fazia sentido, é claro, como medida de proteção dos recursos da companhia: manter as contas em moeda forte o máximo possível. E o que vinha com a prática de comprar dólares num regime de taxas múltiplas? Corrupção.

Dia sim, dia também aparecia alguém na empresa oferecendo dólares a preços diferenciados. Era gente que tinha alguma maneira de comprar a moeda norte-americana pelo preço dos bens essenciais, ou perto disso, e revendia com algum lucro. Cumprindo as ordens da tesouraria da IBM, eu mandava comprar.

Comprei montes, milhões de dólares. Até que estourou um escândalo no país. E, na lista dos compradores de dólares no mercado paralelo, quem estava? A IBM, *por supuesto*. Quase perdi o emprego, mas eu disse: posso ser demitido, mas sozinho eu não vou, porque tenho aqui todas as autorizações para as transações de compra.

O tesoureiro na época era um executivo chamado Sullivan. Alto, albino, até simpático... mas queria me ferrar. Não conseguiu. Por pura

---

[69] Os valores do bolívar em relação ao dólar podem ser consultados em: https://es.wikipedia.org/wiki/Anexo:Cotización_histórica_del_bol%C3%ADvar_con_respecto_al_dólar#Per%C3%ADodo_1961-1982. Acesso em: 20 nov. 2024.

intuição eu tinha me precavido: se você precisar fazer algo minimamente nebuloso, é bom se armar com autorizações oficiais, no mínimo de um patamar hierárquico acima do seu.

O PRESIDENTE NÃO QUERIA IR À FESTA

Meu terceiro desafio na Venezuela era muito ligado ao primeiro (restaurar o bom clima), mas ia além dele: refazer o perfil dos recursos humanos da companhia. Tratei ambos os desafios de modo concomitante.

Com medidas básicas, apenas uma dose de bom senso. Por exemplo, uma empresa com cerca de 3.100 funcionários numa sede maravilhosa, em Caracas, não tinha sequer uma cafeteria. Então, mandei construir uma. Pelo lado da renovação, passei a contratar universitários, iniciei um grande programa de treinamento, desenvolvemos programas de *marketing* mais modernos. Entretanto, essa renovação a partir das camadas inferiores – a mais correta, a meu ver, porque os líderes vão sendo forjados com a cultura da empresa desde o início –, o problema é que ela leva tempo. E tempo era uma coisa que eu não tinha muito. Havia certa pressa para que eu entregasse a filial a um venezuelano.

Consegui, no final das contas. No entanto, com certo custo: o sucessor que escolhi, Alejandro Rivero, não era brilhante. Mas era o que havia. Ou quase. Havia um concorrente mais envolvido com a operação, porém sua personalidade era meio dúbia – portanto, não quis recomendá-lo. É claro que a escolha do sucessor não foi só minha, o pessoal de Nova York também fez parte dessa decisão. O fato é que Rivero não funcionou a contento. Os negócios caíram, ele durou dois ou três anos no cargo, apenas.

No campo das relações com o governo, fiz algo parecido com o que havia ajudado a realizar no Brasil: incentivo à ciência. Criei um centro científico na IBM e, ao mesmo tempo, o prêmio IBM de Ciência e

Tecnologia.

Nosso centro científico foi inaugurado no fim de 1982, depois de um processo de autorização da IBM. Cada centro da empresa tinha uma especialidade; este era um centro de análise de dado aéreos e, bem a ver com o país, análises de petróleo.

Para a inauguração, convidei o presidente Herrera Campins. Seria algo inédito. Nunca um presidente do país havia visitado uma empresa estadunidense – aquela história de amor e ódio e, principalmente, o medo de ser visto como aliado dos "gringos".

Legenda: Inauguração do Centro Científico da IBM na Venezuela, em 1982

Legenda: Antonio, com a esposa Olga e a filha Gabriela no evento

"[...] las Naciones marchan hacia el término de su grandeza, con el mismo paso con que camina la educación. Ellas vuelan, si ésta vuela, retrogradan, si retrograda, se precipitan y hunden en la obscuridad, si se corrompe, o absolutamente se abandona."

Fragmento de La Instrucción Pública, 1825

"Un hombre de genio, que conozca el corazón humano, y que le dirija con arte: un sistema sencillo, y un método claro y natural, son los medios eficaces por donde la sociedad puede hacer en pocos días extraordinarios y brillantes progresos. Sin estos requisitos en vano se amontonarán preceptos y trabajos: todo será embarazo y confusión."

De La Instrucción Pública, 1825

Às 22 horas do dia anterior à festa, estávamos praticando uma espécie de baile ao telefone. O ministro da Indústria e Comércio me dizia que infelizmente o presidente não poderia comparecer, porque tinha uma reunião muito importante; eu insistia, falando do impacto de um centro desses para a país. E assim íamos, dois para lá, dois para cá. Eu, exasperado, tentava as últimas cartadas: "ministro, o senhor está louco, o embaixador dos Estados Unidos aqui na Venezuela já avisou o Departamento de Estado que o presidente iria, isso foi visto como um grande avanço nas relações entre os dois países".

No dia seguinte – o dia da cerimônia, marcada para as 19 horas – fui ao palácio Miraflores, a residência oficial do presidente. Às 7 horas da matina. Ao me receber, ele disse: "Espere aí". Foi até a sala do presidente, voltou e confirmou que ele compareceria ao evento. "Mas ele não pode ir às 19 horas. Ele vai às 18 horas e só vai ficar meia hora por causa de outro compromisso."

OK. E lá fomos nós, a equipe inteira, avisar que a cerimônia seria adiantada em uma hora. Um estresse danado. Às 18 horas em ponto, o Cadillac do presidente parou em frente à sede da IBM. Ele entrou, visitou o centro. Sozinho. Na Venezuela, ninguém chegava na hora.

Fiz uma volta com ele. Depois nos dirigimos ao palco para entregar o prêmio de Ciência e Tecnologia. O cerimonial havia alertado que o presidente não faria nenhum discurso, nem daria declarações. Que nada! Fez discurso, enturmou-se, comeu, bebeu... Para resumir, às 2 horas da manhã, estávamos o presidente da Venezuela, o arcebispo de Caracas, o embaixador estadunidense e eu sentados numas cadeirinhas duras, tomando champanhe sem falar nada porque depois de seis horas de conversa já não tínhamos mais assunto.

O compromisso do presidente... ou não existia, ou foi escanteado. Típico dos venezuelanos.

Depois disso, o embaixador estadunidense só faltou me condecorar. Tornou-se meu amigo íntimo. Tanto que, pouco tempo depois, fui recebido por ninguém menos que o presidente Ronald Reagan, na Casa

Branca, com um pequeno grupo de venezuelanos.

Legenda:

Antonio Gil com o embaixador dos Estados Unidos na Venezuela, George W. Landau

AS PIADAS DE REAGAN

A recepção na Casa Branca foi marcante para mim. Ainda mais com Reagan (alguns anos mais tarde, eu iria mais uma vez àquela casa, na gestão do presidente George Bush, como já narrei nos primeiros capítulos, em uma situação completamente diversa). Reagan era Reagan. Uma figura imponente. Ex-galã de cinema, impressionava. Dos pés aos fios de cabelo – e tingidos, claramente tingidos, mas de um tingido irretocável – media 1,85 m em excelente forma. E um humor contagiante.

Sobre a União Soviética, sua obsessão, contou a piada do sujeito que ganhou um sorteio para receber um carro e foi comunicado que este lhe seria entregue dali a dez anos. Ele então pergunta ao oficial: "Com todo o respeito, senhor, vão entregar de manhã ou à tarde?". Quando a oficial indaga por que ele quer saber isso, o sujeito afirma: "É que pela manhã está marcada a visita do encanador".

Sobre religiosos (reiterando sua fé na propriedade privada), contou outra: um arcebispo visita a fazenda de um sujeito e, num passeio guiado, vai exclamando: "Nunca vi um milho tão bonito como esse, Deus seja louvado!"; "Nunca vi um trigo tão alto, abençoado seja o Senhor!". Até que o fazendeiro perde a paciência e fala: "É, mas o senhor devia ver quando era Ele quem estava cuidando das plantações: não dava nada".

O ATUALÍSSIMO SIMÓN BOLÍVAR

Ainda no capítulo das boas relações com o governo venezuelano, a IBM patrocinou uma obra de arte que falava muito à alma do país. Tratamos de editar um livro, com pinturas originais da artista Corina Briceño, uma das mais talentosas do país, inspiradas em frases de libertador Simón Bolivar, militar venezuelano que foi, com José Martí, responsável pelos movimentos de independência de boa parte dos países sul-americanos.

O livro foi produzido em papel especial, e as frases, escritas com tipologia usada na época de Bolívar. É impressionante como são atuais vários pensamentos que ele proferiu no final de século XVIII.

"As armas vos darão independência, as leis vos darão a liberdade."

"Um povo ignorante é um instrumento cego da própria destruição."

"A arte de vencer se aprende nas derrotas."

"Lute, e você vencerá. Pois Deus garante a vitória à perseverança."

E por aí vai.

Fizemos uma edição de 100 exemplares. O número 1 entreguei pessoalmente para o presidente Luis Herrera. Guardei comigo o de número 28.

Legenda: Ilustração que retrata o líder político venezuelano, Simón Bolívar

MINHA FUGA DA JUSTIÇA

Essas boas relações com o governo não evitaram, entretanto, que eu sofresse uma espécie de assédio no país. Tudo por causa da peculiar Justiça trabalhista venezuelana.

Ocorre que, lá, qualquer disputa trabalhista tinha de ser resolvida pessoalmente pelo presidente da empresa. Este era, aliás, um dos motivos para eu ser acompanhado por seguranças. Evitar assaltos e sequestros, claro, mas também dificultar que oficiais de justiça me entregassem convocações para depor em processos. Imagine quanto tempo eu perderia, ainda mais considerando a crise de pessoal que houve antes da minha chegada.

Pois bem, no apagar das luzes de minha gestão, quando estava para voltar para o Brasil, tive de demitir um funcionário. Perto do Natal, fui a um jantar que ofereceram para minha despedida. Ao chegar, quem eu vejo em cima da escadaria do restaurante? O próprio sujeito que eu havia demitido. Até pensei: "Puxa, ele foi bacana de vir se despedir". Quando cheguei perto, saíram vários fiscais de trás das pilastras, enquanto ele gritava: "É ele! É ele!". Pensei que estava sendo sequestrado. Corri, entrei no restaurante, me escondi no banheiro. Do lado de fora, um dos fiscais dizia: "Não importa, o senhor já está citado".

O episódio aconteceu numa sexta-feira. No sábado pela manhã, liguei para o escritório de advogados que nos atendia. Estavam em reunião anual, e um dos sócios era o ministro das Relações Exteriores da Venezuela. Atendeu-me e disse: "Pode ficar tranquilo, don António, nós vamos resolver isso". Aconselhou-me a voltar naquele mesmo dia para o Brasil. "Você chega ao aeroporto e vai ter uma pessoa lhe esperando", disse.

Os voos para o Brasil saíam à meia-noite. Minha família já estava no Brasil, só eu havia ficado. Mal cheguei ao aeroporto, um sujeito me pediu o passaporte e me encaminhou para uma salinha escura.

Havia duas polícias na Venezuela: a civil e a política. Esse homem, provavelmente do segundo grupo, me acompanhou até o avião da Avianca e me perguntou: "O senhor regressa quando?". Respondi que voltava dali a uma semana, no voo da Varig que chegava a Caracas às 4 horas da manhã. E ele disse: "Vou estar lhe esperando".

Dito e feito. Na minha volta, às 4 horas da manhã, lá estava o mesmo sujeito à minha espera. Pegou meu documento e disse: "Me acompanhe, rápido". Já comecei a ficar com medo. Passamos pelo primeiro posto de polícia, depois pelo segundo, e o sujeito grudado em mim. Estava aflito. Pensei que estava querendo dinheiro, mas não. Ele queria era pegar o meu passaporte e apagar a autorização que tinha me dado para sair do país. Aquilo poderia comprometê-lo. Apagou com tanta força que chegou a furar meu passaporte.

Em Caracas, fui até a embaixada e o embaixador me deu outro passaporte O antigo, furado, guardei até hoje. Com esse estratagema, evitei depor no caso. Tendo viajado naquele mesmo dia, a lista das pessoas que não podiam viajar ainda não havia chegado ao aeroporto. E, tendo voltado, foi como se nunca tivesse saldo. Seis meses depois, no entanto, tive uma reunião no Panamá e passei por Caracas. Lá estava o meu nome na lista. Não aconteceu nada.

Assim como era raro que acontecesse algo com as centenas de colombianos que entravam ilegalmente no país. Volta e meia o governo decretava que prenderia os "indocumentados", como eram chamados. Uma semana depois, esqueciam o assunto.

Na minha passagem por Caracas a caminho do Panamá, Alejandro, meu sucessor, enviou meu antigo motorista para me buscar no aeroporto. "Miguel, ¿qué tal?", cumprimentei-o. "*Muy mal, sênior Gill. Ni siquiera endivias tenemos en el supermercado.*"

Faltavam endívias! Mal sabia ele que a situação ainda pioraria mais naquele fantástico país.

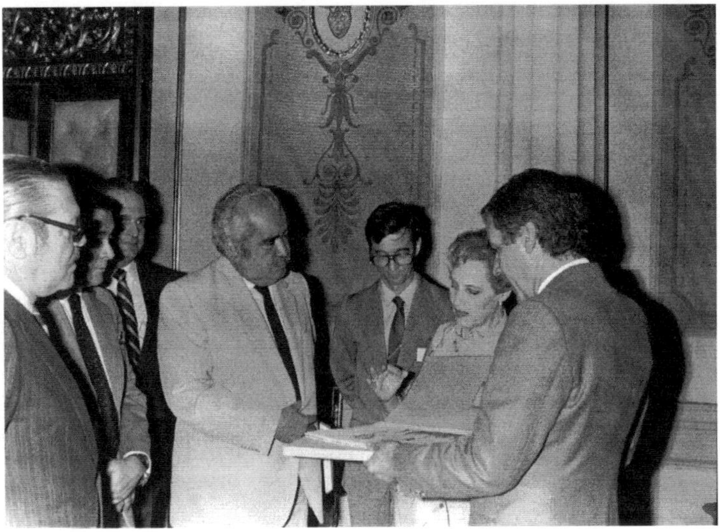

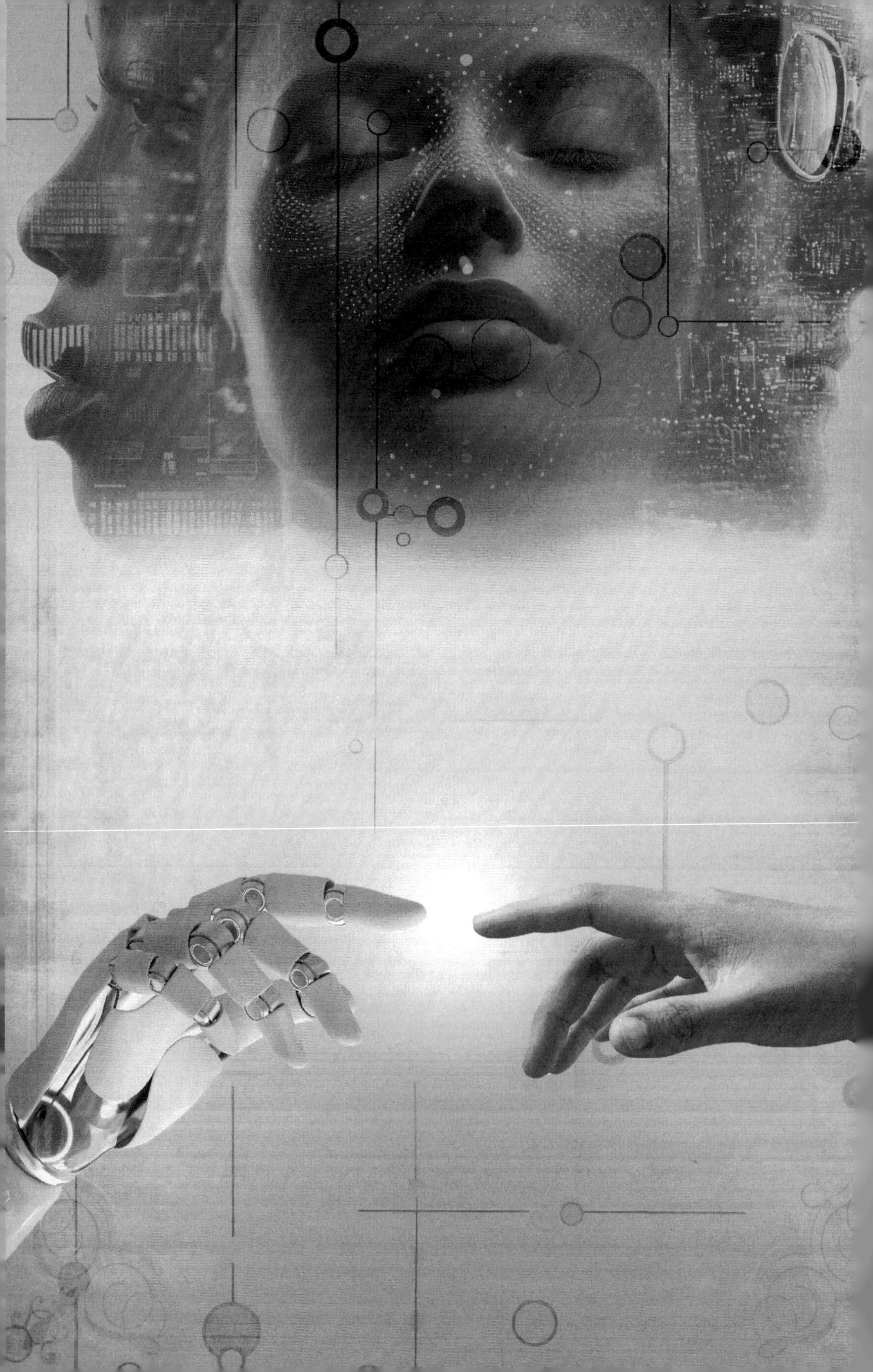

CAPÍTULO 16
A OFICIALIZAÇÃO DA RESERVA DE MERCADO

O Brasil, obviamente, não parou enquanto eu estive na Venezuela. Em termos de política de informática, continuou andando, até velozmente... para trás.

Um dado interessante é que, em suas ações para limitar o acesso das multinacionais ao mercado brasileiro, o governo tinha mais apoio dos partidos de oposição do que de sua base parlamentar. Os conservadores, como o senador Roberto Campos, acreditavam (corretamente, diga-se) que a reserva de mercado era ineficiente como método para alcançar o desenvolvimento tecnológico. Até mesmo a equipe econômica do governo – com o ministro do Planejamento, Antônio Delfim Netto, à frente – desconfiava da política de informática, temendo que ela interferisse em assuntos mais importantes, irritasse o governo dos Estados Unidos e, assim, prejudicasse as negociações da dívida externa, além de abrir a porta para sanções econômicas.

Foi então que o Parlamento chamou a questão para si, com a apresentação de nada menos que 26 projetos de lei.[70] A Câmara dos Deputados, que àquela altura do regime militar tinha maioria oposicionista, defendia a mesma linha de reserva de mercado, porém controlada por instituições civis, e não pelos militares da SEI (Secretaria Especial de Informática).

O setor estava em ebulição. Para os militares, estava tudo certo, não

---

70 BAAKLINI, A. I; e REGO, A. C. O Congresso e a Política Nacional de Informática. *Revista de Administração Pública*, v. 22, n. 2, p. 87-105, 1988.

queriam abrir mão do controle de uma área estratégica. A maior parte da oposição queria ir na mesma direção, mas com outros pilotos (quadros da sociedade civil), avançando inclusive para uma legislação que explicitasse a reserva de mercado e acabasse com as acusações de casuísmo na aprovação ou recusa de qualquer projeto estrangeiro. No partido do governo (Partido Democrático Social), a posição que prevalecia era de "setorizar" a política de informática, deixando que os ministérios definissem as regras (os ministros da Indústria e Comércio, Camilo Penna, e das Comunicações, Haroldo Correia de Mattos, por exemplo, achavam que a reserva de mercado mais prejudicava do que ajudava suas áreas, que poderiam se beneficiar de *joint ventures* com empresas estrangeiras e, portanto, favoreciam uma visão mais liberal).

Mesmo de longe, eu não estava alheio a esses debates. Uma vez vim ao Brasil, de férias, e fiquei hospedado no hotel Rio Palace, na ponte da avenida Atlântica, em Copacabana, pertinho de Ipanema.[71] Ao entrar, encontrei a repórter Gilda Furiati, uma das jornalistas que costumava escrever sobre Informática (curiosamente, as mulheres eram maioria na cobertura do setor). Ela era editora do *Data News*, o primeiro jornal de informática do país, lançado em 1976 por uma empresa estadunidense (a Computer World). Já nos conhecíamos de longa data e fomos tomar um drinque no *lobby*.

Ela foi perguntando, perguntando, até que ela e o fotógrafo subiram ao meu quarto e o encontro se transformou numa entrevista. Bombástica, para o setor. O título foi algo como "Gil sem amarras no Brasil", e eu falei que o país estava desperdiçando a oportunidade de aproveitar as ofertas da IBM de desenvolvimento de tecnologia, que a IBM desde 1961 vinha contribuindo para o avanço científico do país, com trei-

---

[71] Inaugurado em 1980, esse hotel virou um dos pontos de luxo do Rio de Janeiro, mas se afundou em dívidas e foi vendido, primeiro para o grupo Sofitel, depois para a GP Investimentos; hoje, se chama Fairmont Rio de Janeiro Copacabana Hotel.

namentos e doações para as universidades, que a reserva de mercado atravancava os outros setores produtivos brasileiros...

Não era nenhuma grande novidade, nenhuma baita revelação, mas a entrevista ia totalmente contra a política da IBM de *low profile* (ficar na moita, em bom português). Apesar da desobediência, eu coloquei o ponto de vista da empresa de maneira muito clara, positiva. Gilda, como a maioria dos jornalistas da área na época, era favorável à reserva (embora não ao controle militar). No entanto, era uma mulher inteligente, sabia fazer seu trabalho corretamente e colocou meus argumentos com honestidade.

A repercussão foi inédita para a IBM. Robeli, meu ex-subordinado e então presidente da filial brasileira, não gostou nem um pouco. Com razão, eu havia me metido em um assunto interno, da jurisdição dele. E ainda havia passado ao largo de toda a estrutura de comunicação da companhia. Por isso, ele fez uma reclamação oficial à direção.

Sabe o que aconteceu? Ralph Pfeiffer, presidente da IBM Internacional – aquele mesmo que tinha me escanteado do cargo de diretor de vendas uns anos antes e que tinha me proposto o cargo de líder na Venezuela –, me chamou para uma conversa, na qual me deu um prêmio de US$ 10 mil pela "excelente contribuição" para as relações da IBM com o Brasil. Era a segunda vez que eu ganhava um prêmio assim (a primeira foi por ter resolvido um problema na Venezuela, veja no capítulo 15).

A entrevista tinha sido contra as regras, mas eu disse coisas que estavam entaladas na garganta do pessoal de Nova York havia muito tempo.

FATURO, ERGO SUM

Alguns meses depois, regressei ao Brasil. Meu ciclo na Venezuela estava encerrado. Eu voltava com a promessa de me tornar presidente da IBM local. Só faltava combinar com Robeli. Ele não queria sair de jeito nenhum – nem mesmo para um cargo mais importante, de gerente-geral da América Latina. Sua justificativa: abominava a ideia de sair do Brasil.

O motivo era o mais prosaico que podia haver, ainda mais para alguém que havia galgado tantos postos numa multinacional: era um caipirão, de Minas Gerais, por isso não se sentia bem nos Estados Unidos. "Se eu tiver de ir para lá, saio da IBM", ele me disse numa de nossas conversas. Aquilo não era meu problema, obviamente, mas me senti mal com a situação. Enquanto o impasse não se resolvia, fui nomeado vice-presidente de Operações, o segundo cargo na hierarquia da empresa no Brasil, com reporte direto ao presidente para a América Latina, Larry Ford. Quando aceitei o posto, Ford me disse que o Brasil era a "pedra no sapato da IBM" no mundo, por causa do protecionismo, que podia servir de exemplo para outros mercados.

Por isso, minha primeira missão foi realizar uma ampla análise sobre as condições do mercado de informática no país. Tratei de contratar uma consultoria (a Price Waterhouse) para realizar um estudo sobre a indústria nacional. Quando o estudo ficou pronto, alguns meses depois, fui apresentá-lo em Nova York. Dei-lhe um título bastante sugestivo: *Faturo, ergo sum* – uma alusão em tom de gracejo à declaração do filósofo francês René Descartes (*Cogito, ergo sum*, o famoso "Penso, logo existo"). O que a análise implicava, no entanto, era bastante sério: a reserva de mercado tragaria as vendas da filial brasileira. Sem faturar, não haveria como existir.

Minha previsão, então, era que a indústria nacional chegaria a um faturamento de US$ 3 bilhões – US$ 3 bilhões que a IBM deixaria de vender!

A IBM e as outras multinacionais, é verdade,[72] mas principalmente a IBM, que detinha 60% do mercado brasileiro de informática. Meu vaticínio, amparado nos cálculos da Price, cumpriu-se em pouco tempo. Em 1988, as vendas totais das empresas nacionais no setor de informática atingiram os US$ 3 bilhões – que então representavam dois terços do mercado de computadores no país.[73] Ou seja, a participação de mercado da IBM encolheu bastante.

Como vimos no capítulo 13, ficar de fora do mercado de computadores menores fez com que, a princípio, a margem de lucro da IBM aumentasse. Contudo, quando a margem cresce demais, quase sempre significa que o rio está secando.

A FESTA NO CONGRESSO

Até àquela altura, a reserva de mercado funcionava em termos difusos. O governo enrolava, qualquer aparelho novo estava sujeito a uma *via crucis* para aprovação da SEI.

A IBM fazia pressão do jeito que podia. Nós fazíamos *marketing* para os aparelhos ainda não aprovados. Para o processador 4331 (o Leblon 1), por exemplo, no início da década distribuímos tabelas de preço aos potenciais clientes, mostrando a economia que eles teriam se o equipamento pudesse ser fabricado no Brasil (importado, custaria três vezes mais).

Sua fabricação no país acabou sendo liberada, mas a vitória serviu de argumento aos nacionalistas que brigavam por uma reserva de mercado com regras claras, estabelecidas... e mais rígidas.

---

72   Como a Burroughs, Hewllet-Packard, Olivetti, Digital, Nixdorf, Philips, Data/General, Datapoint, Wang, Lobabax e Cougar.
73   Schmitz, Hubert, Hewitt e Tom.

Essa turma saiu vitoriosa. Em 30 de julho de 1984, o presidente João Figueiredo enviou ao Congresso um projeto de lei para definir a reserva de mercado da informática. A proposta tinha por base um projeto da deputada Cristina Tavares, uma das mais ativas na área.

O senador Roberto Campos ainda entrou com uma ação no Supremo Tribunal Federal para tentar impugnar a lei, por ferir a Constituição, mas foi derrotado. Em 29 de outubro de 1984, o Congresso aprovou a Lei n. 7.232, conhecida como a Política Nacional de Informática.

Eu estava lá, no ato da assinatura, em Brasília. Participei da cerimônia e do jantar de comemoração que se seguiu a ela. A ala nacionalista, de esquerda, estava eufórica. E eu disse aos que estavam mais próximos de mim: "Hoje vocês assinaram o fim da reserva de mercado".

"Que nada!", me respondiam. "Estamos dando início ao desenvolvimento brasileiro da área, como o Japão e os Estados Unidos fizeram." Que eles estavam errados, é fácil perceber com os olhos de hoje. Que eu estava certo, é mais difícil. Afinal de contas, a reserva ainda durou muitos anos, mas foi ali que ela começou a cair.

Até então, o protecionismo era camuflado, errático, sujeito a idas e vindas. Lutávamos contra algo que não enxergávamos. Por meio da promulgação daquela lei, o Brasil não tinha mais como negar: tinha uma reserva de mercado explícita. Contra esse inimigo real, bem definido, dava para se opor com mais clareza.

Foi então que começou a pressão do governo estadunidense. E isso pioraria nos anos seguintes, quando o *software* começou a ganhar importância – e o Brasil não pagava *royalties* às empresas estadunidenses.

A ASCENSÃO DO *SOFTWARE*

No caso da IBM, o maior contencioso foi o sistema operacional

Unix. Esse sistema, desenvolvido na década de 1970, revolucionou a informática. Foi o primeiro sistema a dar suporte a vários usuários na mesma máquina, permitir a realização de muitas tarefas ao mesmo tempo e deixar que o usuário definisse ações pela interface gráfica (e não apenas digitando linhas de comando para a máquina, como era usual).

A maior parte dos sistemas operacionais que usamos hoje tem como base o Unix. No início, várias empresas e universidades trabalharam com o sistema, criado nos Bell Labs, da AT&T. A IBM começou a oferecer a própria versão do Unix em 1985 para a plataforma do S/370. Em seguida, criaria uma versão mais sofisticada, o AIX.

Como forma de contestar a reserva de mercado brasileira, o governo estadunidense brecou as negociações da AT&T com firmas do país para licenciar o Unix. E fez o mesmo com o sistema AIX, da IBM. Enquanto nós aqui tentávamos fechar negócios, fazer parcerias com empresas nacionais para funcionar da forma como fosse possível, o governo estadunidense tomava a linha dura. Foi uma época de grandes negociações que envolveram o embaixador Paulo Tarso Flecha de Lima e a secretaria de Comércio dos Estados Unidos.

A tensão comercial entre Brasil e Estados Unidos durou um par de anos. Em 1987, quando tudo parecia que ia se acalmar, graças à aprovação de uma lei de proteção dos direitos autorais que incluía programas de computador, a SEI cometeu um erro grave: impediu o licenciamento do MS-DOS da Microsoft por considerá-lo similar ao SISNE, desenvolvido pela brasileira Scopus. Obviamente, a cópia ocorreu na direção oposta. Assim como outra firma brasileira, a Unitron, fabricava um microcomputador "inspirado" no Macintosh, da Apple. Esse caso levou os Estados Unidos a aplicarem sanções a produtos brasileiros. Pouco depois, o Brasil licenciou uma nova versão do MS-DOS e não aprovou o projeto da Unitron, o que serenou a intenção estadunidense de retaliação.

Desse contencioso, a IBM já estava de fora. No início de 1985, eu negociava a transferência de nossas atividades em serviços para o grupo Gerdau. Conversava com Frederico Gerdau, irmão do principal executivo da companhia e conselheiro da empresa, Jorge Gerdau. Era uma evolução natural, uma vez que a IBM só podia ter até 10% do controle acionário de qualquer empresa do setor no Brasil. A parceria criou a GSI (Gerdau Serviços de Informática). Em 1986, a SEI aprovou a *joint venture*, em que a IBM tinha os 30% de capital, conforme mandava a lei.

Pelo lado da Gerdau, a motivação era seguir uma estratégia de diversificação. O aço naquele momento não estava dando resultados tão bons; e por ser uma indústria de ciclo muito longo, requer investimentos altos, cujo retorno se dá bem mais para a frente.

O negócio não deu muito certo, por vários motivos. Do ponto de vista da gestão, os funcionários que passaram a trabalhar para a Gerdau continuaram com a mentalidade da IBM: estavam acostumados às prerrogativas e à estrutura de uma multinacional rica, formaram muitas camadas hierárquicas (presidente, vice-presidente, diretores, gerentes...), estabeleceram benefícios. Enfim, o que deveria ser uma *startup* nascia com cabeça de empresa velha.

Com o tempo, a Gerdau percebeu que a diversificação não era assim tão simples. Sua experiência no mercado da informática era basicamente a de cliente (da IBM). A empresa entendeu que, para chegar ao time das melhores do setor, teria de investir demais para trilhar uma curva de aprendizado íngreme. Fazia mais sentido focar no que sabia fazer como poucos: a siderurgia.

A IBM também reconheceu, anos mais tarde, que o negócio havia sido um erro. O futuro da informática estava nos serviços, e não no maquinário. Percebeu tarde. Tanto que cedeu à Microsoft o controle do sistema operacional que rodava em seus computadores, permitindo que a empresa de Bill Gates tomasse, em alguns anos, seu lugar como a mais valiosa do setor (e do mundo).

É verdade que, no Brasil, dadas as amarras da reserva de mercado, a IBM não tinha muita alternativa. Quando teve, recomprou a parte da Gerdau na *joint venture*. Mundialmente já estava, no entanto, envolvida na crise que quase a derrubaria no início dos anos 1990.

Essa crise eu só observaria de fora. A venda da área de serviços para a Gerdau, iniciada por mim, foi concluída quando eu já não estava mais na IBM.

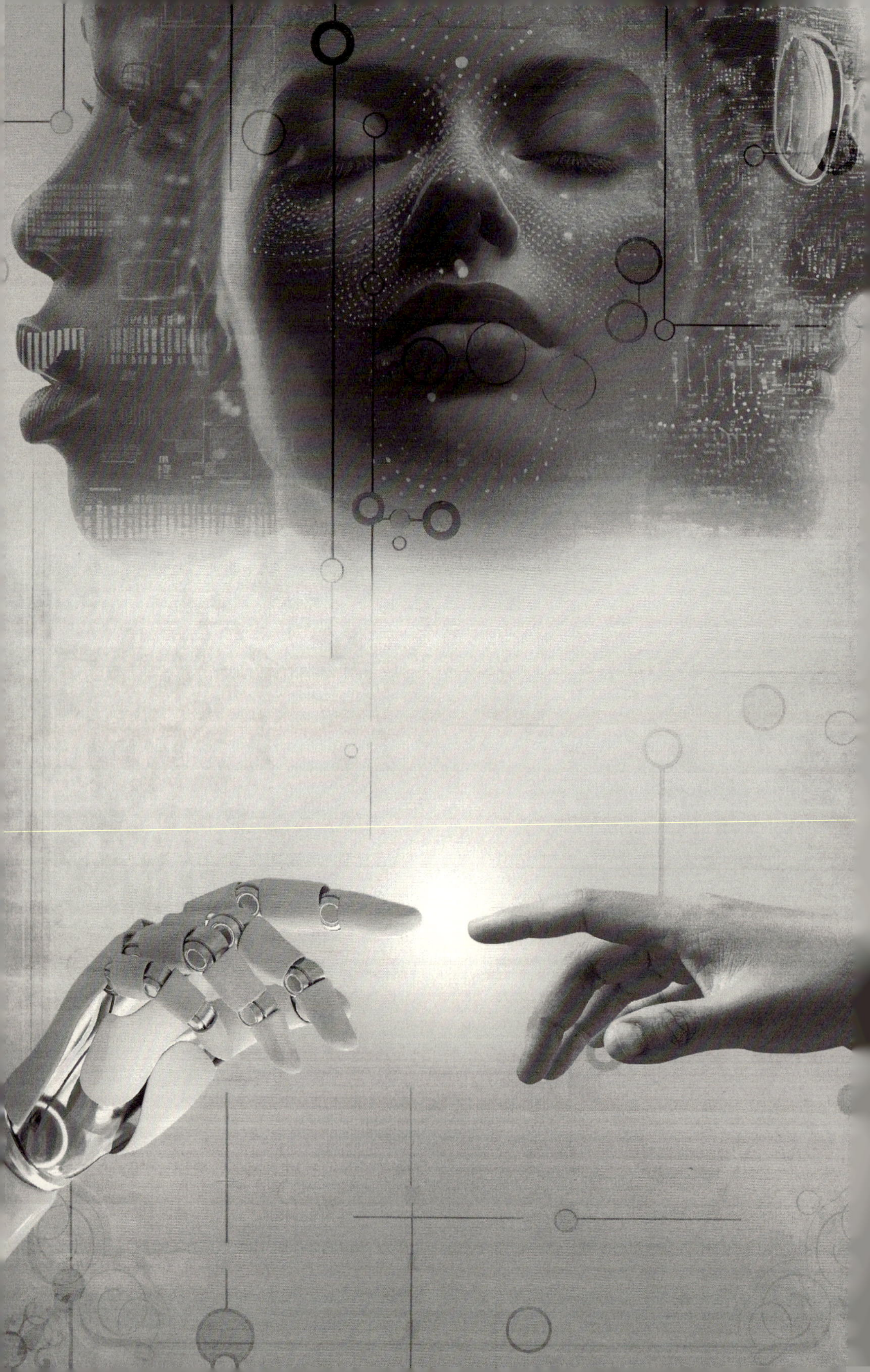

CAPÍTULO 17
PROMOVIDO... E DESLIGADO

Minha saída da IBM aconteceu depois de uma espécie de "ou vai, ou racha". Ou, mais corretamente, "vai e racha". Depois de tanto esperar pelo posto de líder da IBM Brasil, acabei deixando a empresa no mesmo dia em que finalmente fui promovido.

Os motivos foram, principalmente, pessoais. Quer dizer, saí por mim mesmo, mas também por causa de várias outras pessoas: Robeli Libero, o então diretor-geral; Matias Machline, um dos principais empresários do país na época; Ralph Pfeiffer, o então presidente e executivo-chefe da IBM Internacional; Carmen Mayrink Veiga, tida como a mulher mais elegante do Brasil; e santo Antônio.

Robeli foi um pouco de tudo na minha vida profissional: colega, subordinado, chefe, amigo... Naquele momento, após minha volta da Venezuela, tornou-se um inimigo e, consequentemente, um obstáculo. Não fosse por ele, eu já teria ocupado a diretoria geral da empresa. Mas ele não queria largar o osso. Nem mesmo por um osso maior, a liderança das operações da IBM na América Latina.

Durante meses, fiz pressão para que o assunto se resolvesse. Viajei várias vezes aos Estados Unidos para conversar com Pfeiffer. Minha sensação era de que ele levava a sucessão em banho-maria. Era um executivo tão decidido, ríspido até, mas naquele caso postergava.

Até que, em março de 1985, Amorim, ex-presidente da IBM, me telefonou. Disse que tinha uma pessoa que queria me conhecer: Matias Machline.

A SEDUÇÃO DE MACHLINE

Machline era um empresário extremamente bem-sucedido. Soube crescer e fazer fortuna se aproveitando justamente da conjuntura que eu tanto combatera: o mercado fechado à competição internacional. Tudo começou em 1965, quando ele conseguiu uma autorização da companhia japonesa Sharp para usar a marca no Brasil.

A licença era uma das evidências do poder sedutor de Machline, um gaúcho de Bagé, descendente de judeus russos que emigraram para a Argentina pouco antes da revolução comunista de 1917. Os japoneses jamais haviam permitido o uso de seu nome por outras organizações, mas para Machline cederam. No início, ele vendia máquinas de calcular. Depois passou para TVs e outros eletrônicos, a partir de 1972, em uma fábrica da recém-criada Zona Franca de Manaus. Foi pioneiro na fabricação de vídeo cassetes, em 1982, e de videocâmeras, em 1983.

Em pouco tempo, construiu um conglomerado de 28 empresas com receita perto de US$ 1 bilhão. Entre elas, tinha uma fábrica de semicondutores (a Sid Microeletrônica), um banco (Digibanco), uma companhia de máquinas de escrever (Facit) e uma empresa de telecomunicações (PGM). Amigo pessoal de João Figueiredo, o último presidente do regime militar, e de José Sarney, o primeiro presidente da volta à democracia, serviu como representante do empresariado paulista no governo Sarney – era uma das poucas pessoas recebidas no Palácio do Planalto sem hora marcada.

Naquele estudo que eu fiz para a IBM sobre a perda de receitas para a recém-criada indústria nacional de microcomputadores, Matias Machline estava na outra ponta da gangorra: em 1978, havia criado a Sid Informática, por meio de um consórcio entre a Sharp do Brasil, o Grupo Inepar, do Paraná, e a Dataserv (o nome Sid vinha das iniciais dos três parceiros). Com a aprovação da reserva de mercado, a Sid Informática tornou-se uma das líderes na fabricação de microcomputadores e chegou a ter 25% do mercado brasileiro de terminais bancários.

Pois foi com esse empresário, no auge de seu poder, que eu fui me encontrar num restaurante na rua Joaquim Eugênio de Lima, nos Jardins, em São Paulo. Foi amor à primeira vista. Machline era um sedutor irresistível – em minha vida, só conheci um brasileiro com carisma semelhante: Luís Inácio Lula da Silva.

Durante o almoço, ele falou um pouco de si próprio, sobretudo da amizade que tinha com Sarney. No momento da decisão, quando o presidente eleito Tancredo Neves agonizava no hospital, Machline disse ter sido um dos amigos que incentivaram o vice-presidente eleito a assumir o cargo e liderar a transição para a democracia.

O objetivo do encontro, no entanto, era colher a minha opinião sobre o futuro da indústria. Fui bastante direto. Àquela altura, o que enxergava era a junção das comunicações com a informática. Basicamente, o fortalecimento da indústria das telecomunicações. Ele escutou com muita atenção e foi extremamente gentil. Ao final do almoço, peguei um avião de volta para o Rio de Janeiro.

A OFERTA DE EMPREGO

No dia seguinte, Machline me telefonou: "Gostei demais da nossa conversa. Você não quer escrever um *paper*?". Esta, eu soube depois, era uma de suas manias: pedir artigos sobre os assuntos que lhe interessavam. Respondi que sim, claro!

No fim de semana escrevi umas duas ou três páginas sobre o tema e enviei a ele. Por fax. Pouco tempo depois, Machine me ligou com um novo convite para almoçar.

Dessa vez foi mais direto: "Conversei com o presidente Sarney, ele achou a ideia ótima e disse que vai me dar todo o suporte para unir comunicações e informática". Aquilo foi rápido, eu não esperava. E menos ainda esperava a frase seguinte: "Vou fazer essa fusão que você está sugerindo e quero que você seja o presidente da companhia".

Arrematou a oferta com uma frase típica de um sedutor: "Eu pedi ao Amorim que me indicasse o número 2 da IBM, mas estou vendo que vou contratar o número 1". Eu respondi que ele estava certo. Pelo menos, era essa a promessa que eu tinha: virar o número 1. Era meu sonho desde o primeiro dia em que eu entrei na IBM...

Machline nem sequer piscou. "Larga a mão de bobagem", disse. "Vem para cá! Vai querer ficar numa empresa que vai ficar decadente, que vai perder mercado?"

Ele comentou também que já tinha conversado com Brandão, que ele me adorava... estava tudo certo. Brandão era Lázaro Brandão, o segundo homem mais poderoso do Bradesco, braço direito de Amadeu Aguiar. O Bradesco era associado da Sid Informática, com uma participação de 15% a 20%.

Respondi que ficava muito lisonjeado, mas estava prestes a assumir a presidência da IBM, uma questão de semanas. "Não, nada disso, você não vai assumir nada, vem trabalhar comigo".

Machline não aceitava a recusa, e ficamos nesse namorico. Ainda naquele mês, fui novamente a Nova York falar com Pfeiffer. "Não quero fazer pressão", eu disse (enquanto fazia pressão), "mas preciso saber quais são os planos da empresa. Não posso ficar nessa situação indefinidamente".

Contei que havia recebido uma proposta, que não queria aceitar, mas precisava entender qual era o meu caminho na IBM.

Pfeiffer era um executivo duro, mas eu tinha uma boa relação com ele. Ele me assegurou que eu seria o diretor-geral da IBM Brasil, só tinha que ter mais paciência enquanto ele resolvia as mudanças. Resolver as mudanças significava convencer Robeli, que seguia irredutível.

Ter paciência, em questões dessa ordem, não é lá muito fácil. Eu até tive. Já Matias... ele me ligava quase todos os dias, contando planos, falando dos avanços, dizendo que a oportunidade era agora, que o presidente Sarney daria apoio à nova empresa. E eu tinha que me decidir logo.

SANTO ANTÔNIO E CARMEN MAYRINK VEIGA

Pressionado por Machline, só me restava pressionar Pfeiffer. Em junho, voltei a Nova York. Eu não queria sair da IBM, mas não ficaria se não fosse para ocupar o cargo que àquela altura eu acreditava que era meu de direito.

Além disso, Machline tinha me oferecido uma quantia grande de dinheiro. Hoje, eu vejo que, se tivesse pedido o dobro, teria conseguido. Mas já era uma quantia suficiente para me fazer balançar.

Cheguei a Nova York dividido. Tive diversas reuniões com o vice-presidente da IBM para as Américas, Larry Ford, com Pfeiffer e até com Robeli, que estava na cidade. Uma dessas conversas com Robeli durou horas, na garagem do prédio da IBM; foi então que ele me disse que, se eu forçasse minha nomeação, ele pediria demissão.

Peiffer dizia que as coisas se resolveriam, mas não definia um prazo. "Você está me chantageando, a IBM não funciona desse jeito", ele me disse. Eu retruquei que não era chantagem, mas já havia se passado meses e eu precisava de uma definição. Pfeiffer encerrou a discussão dizendo que me aguardava no Havaí, onde haveria um encontro de executivos da companhia.

Naqueles dias, fiquei atordoado. Esse tipo de decisão é muito difícil. E é um processo solitário. Minha mulher me apoiava, mas não opinava. Ela tinha confiança no que eu decidisse. Amigos nessas horas, ninguém quer dar palpite, até porque de fora não dá para saber o peso que eu dava para minha história na IBM ou a vontade de abraçar um negócio novo.

Não, aquela era uma decisão entre mim e santo Antônio, meu santo de devoção. Então, como sempre fazia quando estava em Nova York, fui à igreja de Saint Patrick acender uma vela para santo Antônio. E resolvi colocar o santo à prova. Fiz uma promessa: se eu encontrasse Carmen Mayrink Veiga em Nova York, naquela viagem, sairia da IBM.

Por que Carmen Mayrink Veiga? Não sei. Ela morava no mesmo condomínio que eu no Flamengo. Era minha vizinha, eu a via de vez em quando. Eu não a conhecia muito bem, mas eu sabia que ela também era devota de santo Antonio. Ela viajava muito, eu já a tinha visto uma vez em Nova York. Ou seja, a tarefa do santo não era impossível. Mas, convenhamos, não era nada fácil. Provavelmente porque eu, na verdade, não queria sair da IBM.

Depois do último dia de reuniões, um encontro com Pfeiffer, voltei para o hotel. Era um trajeto usual: descia de White Plains, onde ficava a sede da IBM, rumo ao meu hotel em Manhattan, margeando o East River pela FDR Drive, até entrar na rua 57 e seguir até a Park Avenue, onde se situava o Drake Hotel.[74] Naquele dia, entretanto, havia obras na FDR e desviaram o trânsito para a Park Avenue, um caminho que passa pelo Harlem. Era um trajeto novo para mim.

Quando cheguei na rua 61, passei por um hotel chamado Regency, onde os brasileiros aristocráticos costumavam se hospedar. Parei num semáforo, ao meu lado estava uma limusine prateada. De repente, abre-se a janela da limusine e me aparece, quem mais? Carmen Mayrink Veiga. Ela sorriu e disse: "Boa noite, como vai o senhor?".

"Caramba. Vou ter que mudar de emprego", pensei.

UMA SAÍDA SOFRIDA

Se não tivesse encontrado Carmen Mayrink Veiga, será que eu teria saído da IBM? Teria feito outra promessa, dando mais chances ao santo até que ele fizesse o que eu, lá no fundo, realmente queria? Não sei. Mesmo hoje, tantos anos depois, não tenho resposta para isso. Também sei que, quando eu conto para alguém que pedi demissão por causa disso, ou acham que estou mentindo, ou me consideram doido.

Mas foi isso o que aconteceu. Ou, pelo menos, pesou muita na decisão. No dia seguinte a esse encontro, o dia em que eu voltaria para o Brasil, deixei uma carta na IBM, com a secretária de Larry Ford, autorizando a venda de todas as minhas ações (ganhávamos *stock options* como parte da remuneração). Era um claro sinal de minhas intenções de me desligar da empresa.

De volta ao Rio de Janeiro, mal entrei na sede da IBM e recebi um telex de Larry Ford. Era minha nomeação. Dizia para eu conversar com

---

[74] O Drake Hotel, localizado na Park Avenue com a rua 56, no centro de Manhattan, foi construído em 1926. Tinha 495 quartos, em 21 andares. Em 2006, ele foi vendido e demolido para dar lugar a um arranha-céu residencial chamado 432 Park Avenue.

Robeli para acertar a transição.

Robeli já me esperava. Tinha recebido o mesmo telex e estava fulo da vida. Discutimos rapidamente alguns planos, quem nomearíamos para quais postos com a ida dele para Miami e com minha mudança de cargo.

Ao voltar para minha sala, telefonei para Larry. Ele disse: "Tony, você ganhou". Ao que eu respondi que me sentia desconfortável, numa situação difícil, pois não tinha tomado a decisão de me desligar como forma de pressão. "Larry, como você me coloca como líder da IBM Brasil? Como você vai acreditar em mim depois dessa confusão toda?"

Eu mantinha minha decisão de sair da empresa, e Larry não aceitava. Disse que Ralph queria falar comigo. Eu dizia: "Não estou louco, eu queria ficar. Estou há seis meses brigando por essa promoção. Eu não fiz chantagem, mas como vocês vão confiar no que eu falar daqui para a frente?".

Esse processo de desligamento acabou durando vários dias, quase uma semana. Minhas dúvidas voltavam. De um lado, a diretoria da IBM estava mobilizada para me manter na empresa. De outro, Machline me telefonava, agora praticamente todos os dias, às vezes várias vezes no dia. Essa insistência dele me deixava um pouco inseguro.

A fama de Machline era de uma pessoa instável. Era um grande especulador da bolsa de valores, numa época em que isso era malvisto (ou mais malvisto que hoje); seu talento em detectar e explorar oportunidades era tido como limítrofe à picaretagem.

Uma segurança na proposta que ele me fazia era a parceria com o Bradesco, com uma empresa muito séria, que eu conhecia de longa data. Mas eles apoiavam minha indicação? Pedi ao Matias que fôssemos conversar com Lázaro Brandão. Queria saber em que base se daria minha contratação.

Machline então me preparou uma armadilha. Disse: "Vamos lá conversar com ele". Saímos um belo dia do escritório de Machline e fomos de helicóptero até o Bradesco. A sede do banco tem umas salas de almoço grandes, uma delas a da diretoria. Quando chegamos, Machline abriu a porta e lá estava o conselho de administração inteiro do Bradesco. Incluindo Amador Aguiar, o fundador do banco.

Brandão nos recebeu, levou-nos até perto da mesa e disse: "Seu Amador, aqui está o novo presidente da Digilab (a companhia que o grupo Sharp tinha com o Bradesco)". Aquele encontro selava minha saída da IBM. Como diria ao seu Brandão e ao seu Amador que não aceitava o convite?

Dali mesmo, na saída, telefonei para Robeli e transmiti minha decisão. Ele não titubeou nem um pouco. Quando cheguei à IBM, o comunicado da minha decisão já era oficial.

Robeli acabou ganhando mais um ano de Brasil, mas não escapou de ir para os Estados Unidos. Catorze meses depois de minha saída, em agosto de 1986, ele assumiu o cargo de vice-presidente e gerente-geral de operações da América Latina em Mount Pleasant, Nova York.

Quanto a mim, no dia seguinte ao da minha demissão, 18 de junho de 1985, uma terça-feira, assumi o cargo de presidente da Sid Informática.

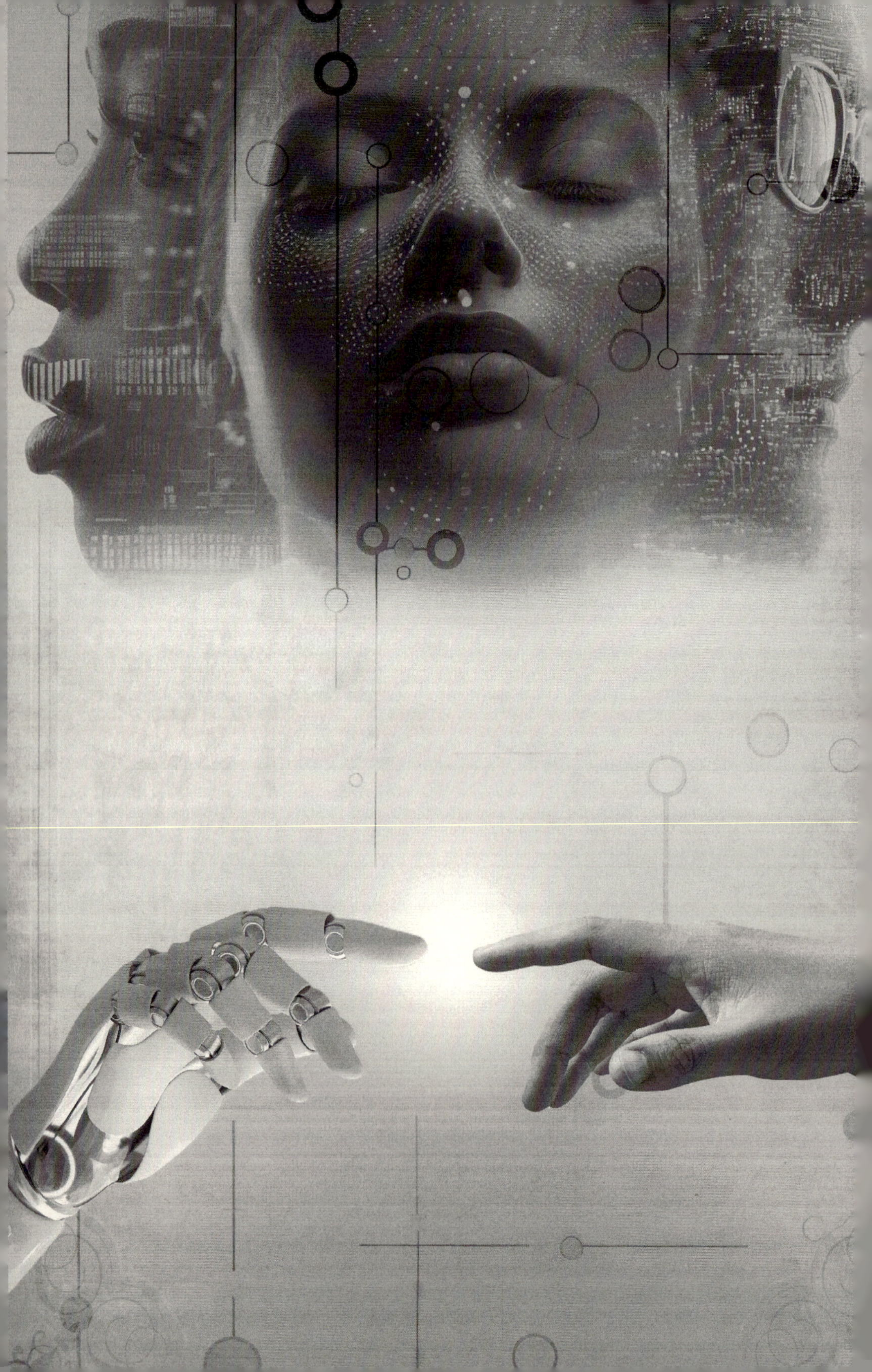

CAPÍTULO 18
O CHOQUE DA SID

Depois dos meses de estresse no processo de saída da IBM, eu bem que merecia um início tranquilo na Sid. Contudo, o que eu tive foi mais ou menos o oposto disso.

Quando cheguei à sala de Matias Machline, às 7 horas da manhã, para me apresentar ao trabalho, ele me recebeu com ar preocupado. "Você já sabe o que aconteceu?", perguntou. Não, eu não sabia. "Toda a diretoria da Sid pediu demissão."

Eram assim aqueles tempos. A Sid, fundada em 1979, despertava em seus diretores um senso de missão: era como se fizessem parte da ponta de lança da nacionalização de uma tecnologia crucial para o país. E era verdade. Embora, a meu ver, a política de proteger o mercado fosse equivocada e tenha causado mais atraso de que desenvolvimento, seus protagonistas eram em sua maioria bem-intencionados.

O debate sobre a informática tinha, então, um peso comparável no que hoje se dá à defesa da Amazônia. Eu era, portanto, a encarnação do Mal: imagine, um executivo da IBM, para eles a grande representante do imperialismo estadunidense, entrar e assumir a liderança da principal empresa nacional. Ainda mais para substituir o então presidente da Sid, Paulo Aratangy, um ícone da indústria e da esquerda brasileira. Um sujeito carismático, que, depois que eu conheci melhor, era realmente bacana (também um egresso do ITA, a mesma faculdade que eu havia cursado).

A substituição só fazia sentido porque Machline pretendia encaminhar a Sid para o lado das telecomunicações, uma indústria que se transformava bem de acordo com a visão que eu havia exposto a ele.

Eu já havia vivido uma situação similar àquela, quando sai da IBM para o governo e fui recebido como um "espião" da indústria multinacional. Agora, a reação, porém, era muito mais exaltada. Machline não havia comunicado a ninguém que faria a troca na Sid – só ao próprio Paulo. Quando os diretores ficaram sabendo, se amotinaram. Deram a cartada da demissão, como forma de pressionar Machline. E quase funcionou. Machline era uma pessoa avessa a confrontos. Curioso, porque ele era craque em provocar conflitos. Na hora H, porém, tremia.

"O que nós vamos fazer?", me perguntou.

"Ora, vamos até lá, você vai me anunciar como presidente. Porque eu não estou mais na IBM, agora não tem volta."

Machline fez exatamente isso. Anunciou a troca de comando, me apresentou e saiu da sala. Fiquei ali, em frente a uma dezena de executivos, vários com lágrimas nos olhos. A ideia de Machline não era tirar Paulo Aratangy, ele o queria no grupo, em outra função. Contudo, ele não aceitou.

Quanto aos executivos, estavam todos sentados à mesa, na sala do Paulo. Então falei que entendia a comoção e que eu não tinha criado aquela situação; tinha sido convidado para trabalhar ali e achei que era um bom projeto. "Não tenho nada contra nenhum de vocês", eu disse. Nem poderia ter, eu sequer os conhecia pessoalmente. Garanti que não tinha nenhuma agenda oculta, não planejava substituir nenhum deles, queria apenas tocar a vida para a frente. Então disse que me sentaria numa sala ao lado, menor, e gostaria de ter uma conversa com cada um deles, a sós, para conhecê-los e lhes dar a oportunidade de me conhecer.

Asim foi aquele primeiro dia, marcado por reuniões de uma a duas horas com cada um dos executivos. Paulo se despediu e foi embora; ficaram sete ou oito diretores (das quatro áreas da empresa, mais os de *back office*, como recursos humanos e finanças). Mais tarde tive uma reunião com Paulo, que me passou os pontos principais da empresa, o que estava caminhando e como.

Depois da conversa, todos os executivos ficaram na empresa. Todos menos dois. Um muito ligado ao Paulo, que saiu com ele, e o outro era Nestor Cunha, o responsável pela Sid Microeletrônica, um sujeito emotivo, muito nacionalista. Ele me disse: "Olha, isso que o Matias fez foi uma sacanagem com a indústria nacional e com o Paulo, e eu não posso ficar. Estou demissionário".

Em seguida, ele acrescentou: "Mas eu tenho uma missão. Vou dizer uma coisa para você: a menos que você prefira que eu vá embora agora, só saio quando a Sid Microeletrônica começar a dar lucro". Pedi, então, que ele ficasse e ele ficou. Um ano depois, no dia em que foi anunciado o primeiro trimestre de lucro da divisão de microeletrônica, Nestor entrou em minha sala com uma carta de demissão. Fiz o possível para mantê-lo – naquele período, desenvolvi com ele uma relação fantástica, era uma pessoa corretíssima. Não houve jeito de ele voltar atrás.

UMA FREIRA NA ZONA

A experiência de trabalhar numa empresa nacional foi extremamente rica. Em alguns pontos, um choque. Não foi só a emotividade da demissão coletiva logo no primeiro dia. Houve também o impacto da realidade de um ambiente de negócios, digamos, menos altivo e puro.

Um pouco antes da minha chegada, a Sid tinha vencido uma licitação para fornecer equipamentos para um grande banco estatal. Com 10 ou 15 dias de casa, lá fui eu assinar o contrato, no valor de US$ 10 milhões.

Cheguei para a cerimônia, todos se cumprimentaram, assina daqui, assina dali e, ao final, o presidente do banco pediu que eu ficasse a sós com ele. Assim que todos saíram, ele foi para a mesa dele, com o contrato na mão, assinado, e disse: "Agora vamos falar dos meus 10%".

Aquele foi o momento em que eu desejei que se abrisse um buraco na minha frente. Não estava preparado para esse baque. Eu tinha vivido 25 anos da minha carreira profissional nos padrões IBM de ética e correção. Sem falar nas minhas convicções pessoais.

Respondi: "O senhor vai me desculpar, mas essa não é uma decisão que eu possa tomar, está fora da minha alçada. Nem perguntei se ele havia combinado essa cobrança com alguém. Ele calmamente pegou o contrato e o colocou na gaveta, dizendo: "Eu vou estar por aqui, quando o senhor resolver esse assunto a gente conversa".

Voltei para a empresa, procurei Machline e disse: "Matias, nós dois cometemos um erro. Eu, de vir para cá, e você de me aceitar. Falei que não faria aquilo, não sabia o que ele achava, mas minha opinião era de que esse tipo de prática se voltaria contra ele.

Ele me respondeu na hora: "Gil, eu não lhe contratei para você pegar 10% do meu lucro e dar para os outros, eu lhe contratei para ganhar negócios. Fique tranquilo, não quero doar meu dinheiro".

Não voltei mais ao banco. Pouco tempo depois, o presidente passou o serviço para outra empresa – uma que estava começando e inclusive tinha alguns ex-funcionários da Sid. E não só isso, nós acreditávamos também que eles haviam copiado nossas tecnologias proprietárias de automação bancária.

Foi uma empresa que nos deu trabalho, porque ganhou não apenas a concorrência em que eu recusei pagar a propina do presidente mas também uma de um grande banco logo na sequência. Nessa ocasião, eu fui à presidência do conselho do banco (o segundo), argumentei que eles haviam roubado nossa tecnologia. Olharam para mim como se dissessem: "Isso é problema seu".

Em alguns momentos, eu me sentia como uma freira na zona de meretrício...

DA MAIOR PARA A MELHOR

No geral, entretanto, aquela foi uma experiência humana incrível. Com apenas três meses de casa, minha decisão de mudar de empresa havia sido validada pela revista *Exame*, então a mais prestigiada publicação de negócios do país. Em seu anuário "Maiores & Melhores", eu havia pulado de coluna: saíra da maior do setor de informática, a IBM, para a melhor do setor, a Sid.

Um mês depois, a revista fez uma reportagem de capa, com a foto de Matias Machline e toda a história do grupo. A Sid havia sido escolhida não só a melhor do setor de informática mas também a melhor de todo o *ranking* (assim como a IBM era a maior de todo o *ranking*, com faturamento de US$ 624 milhões). A Sid era bem menor, mas não fazia feio: as vendas no ano anterior (1984) haviam atingido US$ 95 milhões.

A conquista não era mérito meu. Os números se referiam ao exercício anterior, mas a reportagem falava de nossos planos, e eu aparecia numa foto com toda a diretoria.

No total, acabei ficando dez anos no grupo Machline. Matias sempre me tratou muito bem. Era uma pessoa fina, mas muito desconfiada. Era um político, no sentido popular do termo: jogava com as pessoas, fazia pequenas intrigas, adorava uma fofoca.

A esposa dele era muito atuante na empresa e os quatro filhos, cada um com um temperamento e uma visão de mundo diferentes, também davam palpites. Era um universo completamente novo para mim. Muitas vezes, tinha vontade de sair correndo; eu vinha da multinacional mais admirada do mundo, onde tudo funcionava – ou parecia que funcionava – de forma azeitada.

O EFEITO SARNEY

Outro aspecto extraordinário daquele grupo era o próprio Machline. Era um empresário visionário e também muito amigo do presidente da República, José Sarney. Provavelmente seu melhor amigo.

Ele contava que, quando Tancredo Neves ficou hospitalizado e percebeu que a doença era grave, Sarney, eleito como vice-presidente da chapa, ficou relutante em aceitar o posto. Segundo seu relato, Matias foi uma das pessoas que o encorajaram a aceitar o desafio.

Eram amigos de longa data. Segundo Machline, eles foram apresentados pelo advogado Roberto Costa de Abreu Sodré, que foi deputado e governador de São Paulo na época em que Sarney era governador do Maranhão.[75]

Não só os dois ficaram próximos, as famílias se uniram também. Fernando, um dos filhos de Sarney, era amigo dos filhos de Machline desde os tempos em que estudou engenharia na Universidade Mackenzie.[76] Pelo menos uma indicação Machline fez para a equipe do presidente: o economista Luis Paulo Rosenberg, para servir como uma espécie de consultor econômico da presidência. Logo que entrei na Sid, acostumei-me a ver passar pela sala de Machline uma romaria de políticos e empresários. Queriam estar próximos de quem era tão próximo do presidente – ou, no caso de ministros (e também amigos) de Sarney, como Dilson Funaro, da Fazenda, ou seu sucessor, Luiz Carlos Bresser Pereira, para conversar sobre o país. Jorge Murad, que era genro e secretário particular de Sarney, vivia na sala de Machline. E o governador Orestes Quércia também aparecia bastante por lá.

O grupo Sharp funcionava num prédio de cerca de 15 andares, na

---

75 Conforme reportagem de *O Estado de S. Paulo*, 28 de setembro de 1986, p. 7.
76 Conforme reportagem do *Jornal do Brasil*, 16 de fevereiro de 1986.

Pamplona, abaixo da avenida Paulista. A sala de Machine era suntuosa. O andar inteiro era dele, com um restaurante separado – famoso pelos almoços requintadas preparados pelo chef Chico –, barbearia, um *hall* cheio de antiguidades.

Ser convidado por Matias para almoçar nesse ambiente privado era considerado um luxo. Quem eu nunca vi almoçando lá foi seu Brandão. Nesse caso, Machline é quem ia até o Bradesco (onde também havia uma sala privada, porém modesta em relação à da Sharp).

Outro que visitava o grupo Sharp de vez em quando era Olavo Setúbal, do Itaú, ex-prefeito de São Paulo. Extremamente culto, inteligente e vaidoso, acabou sendo ministro das Relações Exteriores do governo Sarney (depois sucedido por Abreu Sodré, o amigo que apresentou Sarney a Machline). Tinha com Matias uma relação de superioridade que incluía até o tratamento. Ele o chamava de Machline; nós o chamávamos de doutor Olavo.

Toda essa influência era útil a Sarney, até pouco tempo antes um político nordestino afastado do centro. Logo no começo de seu governo, Machline organizou uma reunião de empresários e executivos com Sarney. Foi uma disputa atroz para receber um convite. Tratava-se de um almoço em sua fazenda em Itatiba, no interior de São Paule, onde Machline mantinha um de seus haras (ele tinha outro em Curitiba e mais um em Nova York).

Legenda: Representantes do governo na Índia e membros do Grupo Machline em audiência com o presidente José Sarney, em 20 de junho de 1988, em Brasília (DF)

O AVIÃO E O CLUBE

Antos de se tornar presidente, Sarney costumava vir ao encontro de Machline em São Paulo para longas conversas. Depois da posse, era Machline quem tinha de ir a Brasília.

Sarney insistia que ele fosse toda semana. Machline não gostava, Sarney o convenceu a comprar um avião para facilitar os deslocamentos. Machline pensou em comprar um pequeno, mas Sarney o fez investir em um mais moderno e seguro. Ele acabou comprando um Cessna Citation da frota do Bradesco. Se não me engano, custou US$ 2 milhões.

Era um avião para oito pessoas. Tinha piloto (o Mauricio), copiloto e, eventualmente, uma comissária de bordo. O cardápio era digno de um hotel de luxo de Cingapura.

Era, enfim, um mundo, como se dizia antigamente, das altas rodas, completamente diferente do que eu conhecia. E não só pelos contatos políticos mas também pelos empresariais. Jantei três vezes na casa de Machline em recepções a Bill Gates, o cofundador da Microsoft.

Nada disso, porém, significava que Machline fosse aceito pela alta sociedade paulista. Para os quatrocentões (as família da elite tradicional, descendentes dos primeiros colonizadores de São Paulo), ele era um novo rico. Havia inclusive um preconceito por sua origem judaica.

Um episódio que eu vivi ilustra isso. Quando vim do Rio de Janeiro, onde ficava a sede da IBM, para São Paulo, onde funcionava a Sharp (e por consequência a Sid), parte do meu pacote de benefícios era o título de um clube. Tentei o Harmonia, clube tradicional da elite paulistana. Para comprar um título, era preciso ter dez indicações. Eu tinha, incluindo o ex-governador Abreu Sodré, Olavo Setúbal, só gente de alto gabarito.

Quando comprei o título, eu, ingênuo, perguntei quando poderia começar a frequentar o clube. Durante dois anos, a direção do clube me enrolou. Até que o empresário Zizinho Papa, que havia sido até 1984 presidente da Federação de Comércio de São Paulo, abriu o jogo: "Gil, posso te falar uma coisa? Desista. Nada contra você. O Harmonia é um clube de quatrocentões falidos, metidos, e não querem judeu na sociedade".

Eu era, segundo ele, anódino, mas trabalhava para Matias Machline. E eles temiam que Machline começasse a frequentar o clube. E olha, Matias nunca me falou nada, mas que gostaria, gostaria. Apesar de tudo o que tinha – um homem finíssimo, inteligentíssimo, que começou como mascate no Rio Grande do Sul e se tornou multimilionário –, sentia falta desse reconhecimento.

Eu, não. Vendi meu título do Harmonia, comprei um no Paulistano e adorei. Frequento o clube até hoje.

E COMEÇA A CRISE DA IBM

Nesses dez anos de Sid, alguma vez me arrependi da decisão de sair da IBM? Impossível negar, é claro que eu tive momentos de arrependimento. A começar pelo primeiro dia, quando fui apresentado à primeira crise com o pedido de demissão coletiva. Na hora, pensei: "O que é que eu vim fazer aqui?".

Na época, eu não tinha muita noção, mas havia outros caminhos para minha carreira. Assim que foi anunciada minha saída da IBM, o engenheiro Jairo Cupertino, então vice-presidente do Itaú, me telefonou: "Estou saindo de uma reunião com o doutor Olavo. Por que você não me avisou que deixaria a IBM? Nós teríamos trazido você para o Itaú".

A própria IBM teria sido um caminho profissional mais, digamos, suave. Mesmo considerando que exatamente no ano em que deixei a empresa, 1985, ela teve seu ápice de receita e lucros, mas este era curiosamente um sinal dos problemas que viriam a partir dali.

Como afirmou o ex-professor de administração de Harvard, D. Quinn Mills, em artigo na *MIT Sloan Management Review*, de 15 de julho de 1996, o excepcional desempenho provinha principalmente da venda de equipamentos que antes eram alugados. O resultado escondia o fato de que essa receita contínua estava declinando. "Nos anos 1980, os gestores da IBM venderam um de seus maiores ativos, a base de aluguéis, e se iludiram achando que os negócios nunca haviam estado melhores", escreveu. Tudo piorou com a transição da indústria, de *mainframes* para microcomputadores, que a companhia não soube fazer a contento.

Como um transatlântico rumo a um *iceberg*, a IBM tinha dificuldade de fazer as manobras necessárias para as novas condições de mercado. A prática de garantir o emprego de seus executivos, por exemplo, manteve dezenas de milhares de funcionários especializados em operações de *mainframe* (a alternativa seria desligá-los com pesadas compensações), e o declínio dessa área drenava recursos que deveriam ter sido usados no setor de microcomputadores.

A crise explodiu no início dos anos 1990, com uma queda vertiginosa no valor das ações. Em 1993, pela primeira vez em sua história, a IBM contratou um executivo de fora da empresa (Louis Gerstner Jr., um ex-consultor da MacKinsey, vice-presidente da American Express e executivo-chefe da RJR Nabisco) justamente porque precisava de alguém que corrompesse a cultura vigente, em vez de reforçá-la.

Encontrei Gerstner em uma visita ao Brasil, quando fui convidado para uma recepção que fizeram a ele. Na ocasião me apresentei dizendo que havia trabalhado muitos anos na IBM, havia saído e até aquele dia não sabia se tinha feito a coisa certa.

Ele olhou para mim e respondeu: "A gente só se arrepende das coisas que não faz".

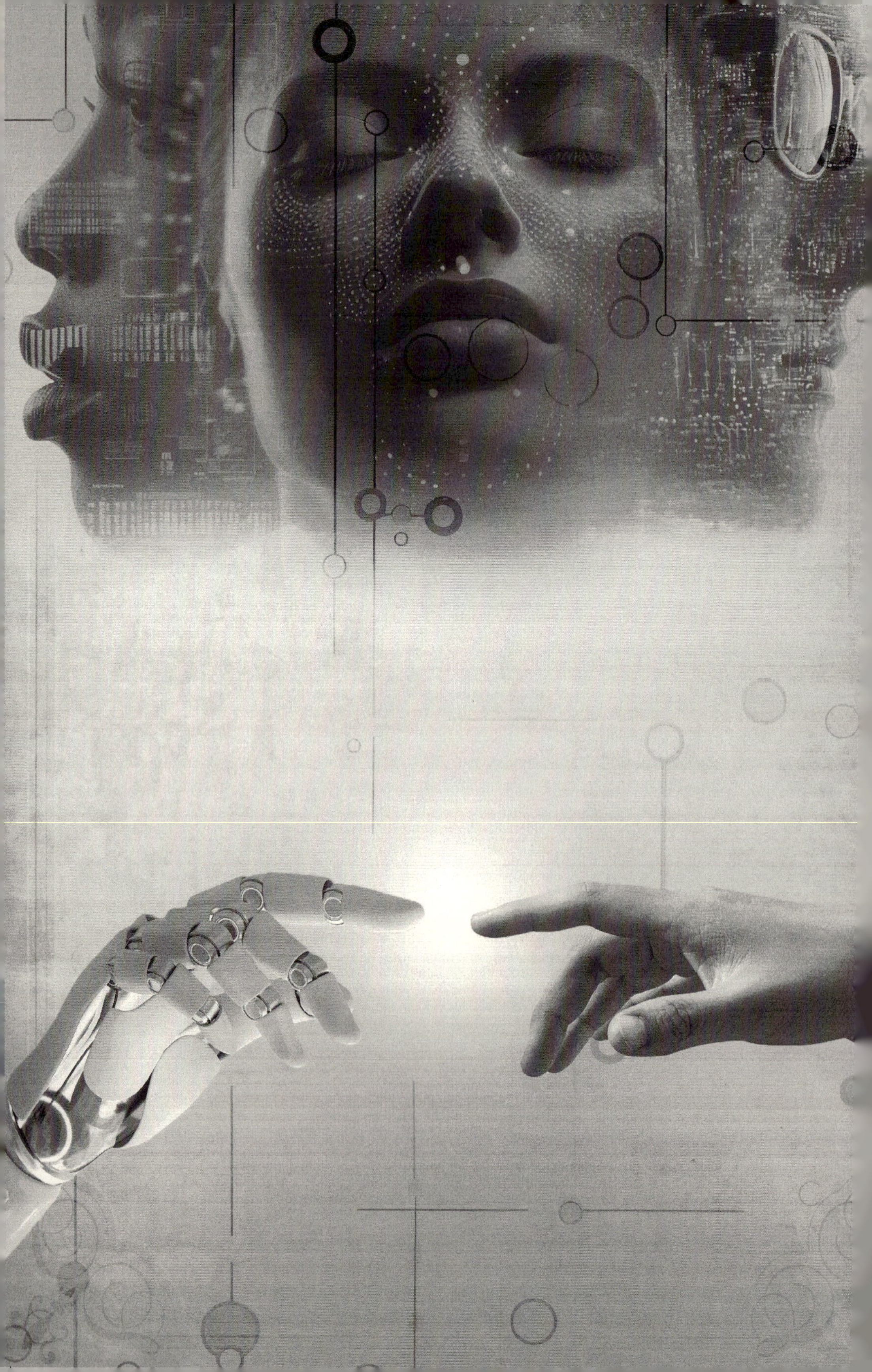

CAPÍTULO 19
A (QUASE) SOCIEDADE COM STEVE JOBS

A ligação próxima entre Machline e o presidente José Sarney dava à Sid uma facilidade enorme de contatos com o governo. Naquela época, passes a frequentar ministérios e demais círculos oficiais com uma desenvoltura que jamais havia experimentado.

Machline praticamente monopolizava o presidente, mas de vez em quando ele vinha ao escritório do grupo Sharp, com sua esposa, dona Marly, e conversava com os executivos. Era muito simpático – minha impressão era de que ele nutria admiração por mim –, mas meus contatos eram com seu secretário particular, Jorge Murad, o marido de sua filha Roseana.

Ainda assim, Sarney demonstrava grande consideração por mim. No final de seu mandato, quando Fernando Collor já havia sido eleito presidente montado na fama de líder anticorrupção, com o apelido de "Caçador de marajás", Sarney disse a Machline que seu sucessor tinha uma lista de uma dúzia de pessoas que mandaria prender no primeiro dia de mandato. E quem era o primeiro nome da lista? O próprio Machline.

"Nomeia o Gil presidente do grupo e vai dar um passeio pelo exterior", aconselhou Sarney. Machline não acatou o aviso, mas morria de medo. Tanto que, da primeira vez que foi ao Palácio do Planalto para um encontro com o novo presidente, até o último minuto estava preocupado com a possibilidade de ser preso.

Anos mais tarde, num jantar, contei essa história ao ex-presidente Collor. Ele ria de quase cair da cadeira.

A atenção especial que Sarney me concedia talvez derivasse de uma identificação: o presidente tinha a visão de que a informática deveria se unir às telecomunicações, algo parecido com o que eu defendera no primeiro almoço que tive com Machline (aquele que rendeu o convite para trabalhar com ele). Hoje em dia, essa junção de áreas parece extremamente óbvia, mas há 40 anos era uma ideia ousada, muito pouco compreendida. Sarney, no entanto, compreendia. Não é que vislumbrasse a aparição dos *smartphones* ou mesmo a adoção em larga escala dos telefones celulares, mas pressentia que as telecomunicações dariam um salto. E ele estava disposto a dar um empurrão para que o Brasil surfasse essa onda.

Graças a essa visão, a Sid começou a se aproximar das telecomunicações. Até então, o grupo Machline tinha a Sid Microeletrônica, a Sid Informática e a Sid Serviços. Com minha chegada, criamos a Sid Telecom. E por pouco não embarcamos numa revolução mundial, em parceria com ninguém menos que o mítico Steve Jobs!

O FRANCÊS QUE INSPIROU JOBS

Meu contato com Steve Jobs aconteceu por intermédio do então presidente José Sarney. Contudo, é preciso antes entender o contexto.

Em 1985, poucos meses depois que eu entrei na Sid, Steve Jobs foi demitido da Apple, a empresa que fundara com Steve Wozniak em 1976. Ele, então, montou uma nova companhia, a NeXT, para competir com a Apple. Como sugere o nome que escolheu para a empreitada, Jobs estava procurando ficar à frente da próxima curva tecnológica.

E aí entra o francês Jean-Jacques Servan-Schreiber. Conhecido como JJSS, ele costumava dizer que eram "as iniciais mais famosas da França, ao lado de BB, da atriz Brigitte Bardot". Jornalista, escritor, intelectual, político, Schreiber tornou-se conhecido em 1967 pelo livro *O desafio americano*, em que observava que os investimentos dos Estados Unidos na Europa ameaçavam engolir a economia europeia. Não se tratava de antiamericanismo simples, era mais uma conclamação aos europeus para que se unissem (o que aconteceu anos depois, com a criação da União Europeia) e imitassem a gestão e a inovação estadunidenses.

Schreiber era da alta classe burguesa. Seu avô, Joseph Schreiber, era um judeu alemão que serviu como secretário de Bismarck, o chanceler que unificou o reino alemão. Entretanto, quando as ambições de Bismarck se voltaram contra a França, Joseph, um francófilo, se exilou em Paris. Seu filho, Émile (o pai de JJSS), nascido na França, adotou o pseudônimo Servan durante a Segunda Guerra Mundial e, a partir de então, a família passou a se chamar Servan-Schreiber.

Embora Émile e seus cinco filhos fossem católicos, eles temeram a perseguição nazista a descendentes de judeus durante a ocupação da França e fugiram para a Espanha. Jean-Jacques partiu em seguida para os Estados Unidos para treinar como aviador e ajudar a defender a França. Não chegou a combater, mas ficou fascinado pela América.

Depois da guerra, casou-se com a jornalista Madeleine Chapsal e, em 1948, o casal se mudou para o Brasil, onde chegou a dirigir um hotel. Foi aqui que JJSS iniciou sua carreira jornalística. Escreveu para o *Le Monde* e, em seguida, para a agência Paris Presse, até que, em 1953, fundou o próprio jornal, *L'Express*, de esquerda, que publicava artigos de autores como Jean-Paul Sartre, Alberto Camus e André Malraux.

Ele seguia os passos do pai, que também era escritor e havia cofundado um jornal, o *Les Échos*, o primeiro jornal financeiro da França, em 1908. Talvez fosse uma tradição de longa data: Schreiber, em alemão, significa escritor.

JJSS chegou a servir o exército na guerra da Argélia, então colônia francesa que buscava a independência. Foi um grande crítico da guerra e, após o conflito, escreveu um livro denunciando torturas a argelinos.

Foi um político de razoável influência, tendo fundado o Partido Radical Socialista, pelo qual foi eleito deputado. Chegou a ser ministro da Reforma no governo de Valéry Giscard d'Estaing, em 1974, mas ficou apenas 12 dias no cargo: renunciou em protesto pelos testes de explosões nucleares que o país realizou na Polinésia Francesa.[77]

Àquela altura de 1985, quando Steve Jobs prospectava oportunidades, Schreiber estava morando nos Estados Unidos. Ele havia se mudado para Pittsburgh, na Pensilvânia, para dar aulas na universidade Carnegie Mellon. Quatro anos antes, em 1981, tinha lançado nos Estados Unidos o livro *The World Challenge* (em português: O desafio mundial, uma espécie de sequência de seu livro anterior, um sucesso mundial). Dessa vez, argumentava que os computadores seriam a salvação da humanidade, elevando a produtividade, melhorando as comunicações e criando riqueza.

Não por acaso, ele dirigia um centro parisiense com o pomposo nome de Centro Mundial da Informática, cuja missão era avaliar e incentivar o uso de novas tecnologias. Nessa função, conheceu Jobs, num Congresso que reuniu, em Carnegie Mellon, representantes de grandes empresas de tecnologia da França (Bull, Thomson, Cit-Alcatel etc.) e os então comandantes da Apple, Steve Jobs e John Schulley – executivo-chefe contratado por Jobs e que o demitiria pouco depois.

NO CHÃO DA CASA DE JOBS

Quando Jobs saiu da Apple, Shcreiber voltou a encontrá-lo. Ele tinha então a convicção de que o futuro mundial se daria a partir de quatro bases: Japão, Coreia do Sul, Brasil e França, e convenceu Jobs a

---

[77] Mais detalhes sobre a vida de JJSS podem ser encontradas no obituário publicado pelo jornal *The New York Times*, 8 nov. 2006. Disponível em https://www.nytimes.com/2006/11/08/world/europe/08servan-schreiber.html. Acesso em: 17 nov 2024.

criar um projeto para os quatro países.

O que aconteceu no Japão, na Coreia do Sul e na França eu não sei. Mas, no Brasil, Schreiber ativou sua rede de relações, entrou em contato com o governo, chegou a Sarney. Sarney, por sua vez, imediatamente passou o projeto para mim. Não por minha causa, mas porque eu era o homem de confiança de Machline.

Lá fui eu, então, para os Estados Unidos. Primeiro fui a Carnegie Mellon para conversar com Schreiber. Minha filha chegou até a se hospedar na casa dele por um ou dois dias, quando faria um curso de verão na universidade, mas acabou optando por Harvard, onde meu filho já fazia um curso.

Na sequência, fui ver Jobs. Encontrei-o na casa antiga, em Palo Alto. Desde o ano anterior, ele morava numa casa em Woodside, na península de São Francisco, na Califórnia – uma mansão de mais de 1.300 metros quadrados de área estilo espanhol colonial (ele a comprou com a ideia de demolir e construir outra, mas só em 2011 obteve autorização para se livrar de uma "residência histórica"; ele morreu naquele ano, antes de construir algo no lugar). Mas mantinha sua casa de Palo Alto, onde ele ou a namorada da época se refugiavam quando brigavam.

Foi lá que nos encontramos. Era uma casa impressionante por tudo o que não tinha: não tinha cadeiras, não tinha mesa, não tinha armários. Só não ficava na rua dos Bobo, como aquela música. Passamos o dia inteiro na sala da casa dele, sentados no chão, em cima de um tapete preto.

Ele me mostrou o projeto, tratava-se de um computador que custaria US$ 500 e seria produzido em quatro países – os quatro que Schreiber tinha identificado, inclusive o Brasil.

Quando se falava em computador naquela época, pensava-se em bancos, empresas, organizações estruturadas. Os computadores pessoais estavam ainda em sua infância. Jobs, contudo, só pensava em revoluções, em grandes projetos. O sonho era colocar o computador na mesa de cada pessoa no mundo todo.

Daquela conversa – além da inesquecível experiência de ter passado um dia inteiro na companhia de alguém que já era um ícone dos negócios e uns anos depois se tornaria um dos maiores visionários do mundo da tecnologia – eu saí com uma lista de ações: recolher informações e encaminhar providências a serem tomadas pelo governo brasileiro para dar início à empreitada.

Saí da reunião e fui direto para Nova York, onde encontraria meus dois filhos, que naquele ano estavam fazendo cursos de verão em Harvard e teriam uma folga para ficar comigo. Hospedei-me no hotel Pierre, um lugar famoso pela vista deslumbrante do Central Park e um serviço para lá de aristocrático, com atendentes de luvas brancas, que já contou com residentes permanentes como o estilista Yves Saint-Laurent, o armador grego Aristóteles Onassis e a atriz Elizabeth Taylor.

Cheguei, jantei, passeei um pouco e fui dormir. Não muito. Ali pelas 2 horas da manhã – ainda longe de o dia nascer –, o telefone tocou. Era o concierge do hotel.

"Senhor Gil, senhor Steven Jobs para o senhor", disse.

"Pode passar a ligação", respondi.

"Não, não é telefone. Ele está aqui. No *lobby*."

Desci até o *lobby* e ele de cara me perguntou se eu já tinha as informações de que ele precisava.

"Steve, vou te dar a primeira aula de Brasil", respondi.

Jobs se hospedou no University Club, ali perto, na rua 54, e me convidou para almoçar no dia seguinte. Mantivemos ainda algum contato por alguns dias, mas o projeto, como bem se sabe, não andou.

Jobs queria informações básicas: tamanho do mercado, o que existia de equipamento instalado, o nível de tecnologia. O presidente Sarney, tendo passado o caso para a Sid, achou que não precisava fazer mais nada. Eu ainda consegui reunir alguns dados, mais pela imprensa do que por arquivos oficiais, mas não tinha o principal: uma posição brasileira sobre investimentos no negócio, isenções fiscais, apoio logístico, o que fosse. Faltava o aval do governo brasileiro para criar uma empresa tetranacional.

A NeXt tomou outros rumos. Em 1986, Jobs passaria a se ocupar da empresa de renderizações Pixar (que por vias oblíquas acabou revolucionando a indústria dos filmes de animação), e o projeto de criar um computador mais acessível em quatro centros de tecnologia do mundo desapareceu.

Dos quatro países que Schreiber identificava como futuros polos mundiais de tecnologia, o Japão já era uma potência (naquele tempo, falava-se de o país ultrapassar os Estados Unidos como a maior economia do planeta); a França era rica e tinha tradição científica e tecnológica bem-aceita; e a Coreia do Sul, cujo PIB *per capita* em 1980 não chegava à metade do brasileiro, experimentou uma evolução de produtividade extraordinária (e seu PIB *per capita* é hoje bem mais que o dobro do brasileiro). Quanto ao Brasil... estagnou. Aquela década, aliás, entrou para a história como a década perdida pelo crescimento pífio da economia brasileira.

Não acredito que o simples fato de Jobs criar uma empresa com operação no Brasil tivesse feito o país mudar de patamar. Com certeza, porém, não teria atrapalhado. Talvez tivesse servido como gatilho para outras mudanças.

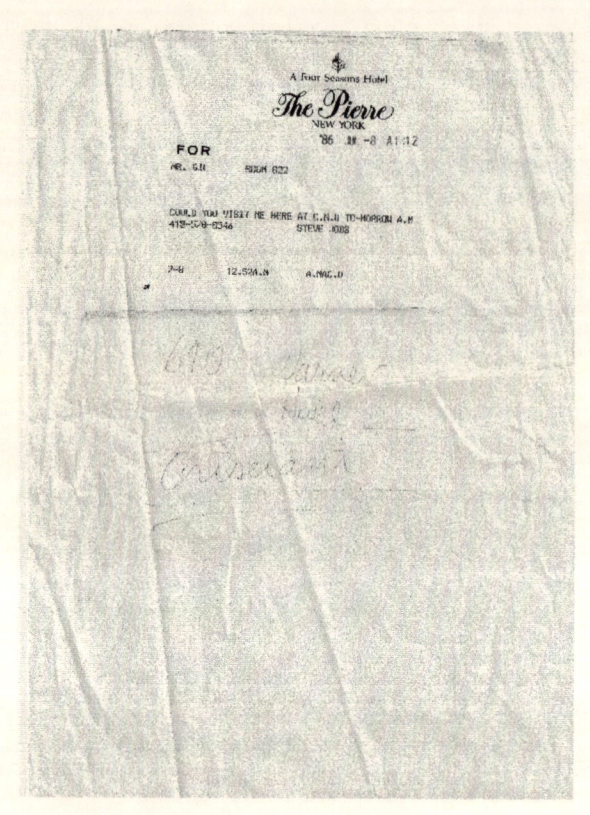

Legenda: Mensagem de Steve Jobs para Antonio Gil

CAPÍTULO 20
O DESAFIO DAS TELECOMUNICAÇÕES

Um acordo com Steve Jobs teria sido ótimo para o Grupo Machline, mas minha principal missão continuava sendo a entrada no setor de telecomunicações, de acordo com aquela ideia de que a informática e a telefonia caminhavam para se fundir.

Colocar essa ideia no papel, um fator relevante para minha contratação, era, no entanto, muito mais fácil do que tirá-la do papel e implementá-la na vida real.

Naquele final da década de 1980, o mercado de equipamentos de telefonia era praticamente um feudo de três empresas: a japonesa NEC, a alemã Siemens e a sueca Ericsson. Por cima delas havia a Telebrás, uma empresa de controle estatal[78] que funcionava como cliente dos equipamentos das três, órgão de fomento da telefonia no país e controladora do mercado (pelo virtual monopólio que exerce).

O oligopólio das três multinacionais era praticamente completo, a ponto de boa parte dos funcionários da Telebrás terem sido, em algum momento de suas carreiras, forte ligação com alguma delas: haviam sido funcionários, ou feito estágio, ou viajado para a Europa para cursos com seu patrocínio.

---

78 Formada em 1972 com 94,5% de seu capital pertencente à União, o restante distribuído entre BNDE (atualmente BNDES), Companhia Vale do Rio Doce (hoje Vale, privada), Petrobras e Eletrobrás. A partir de 1975, seu capital ficou mais pulverizado: quem comprava uma linha telefônica ganhava ações da empresa, num esquema de autofinanciamento único para a época. Mais informações em: ARAÚJO, R.; BRANDI, P. Telebrás. FGV CPDOC, c2009. Disponível em http://www.fgv.br/cpdoc/acervo/dicionarios/verbete-tematico/telebras. Acesso em: 17 nov. 2024.

Como poderíamos romper esse círculo fechado? Minha sugestão para Machline foi procurarmos uma empresa que não estava no país, a maior de todas aliás, detentora na época de 50% do mercado de telecomunicações do mundo (os Estados Unidos): a AT&T. Seria uma parceira ideal.

"Então vamos atrás deles", me autorizou Matias.

UMA MESA PARA A ÁFRICA DO SUL

Com o sinal verde, minha primeira providência foi contatar Anthony Motley, ex-embaixador estadunidense no Brasil de quem já falei no início do livro. Ele tinha amigos nos altos escalões do governo estadunidense, conhecia muito bem a realidade brasileira (sua mãe era nativa e àquela altura ainda morava em Niterói) e, para completar, era amicíssimo de Machline.

"Tony, você conseguiria nos arranjar o encontro com a AT&T?", perguntei.

"Nada mais fácil", respondeu.

"Eu jogo golfe com o presidente da AT&T Technologies, James Olson. Vou falar com ele."

Uma semana depois, Motley me disse ter falado com Olson, que demonstrou muito interesse no mercado brasileiro. Dali alguns dias ele seria homenageado pela Câmara de Comércio Estados Unidos-África do Sul, em Nova York, e a AT&T daria um jantar beneficente. E então sugeriu que nós patrocinássemos uma mesa.

Ato contínuo, propus ao Machline que nós comprássemos uma mesa do jantar. Machline era extremamente sociável, mas em geral no cara a cara; não gostava muito de cerimônias públicas. Porém, topou. No dia marcado, lá fomos nós para Nova York.

Pense em uma dupla deslocada. Éramos nós. Ninguém entendia o que uma empresa brasileira de nome japonês (fomos como o Grupo Sharp) fazia num jantar em que só havia empresas estadunidenses numa homenagem à África do Sul, que àquela altura ainda estava em pleno regime de *apartheid*.

Um incômodo valeu a pena. Naquele jantar fomos apresentados a Olson e a uma de suas assistentes, uma jovem chamada Carly Fiorina. E marcamos então uma visita ao seu escritório em Nova York para uma conversa de negócios propriamente dita.

O OUTRO LADO DA RUA

A sede da AT&T em Nova York ficava na avenida Madison, esquina com a rua 56. O endereço era Madison, 550. O prédio havia sido terminado havia pouco tempo, em 1984. O projeto era dos arquitetos Philip Johnson e John Burgee, conhecidos por um estilo pós-moderno. O interior do edifício era todo de mármore turco, suntuoso.

Chegamos para almoçar com Olson... e o prédio era praticamente só nosso. Não havia quase nenhuma alma por ali. Isso porque, quando o governo estadunidense quebrou o sistema Bell, obrigando a AT&T a abrir mão do virtual monopólio de telefonia local e a concentrar-se em comunicações de longa distância, a empresa mudou seus planos de ocupação do prédio. Dos 1.300 funcionários que chegaram a trabalhar ali, a AT&T realocou mil para os escritórios de Nova Jersey. Não à toa, a companhia acabou fazendo um *leasing* do prédio inteiro para a Sony. O endereço foi por muito tempo conhecido como Sony Tower.

Curiosamente, o prédio da AT&T ficava quase em frente à sede da IBM, na avenida Madison com a rua 57 (o endereço é Madison, 590). Trata-se de outro prédio suntuoso construído por outro escritório de arquitetura famoso, de Edward Larrabee Barnes, um apaixonado por formas geométricas monolíticas. As obras haviam terminado um ano antes do prédio da AT&T, em 1983, e seu interior era igualmente suntuoso. Igualmente, não. O mármore da sede da AT&T era rosa; e o da IBM era verde.

Quando soube que eu havia trabalhado muitos anos na IBM, Olson perguntou: "Por que você levou tanto tempo para atravessar a rua?".

A PARCERIA COM A AT&T

Carly Fiorina tornou-se nosso contato com a AT&T. Ela já se destacava na empresa, apesar da aparência frágil, quase de freira. Embora tivessem 50% do mercado mundial, todos esses 50% estavam nos Estados Unidos, o país mais sofisticado na tecnologia de telecomunicações. A AT&T era composta de um time provinciano, que se achava dono do planeta. Quase ninguém ali tinha passaporte. Carly, ao contrário, demonstra visão ampla, ambição e inteligência.

Pouco tempo depois da minha apresentação sobre o potencial do mercado de telecom no Brasil, fechamos uma parceria. Machline estava tão entusiasmado que até trocamos o nome do grupo. De Sharp, passamos a nos chamar MT&T, inspirados, obviamente, pela poderosa parceira estadunidense; porém, em vez de Telefone e Telégrafo, sinal das origens do grupo estadunidense, **éramos** Machline Tecnologia e Telecomunicações, sinal do que esperávamos para nosso futuro.

Machline n**ão gostava do nome**. Achava um pouco melhor do que Grupo Machline, era parte de sua paranoia. Não queria que a empresa fosse identificada com ele. A origem judaica devia ter algo a ver com sua mania de perseguição – afinal, não havia passado tanto tempo do final da Segunda Guerra Mundial e do Holocausto.

Seu temor de ser preso pelo governo Collor, alguns anos depois, seria um sinal disso. Outra ocasião que ele me contou certa vez foi o pânico que o acometeu no Japão quando foi negociar sua associação com a Sharp. Tinha tanto medo de ser atacado à noite que empurrava a cômoda de seu quarto de hotel para junto da porta, para impedir a entrada de estranhos.

Eu ria, é claro. E assegurava que, ao contrário, ele tinha nascido com o bumbum virado para a lua. Até o nome era ótimo: Machline tinha reverberação tecnológica, como uma linha de máquinas, mas ele demorou para aceitar o nome e estabelecer o grupo.

A CENTRAL DA EMBRATEL

O primeiro fruto da associação com a AT&T veio nos últimos anos do governo Sarney, quando ganhamos uma concorrência da Embratel para construir uma central de trânsito (como se chamavam as grandes centrais telefônicas responsáveis pela passagem de ligações entre várias localidades) – a responsável pelo roteamento das chamadas quando a ligação saía da área de cobertura de uma central, numa ligação DDD, discagem direta à distância.

Ganhamos, mas não levamos. **Às vezes**, é difícil entender como os diversos interesses de grupos se manifestam onde a burocracia emperra. O fato é que para colocar em prática a central era necessária uma autorização da Telebrás.

A Embratel funcionava como uma conectora entre as diversas telefônicas locais: Telerj, Telemig, Telesp e assim por diante. Era a central das centrais. Não servia ao público em geral, mas **às** outras centrais telefônicas. Tinha, se não me engano, aproximadamente 16 mil linhas.

Nesse período, eu comecei a achar que a paranoia de Machline tinha algum sentido – pelo fato de a Telebrás fazer enrolar para certificar a central. Nossa suspeita era que isso se devia à influência do "triunvirato" da Ericsson, da NEC e da Siemens. A cada dia pediam um certificado novo, o atendimento de um protocolo...

A agonia só terminou cerca de dois anos depois, no governo Collor. Com sua política de abertura, mandou destravar o processo. Quando ele assumiu a presidência, o Brasil vivia o auge da reserva de mercado de informática, mas a reserva de mercado da telecom era ainda maior. Embora ninguém falasse muito disso, havia o monopólio das três grandes multinacionais.

Se um computador custa aqui o dobro ou o triplo do que lá fora, uma linha telefônica era algo como 50 vezes mais cara do que nos países desenvolvidos. Era um bem de capital, você declarava para a Receita Federal no formulário de imposto de renda.

Tecnicamente, não era uma reserva. O mercado, contudo, era dominado por três empresas privadas. Collor chamou o então vice-presidente da Telebrás, Otávio Marques de Azevedo, e mandou que ele assinasse a autorização para o contrato da AT&T/MT&T com a Embratel.

Nós então mandamos buscá-lo, no jato de Machline, de Brasília para o Rio de Janeiro, na sede da Embratel. Azevedo assinou o contrato e o avião o levou de volta para Brasília. Foi uma sensação de alívio enorme. Para o nosso advogado, um prêmio extra. Ele era jovem, jamais tinha andado em um jato particular. Pediu-me para acompanhar o vice-presidente da Telebrás. Fomos os três. Eu desci em São Paulo, os dois seguiram para Brasília.

Foi este o contrato de telecomunicações que o presidente Collor mostrou na cerimônia da Casa Branca, citada no início deste livro. O outro era o contrato com a IBM para abrir o mercado de computadores pessoais. Nos dois casos estava o grupo Machline, por meu intermédio. A viagem a Washington foi a glória para o grupo, representado por mim —Matias ainda não tinha coragem suficiente para participar de uma cerimônia, ainda mais com Collor, de quem ainda sentia um tanto de medo.

O PRIMEIRO DA SÉRIE... DE UM

O contrato que vencemos para construir uma central para a Embratel foi o primeiro de uma série... de um. Conseguimos instalar a central, com muitas dificuldades. Primeiro, pelo desafio técnico. A AT&T tinha uma tecnologia um pouco diferente do que havia no país, e a central tinha que "conversar" com as demais.

Além disso, havia os "esquemas". Tivemos dificuldades de todos os lados. Não era fácil romper o oligopólio das três multinacionais já estabelecidas. Mesmo para alguém tão bem relacionado como Machline.

E olha que era difícil alguém bater Machline em influência. Ele tinha conselheiros por todos os lados. Romeu Tuma, então diretor-geral da Polícia Federal, era um deles. Ângelo Amaury Stabile, ministro da Agricultura na presidência de Figueiredo, era o homem do Matias em Nova York. Johnny Figueiredo, filho do ex-presidente, foi funcionário dele. Para não falar em Orestes Quércia, governador de São Paulo, e o ex-presidente José Sarney.

Nas telecomunicações, porém, quem mandava eram NEC, Siemens e Ericsson. Uma pequena amostra do jogo que se jogava então foi uma reunião para a qual eu fui chamado em 1993. O presidente Collor já havia sofrido *impeachment* e seu vice-presidente, Itamar Franco, tinha tomado posse.

O novo ministro das Comunicações era Djalma Bastos de Morais, um alagoano que acabou ficando muito meu amigo. Ele não cansava de me perguntar: "Por que a AT&T quer entrar no mercado de comutação? Ele já está estabelecido". E propunha: "Saiam disso, eu ajudo vocês a entrar no mercado de celulares".

Olhando pelo retrovisor, teria sido um negócio muito melhor. Para nós, porque os celulares deslancharam alguns anos depois, e para o país, porque a tecnologia da AT&T era melhor. Nós usávamos a tecnologia

207

CDMA, que dá a cada chamada um código e o espalha por todas as frequências disponíveis. O Brasil começou com a TDMA, que dá a cada chamada alguns intervalos de tempo em determinada frequência (o usuário não percebe, porque os intervalos são minúsculos, mas está compartilhando o canal com outras duas chamadas, em média).

A oferta seria para a venda de equipamentos para o sistema Telebrás – a central de celular. O governo agia então como uma espécie de "domesticador" dos mercados. Em vez de deixar vigorar a concorrência livre, escolhi algumas empresas para atuar em alguns nichos. De um lado, isso facilitava a vida: o sistema funcionava de maneira mais uniforme. De outro lado, criava relações menos transparentes, um mercado viciado.

Nós (com a AT&T) poderíamos ter sido, para os celulares, o que as três outras multinacionais eram para a telefonia fixa. Mas quem preveria que a telefonia fixa ia acabar?

Naquela altura, os celulares eram incipientes. Um aparelho custava milhares de dólares. Eu fui um dos primeiros a ter um no Brasil, para monitorar o mercado. Era um Motorola. A tecnologia de transmissão de sinais era por torres, inventada nos Bell Labs, os laboratórios da AT&T, na década de 1970. Foi a que acabou prevalecendo, por ser mais rápida e barata que a transmissão por satélites (embora essa tenha seus usos também).

Enfim, chame de falta de visão, se quiser, mas nós recusamos desistir de um mercado pelo suposto favorecimento em outro. Então, o ministro falou: "Por que você não conversa com a Siemens, a NEC e a Ericsson sobre esse assunto?".

O ALMOÇO COM O EMBAIXADOR

Um belo dia, recebi um telefonema de meu amigo Paulo Tarso Flecha de Lima, que havia acabado de assumir a embaixada brasileira em Washington. Convidava-me para um almoço. E quem estaria lá? Os presidentes da NEC, da Siemens e da Ericsson.

Um almoço impecável, diga-se. Organizado pela mulher dele, Lúcia Flecha de Lima, uma pessoa de um bom gosto incrível, de uma presença radiante, a melhor amiga da princesa Diana. Passamos o dia na embaixada, e Paulo tentava costurar um entendimento.

Eu não estava sozinho. Levei o então vice-presidente executivo da AT&T Networks nos Estados Unidos, Roger Dorf. Ele ficou horrorizado. Não que não soubesse que existiam esses acertos, todos eles sabem e fazem. Mas aquele encontro era escancarado demais... e obviamente não ia dar em nada.

O presidente da Siemens me expôs o motivo, num ditado famoso, em alemão: *Der Teufel steckt im Detail* (o diabo se esconde nos detalhes).

A AT&T E OS CAVALOS

Naquele período, Machline estava encantado. Os negócios se expandiam, ele se via ligado à maior companhia de telecomunicações do planeta; sua cabeça girava a mil quilômetros por hora. Considerava-me um gênio.

Modéstia à parte, havíamos costurado um caminho virtuoso para o grupo: ligações com o presidente da República, visão de para onde o mercado caminhava, atração da AT&T.

Centrais de telefonia fixa, não conseguimos vender mais nenhuma. Tivemos, entretanto, vários contratos de centrais de telefonia celular: com a Telesp, com a TeleGoiás, com a Telepar...

Depois da entrega da central de um desses contratos, com a Telepar, fomos a Curitiba para a chamada inaugural do serviço. Matias, James Brewington, o chefe da divisão de celulares da AT&T, e eu. Machline aproveitou para visitar seu haras no município de Piraquara, a 30 quilômetros de Curitiba. E nos convidou, claro.

A filha de Jim montava cavalos em Nova Jersey. Estávamos os três, então, caminhando entre as araucárias, naquele clima de felicidade de quem tinha fechado um bom negócio... e Matias ofereceu um cavalo de presente para Jim. Não qualquer cavalo; um puro-sangue inglês.

O HARAS DE MACHLINE

Machline amava cavalos. Quando ficou rico, estabeleceu o Haras Rosa do Sul, com seções em Itatiba (SP) e Piraquara (PR). Criava animais da raça Puro-Sangue Inglês. E era muito bem-sucedido. Em 1980, seu haras ganhou as duas principais provas do país. O cavalo Big Lark ganhou o Grand Prix Brasil e o cavalo Dark Brown ganhou o Grand Prix São Paulo (no ano seguinte, o Dark Brown ganhou o grande prêmio latino-americano no Uruguai). Vários outros cavalos estiveram entre os campeões em diversas provas.[79]

A mais premiada de todos, foi uma égua chamada Emerald Hill. Esta não surgiu de seu haras. Era dos irmãos Grimaldi Seabra. Depois de muitos anos de vitórias, com o irmão já falecido, Roberto Seabra resolveu fechar seu haras Guanabara e telefonou para Machline, oferecendo vender-lhe uma potranca com excepcional pedigree.

Machline não quis comprá-la. Tinha o próprio haras, a própria criação. Roberto, porém, fez com ele o que ele costumava fazer com outros

---

[79] Parte dessa história pode ser encontrada no site da Associação Brasileira de Criadores e Proprietários do Cavalo de Corrida. Disponível em https://abcpcc.com.br/noticias/post/os-trofeus-de-matias-machline. Acesso em: 17 nov. 2024.

(inclusive comigo, quando me contratou): envolveu-o com charme, insistiu telefonando praticamente todos os dias, até que Machline cedeu. Foi a melhor coisa que poderia ter feito. Emerald Hill venceu sete corridas nas pistas brasileiras, ganhando inclusive a tríplice coroa paulista (vencendo três modalidades de corrida) em 1977. Depois disso, Machline a levou para os Estados Unidos, onde venceu duas ou três corridas antes de ser repatriada para servir como reprodutora.

Era um cavalo dessa turma aí que Machline deu de presente a Jim Brewington. Jim ficou estupefato. Chegou perto de mim e pediu que eu dissesse ao Machline que a AT&T tinha uma política de restrição a presentes e ele não podia aceitar nada que valesse mais do que US$ 100.

Contei depois essa história a Carly Fiorina, meu principal contato na AT&T, e ela contou ao conselho de administração – que decidiu fazer uma "pegadinha" com Jim. Quando ele voltou a Nova York, contaram-lhe que a política de relações com clientes havia mudado e que eles agora estavam autorizados a receber presentes de qualquer valor. Segundo ela me contou depois, Jim ficou desesperado... até perceber a brincadeira.

Ele não foi o único alvo da generosidade de Machline com os cavalos. Um de seus assistentes uma vez me explicou de onde vinha essa graciosidade toda. É que a manutenção de um puro-sangue inglês custava, na época, US$ 2 mil por mês. Os que não se tornavam saltadores ou corredores de primeira linha, portanto, apenas faziam crescer a conta do haras.

Machline também já havia me prometido dar um cavalo, mas nunca cumpriu a promessa. O mesmo assistente, que tinha uma criação de mangalargas, me desaconselhou a aceitar e me deu duas éguas mangalarga. Ainda hoje tenho descendentes delas em minha fazenda em Palmital (que foi de meu avô, que eu recomprei aos poucos).

E A ODEBRECHT CAIU DO CAVALO

Nem só de alegrias e risadas foi a relação com a AT&T. Em algum momento ali no início dos anos 1990, comecei a sentir alguma dificuldade na comunicação com Carly Fiorina, parecia que ela estava me evitando. Estranhei tanto que liguei para um de meus amigos na empresa e perguntei o que estava acontecendo. A resposta: "**Não** posso comentar com você". Não podia, mas deu a pista. Comentava-se que a AT&T estava prestes a fazer uma *joint venture* com um grupo brasileiro – mas não era o Grupo Machline.

Isso era possível porque nossa *joint venture* **não era propriamente com a AT&T,** e sim com uma de suas divisões, a AT&T Network Systems (que mais tarde se tornaria Lucent Network Systems, um *spin-off*, cujo principal motivo era permitir a venda de equipamentos para empresas de telecomunicações concorrentes). Era comum que as pessoas se confundissem. Quando me tornei presidente da AT&T Network Systems Brazil, em 1993, fui várias vezes anunciado como presidente da AT&T no Brasil – o que não era verdade.

Uma associação da empresa-mãe com algum grupo brasileiro, porém, provavelmente acabaria destruindo nossa *joint venture*. Então, **não perdi tempo. Peguei um avião e fui para Nova York,** direto para a sede da AT&T, e me dirigi à sala de Carly.

"O senhor não tem agenda com ela", me disse a secretária.

"Não, não tenho, mas estou aqui e só vou sair depois de falar com ela", respondi.

Devo ter ficado uma hora esperando. Até que a Carly chegou.

"Tony, o que você está fazendo aqui? Eu não te chamei", ela disse.

"Pois é exatamente por isso que eu vim. Preciso saber o que está acontecendo".

Ela me levou para a sala dela, desculpou-se, mas disse que não podia falar comigo sobre o que estava acontecendo. "Não estou sendo proibida pela AT&T, e sim por algo acima da AT&T", afirmou.

Contudo, admitiu que o grupo tinha interesse em fazer uma *joint venture* no Brasil com outra empresa que não o Grupo Machline.

Nosso compromisso continuaria, essa associação seria algo "maior". Pressionei mais, e ela acabou me dizendo que esse acordo estava sendo recomendado pela Casa Branca.

Bobagem. A AT&T estava sendo enrolada. Àquela altura eu já sabia, por intermédio de alguns amigos na empresa, que o sócio brasileiro seria a Odebrecht.

Peguei o avião de novo, mas não para casa. Fui para Washington, para o escritório de Tony Motley, nosso lobista favorito.

Tony não precisou investigar muito. Disse que a Odebrecht estava sendo assessorada por Prescott Bush, irmão do então presidente estadunidense, George Bush. "Esses seus amigos da AT&T são uns idiotas. Prescott é considerado um nada aqui em Washington. Ninguém o leva a sério", disse.

Recomendou-me, então, que reunisse todo o material que eu tivesse sobre a Odebrecht. Fui para um hotel, pedi ao meu pessoal que fizesse a pesquisa, juntei tudo o que eles conseguiram via fax e por telefone e fui para a reunião com Tony.

Na sala dele, abrimos o organograma do Grupo Odebrecht. Era enorme. E Tony me cravejou de perguntas. "Esse aqui, quem é? O que é essa empresa?" Até que esbarrou numa companhia do grupo chamada Engesa.

O que ela fazia? Tanques de guerra. Para quem vendia? O principal cliente era o Iraque de Saddam Hussein.

Tony Motley parou com o dedo em cima do nome Engesa, abriu um sorriso e falou: "Tony, acabou!".

Pegou o telefone ali na minha frente, ligou para Prescott Bush e disse: "Prescott, estou convocando uma conferência de imprensa no meu escritório para daqui a uma hora, para dizer que o governo dos Estados Unidos está se associando com uma empresa que fabrica os tanques usados por Saddam Hussein no Iraque. Você tem meia hora para me telefonar de volta para desmarcar essa conversa".

Meia hora depois, Prescott telefonou: "Esquece, acabou tudo".

SOZINHOS NA PISTA

Passaram-se mais 15 minutos, tocou o meu telefone: era Carly.

"Tony, você é um FDP..."

"Mas você sabe que eu sou o seu FDP", respondi.

Era uma alusão à citação atribuída ao presidente estadunidense Theodore Roosevelt sobre o ditador nicaraguense Anastasio Somoza: "Ele pode ser um FDP, mas é o nosso FDP".

Carly entendeu o recado e disse: "Eu não sei o que você fez, mas nós recebemos um telefonema da Casa Branca proibindo a associação da AT&T com a Odebrecht".

Estávamos sozinhos na pista outra vez.

Capítulo 21
Um desastre nos Estados Unidos

O início da década de 1990 foi o auge para o Grupo Machline: a expansão para diversas áreas, associação com a AT&T, crescimento. O fim da reserva de informática, porém, acabou representando um baque forte demais para a empresa. Em 1991, os balanços acusavam prejuízo. No ano seguinte, a companhia ficou de novo no vermelho. E em 1993 as perdas chegaram a US$ 50 milhões. Foi, no entanto, o último ano de prejuízo. Havíamos começado um rigoroso (e penoso) processo de reestruturação, que incluía a venda ou o encerramento de atividades de empresas do grupo.

Do total de 28 empresas que chegou a ter, o grupo passou a ser composto apenas da Sharp do Brasil, com fábrica de televisores, aparelhos de vídeo e áudio em Manaus; pela Sid Informática; pela Sid Telecomunicações; pelo Consórcio Nacional Sharp; e pela AT&T Network System Brazil, nossa *joint venture* com a AT&T, que produzia centrais telefônicas (e da qual eu era o presidente).

Ficáramos menores, mas acreditávamos que o pior já havia passado. Tínhamos ainda cerca de 8.500 funcionários e, em 1993, faturamos US$ 680 milhões. Éramos, em todos os sentidos, um grupo poderoso, com plenas condições de enfrentar a concorrência e as condições turbulentas do mercado brasileiro. Apesar das dificuldades, eu me sentia confiante. Até que sobreveio a tragédia.

A LOTERIA DA COPA DO MUNDO

Estávamos já em meados de 1994, um pouco antes da Copa do Mundo, que seria nos Estados Unidos (e que o Brasil venceria, consagrando a dupla Bebeto e Romário). Para aproveitar aquele clima, Machline havia se associado a ninguém menos que o presidente da FIFA, o brasileiro João Havelange, para criar uma loteria de futebol universal. A ideia era pagar um prêmio de US$ 1 bilhão.

A dupla já tinha conseguido o aval da Coca-Cola e de outra empresa estadunidense. Para completar o quadro, precisavam de mais uma. Então pensaram no setor de telecomunicações. Qual poderia ser melhor que a AT&T?

Nessas horas, Matias costumava ser assaltado por seus medos. De que a AT&T se sentiria ofendida com a proposta de fazer parte de um jogo, que sua parceria iria por água abaixo, que nada mais daria certo... Apesar disso, ele me pediu que marcasse uma entrevista com Robert Allen, executivo-chefe da empresa, na semana em que ele estaria nos Estados Unidos. Ele ia proporia que a AT&T se associasse à loteria.

A reunião acabou sendo marcada para depois da Copa, no comecinho de agosto. Ficou acertado que nós viajaríamos para os Estados Unidos numa terça-feira à noite. Machline, eu e Sérgio Andrade, então presidente da construtora Andrade Gutierrez, que queria ser nosso sócio no negócio de telefonia móvel. Naquela terça-feira à tarde, estávamos os três no escritório da rua Pamplona quando recebemos a notícia de que a AT&T havia adiado a reunião para dali a uma semana.

Machline ficou chateadíssimo; em vez de aproveitar sua viagem para conversar com Allen, teria que voltar a Nova York na semana seguinte. Por causa disso, estaria fora do Brasil no dia 14 de agosto, o segundo domingo do mês – o Dia dos Pais. Ele tinha uma filha pequena e queria muito estar de volta.

Nessa hora, sua nova esposa, Marina, entrou na sala e disse: "Por que eu não vou no lugar do Gil e nós aproveitamos para ficar uma semana em Nova York?". Virando-se para mim, perguntou: "Gil, você se incomoda de ir na semana que vem para a reunião?". Não, claro que eu não me incomodava.

A (SEGUNDA) ESPOSA DE MACHLINE

Eu havia conhecido Marina alguns meses antes, numa situação inusitada. Luiz Paulo Rosemberg, o economista que havia sido pupilo do ministro Delfim Netto, cursou um doutorado nos Estados Unidos e foi assessor econômico do presidente José Sarney, era um dos diretores do grupo Machline. Uma noite, convidou-me para jantar em sua casa. Recém-separado, ele havia chamado também duas moças.

Uma delas era a jornalista de moda e depois curadora de moda de confecções famosas – havia estabelecido a moda masculina da Vila Romana, com licença da marca italiana Giorgio Armani, e mais para a frente seria organizadora e diretora da Daslu Homem, a primeira multimarca de moda masculina de luxo do país. A outra era uma moça ainda mais linda que ela e muito divertida, chamada Marina Araújo. Durante todo o jantar, Luiz Paulo ficou jogando charme para as duas, incluindo-me em sua sedução.

No dia seguinte, ao me encontrar na empresa, perguntou se eu havia gostado do jantar. "Adorei", disse. Não havia acontecido nada no terreno romântico, até porque, embora Rosemberg estivesse desimpedido, eu era muito bem casado, e as moças, aparentemente, se divertiram mas não estavam lá muito interessadas.

O motivo ficou claro quando o anfitrião me revelou que Marina Araújo era, então, namorada de Matias.

Algum tempo depois, conforme o relacionamento dela com Machline avançou, passamos a conviver mais, e eu a conheci melhor. Marina era uma pessoa simples, com jeito de caipira. Era natural de Bauru, no interior de São Paulo. Quando passou a participar dos eventos com Machline, ficava um pouco deslocada – ao contrário de Carmen, a primeira esposa, que era sofisticadíssima (como o próprio Matias).

Certa vez organizamos uma reunião com o pessoal da AT&T na fazenda de Machline e ela me bombardeou com perguntas sobre como servir a mesa, como se portar nas conversas etc.

UM JOGO DE AZAR

Agora, na época daquela viagem a Nova York, os dois decidiram que passariam algum tempo a sós entre os compromissos do início do mês e a reunião com a AT&T na semana seguinte.

Na sexta-feira, Marina me telefonou pedindo que indicasse um lugar memorável para jantar. Sugeri – e em seguida mandei fazer a reserva – o Box Tree, um pequeno restaurante na rua 49, com apenas sete mesas e uma decoração romântica, repleto de antiguidades, peças de arte e três lareiras.

Era um local conhecido como uma boa opção para pedir alguém em casamento (mas não existe mais; foi vendido na virada do milênio e o endereço é hoje ocupado por um arranha-céu, conhecido como o condomínio Alexander).

A reserva foi feita, porém o casal não chegou a ir lá. Naquela mesma sexta-feira, Machline decidiu pegar o helicóptero e ir para Atlantic City – uma cidade turística na costa de Nova Jersey, conhecida por seus cassinos, por suas longas faixas de praia e pelo deslumbrante calçadão. Em vez de ficar em Nova York, ele provavelmente preferiu jogar e aproveitar os *spas* da cidade vizinha. De helicóptero, a distância de cerca de 200 quilômetros entre Nova York e Atlantic City seria coberta em não mais do que uma hora e meia.

A viagem, no entanto, jamais se completou. Por volta da meia-noite, recebi um telefonema de um repórter da revista *Veja*, querendo confirmar a morte de Machline. Eu não estava sabendo de nada. Mal me despedi do repórter, liguei para o hotel em que ele estava hospedado, o Plaza. Com o coração acelerado, apresentei-me como filho de Matias – temendo que, se não fosse da família, não receberia nenhuma informação. Pedi que confirmassem se ele havia ido para Atlantic City de helicóptero. O atendente me disse que haviam saído dois helicópteros com hóspedes do hotel naquela noite, mas não sabia informar se Machline estava num deles.

Ato contínuo, telefonei para o hotel em que ele ficaria em Atlantic City. Assim que perguntei por Matias, o atendente falou: "Espere um momento, já vou passar para ele". Naquele momento senti um tremendo alívio. Mas seria por pouco tempo. Logo em seguida, o rapaz voltou a falar comigo dizendo que ninguém atendia o telefone no quarto dele.

Acionei outras pessoas da empresa, ficamos a noite inteira ao telefone e finalmente confirmamos – infelizmente – a morte do casal. O helicóptero comprado havia menos de um mês pela companhia de transportes New York Helicopter Corporation era guiado pelo piloto Doug Roesch, de 34 anos. O tempo estava ruim no caminho e, segundo as investigações da polícia, ele considerou retornar a Nova York, mas não conseguiu. O aeronave caiu em uma área de bosques em Manchester Township e explodiu, às 21h10, cerca de meia hora depois do início da viagem.

Confirmada a tragédia, eu ainda tive uma tarefa terrível a cumprir: avisar a família. Foi um baque, como era de se esperar, realçado pelo fato de que os quatro filhos não sabiam que o pai estava casado com Marina. Matias e Carmen haviam se separado, mas oficialmente continuavam morando juntos – e a união com Marina foi feita em segredo.

Fui até a casa deles, no Morumbi, juntei todos e comuniquei que Matias não só tinha se casado com outra mulher, mas tinha uma filha com ela: Sofia, então com 6 anos. Os quatro, todos homens na faixa entre 20 e 30 anos e tantos anos, foram corretíssimos. Reconheceram a irmã e aceitaram de imediato que a herança seria dividida por cinco, em vez de quatro.

Na terça-feira, em vez da reunião que havíamos marcado com a direção da AT&T, chegaram ao Brasil os corpos de Machline e de Marina Araújo. Ele foi enterrado no cemitério do Morumbi, à tarde, e Marina foi enterrada em Bauru.

CAPÍTULO 22
O DESTINO DO GRUPO MACHLINE

Quando Machline morreu, o grupo havia acabado de passar por um severo programa de reestruturação. E os resultados começavam a aparecer: o prejuízo de US$ 50 milhões de 1993 havia se transformado num lucro líquido de US$ 3,1 milhões naquele primeiro semestre de 1994. No trimestre seguinte, esse lucro atingiria US$ 26,8 milhões. Com faturamento um terço maior que o do ano anterior. Ainda não era um resultado exuberante, mas estávamos no caminho certo.

Sua morte, porém, abalou a empresa de forma estrondosa. Os herdeiros naturais – seus quatro filhos do primeiro casamento – não estavam preparados para comandar os negócios. Era uma família extremamente simpática, quatro filhos com ótima formação e cheios de qualidades, mas por motivos diversos ninguém havia demonstrado inclinação para os negócios criados pelo pai.

O mais velho, José Maurício, era mais ligado à música. Tanto que criou, em 1988, o Prêmio Sharp, que em pouco tempo se tornaria o mais importante da música popular brasileira (com o declínio da empresa, metamorfoseou-se em Prêmio Caras, depois Prêmio Tim de Música e, finalmente, Prêmio da Música Brasileira). Ele chegou a assumir a presidência do grupo, mas alguns meses depois vendeu sua parte da sociedade para os irmãos e seguiu carreira como produtor cultural, cantor e diretor de *marketing*.

O caçula (sem contar Sofia, a filha do segundo casamento, uma criança na época), Paulo, tinha por volta de 20 anos e seu foco ainda era se divertir. Machline o adorava e me pediu que o orientasse; por isso, ele trabalhou durante algum tempo como meu assistente.

Por negócios, mesmo, não consegui fazer com que ele se interessasse muito, mas Paulo acabou conhecendo meu filho, Tony, com quem teve uma parceria bastante interessante: os dois coproduziram o filme curta-metragem *Uma história de futebol*, com base em casos da infância de Pelé. Lançado em 1998, o filme ganhou prêmios nos festivais de Gramado, Brasília e Fortaleza e concorreu ao Oscar em 2001 na categoria de curta de ficção. Depois dessa experiência, Paulo Machline seguiu a carreira de cineasta e diretor de publicidade.

O segundo filho mais velho, Carlos Alberto, trabalhava no mercado financeiro e lá continuou. Quem acabou dirigindo a empresa foi Sergio, o terceiro filho. Os demais foram para o conselho de administração.

Antes da queda do helicóptero, Machline já havia começado o processo de profissionalização do grupo, mas este também foi conturbado. O diretor-presidente na época, Jorge Roberto do Carmo, entrou em conflito com os filhos de Machline e saiu poucos meses depois da morte de Matias, no que foi acompanhado por um trio de outros diretores.

Carmo havia comandado a reestruturação do grupo, que incluiu o fechamento de empresas, a demissão de mais de mil funcionários, a multiplicação por três do índice de produtividade e a remontagem de toda a administração e as finanças. Ele vinha do próprio grupo – substituiu um executivo de fora que não tinha se adaptado à cultura informal da Sharp, em que todos se reportavam a Machline.[80]

Carmo não era um executivo qualquer do grupo – era meu subordinado, na Sid Informática, da qual assumiu a direção quando nós cria-

---

[80] Mais informações sobre a reestruturação do grupo podem ser encontradas em reportagem de Fernando Canzian para o jornal *Folha de S.Paulo*, em 28 de novembro de 1994. Disponível em: https://www1.folha.uol.com.br/fsp/1994/11/28/dinheiro/2.html. Acesso em: 17 nov. 2024.

mos a Sid Telecom e eu me movi para lá. Sua promoção ao cargo de diretor do grupo inteiro não me deixou irritado, nem mesmo enciumado, mas era um claro sinal de que meu ciclo no grupo havia terminado. Por isso, quando ele foi alçado ao comando do grupo, pedi demissão.

Machline, sempre um gênio da sedução, postergou a discussão dos termos, foi ganhando tempo até que aconteceu o desastre. Após sua morte, por uma questão de lealdade, engavetei o pedido de demissão.

O FIM DOS LAÇOS

Com a saída de Carmo, os irmãos Machline chamaram um novo diretor-presidente para o grupo. Era um executivo que vinha de fora... mas não tanto. Tratava-se de Ângelo Amaury Stábile, economista que foi colega de turma de Delfim Netto e, indicado por ele, ministro da Agricultura no governo João Figueiredo.

Desde anos antes, Stábile tinha laços com Machile, era amigo da família. Embora fosse uma decisão lógica, de acordo com as circunstâncias, demonstrava mais uma vez que eu não era visto como uma opção para o comando do grupo.

Chegava a hora de desengavetar meu pedido de demissão. Não que eu tivesse ficado encostado nos 2 anos extras que fiquei no grupo Machline (Sharp). Ao contrário. Em 1995, dobramos o volume de vendas da AT&T Network System do Brasil (a associação da AT&T estadunidense com o grupo). Isso em meio a uma baita reestruturação: a AT&T Network System absorveu a Sid Telecom e a AT&T Telecomunicações, que fornecia *softwares* para redes. Eu tinha sob meu comando cerca de 400 funcionários.

Em 1996, essa divisão inteira passou a se chamar Lucent Technologies Network Systems, seguindo a mudança ocorrida na matriz estadunidense. Ocorre que a AT&T tinha dificuldade de vender equipamentos de telecomunicações para as empresas que eram suas concorrentes no fornecimento de serviços de telecomunicações. A solução foi tornar a área de equipamentos independente. O nome escolhido, Lucent, significa "portador de luz" em latim – a mesma raiz de Lúcifer, o anjo caído na mitologia cristã.

Carly Fiorina era a chefe de operações da nova empresa e planejou uma bem-sucedida abertura de capital, que levantou US$ 3 bilhões. Um ano depois, em 1997, Fiorina tornou-se presidente do grupo Lucent e liderou um período de intenso crescimento – alimentado, no entanto, por um esquema contábil em que a empresa emprestava dinheiro a seus clientes e esse capital aparecia tanto na coluna de vendas (o empréstimo era usado para comprar equipamentos) como na coluna de ativos.[81] A "bolha" da Lucent estourou em 2000.

O destino da Sharp também foi muito alvissareiro. Em 1994, a reestruturação iniciada por Matias Machline e completada após sua morte, aliada a um mercado favorável após o Plano Real, levaram o grupo de volta aos lucros. Era, porém, uma empresa bem menor: tinha em 1998 apenas 4.300 funcionários, menos de um terço dos 15 mil funcionários que tinha dez anos antes. No ano seguinte, em 1999, a desvalorização cambial elevou a dívida da empresa, de R$ 271 milhões para R$ 447 milhões. A crise acabou levando a empresa a uma concordata seguida de falência em 2002.

Durante toda essa história, entretanto, eu já não fazia parte da Lucent, nem do grupo Machline. Ainda em 1996, Stábile me chamou à sua sala e, cheio de dedos, falou: "A gente sabe de sua ligação com Matias, mas infelizmente chegou a hora de terminar a relação com você".

---

81   O esquema foi explicado em uma reportagem de Scott Wooley para a revista *Fortune*, em 2010, Carly Fiorina's troubling telecom past ("O passado preocupante de Carly Fiorina em telecom", tradução livre para o português). Disponível em: https://fortune.com/2010/10/15/carly-fiorinas-troubling-telecom-past/. Acesso em: 17 nov. 2024.

Era uma conversa que eu já estava esperando. Respondi: "Perfeito. Chame o diretor de pessoal e vamos resolver isso agora mesmo".

No dia seguinte, estava fora do grupo Machline. Com um cheque no valor de US$ 1 milhão. Com esse dinheiro, comprei mais um pedaço da fazenda de Palmital que havia pertencido ao meu avô.

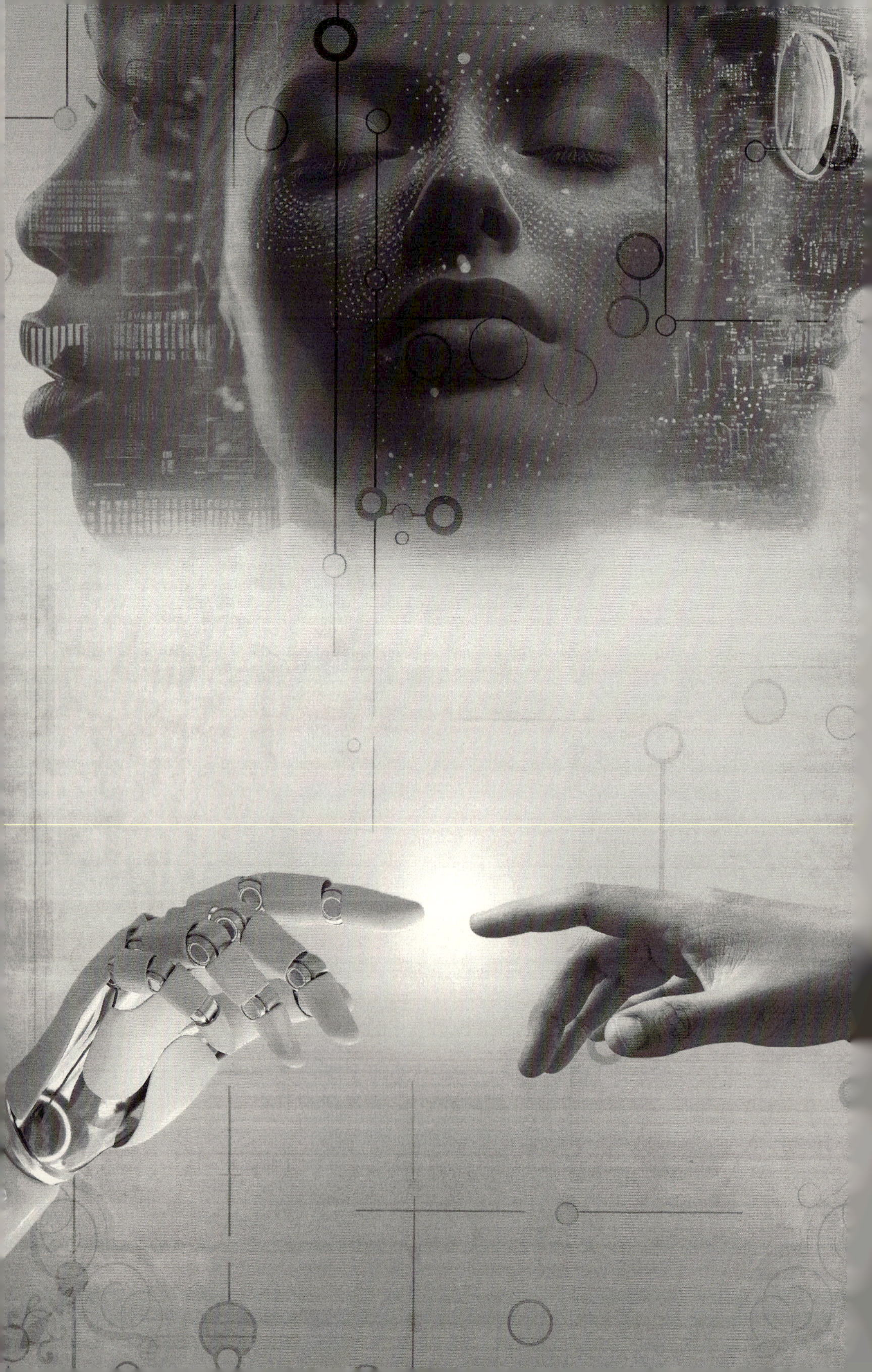

CAPÍTULO 23
CRIAR UMA TELECOM...
DE NOVO

Na minha vida profissional, eu saí da IBM para o governo, do governo de volta para a IBM, da IBM para o Grupo Machline, sem nenhuma interrupção. Ao deixar o Grupo Machline, pela primeira vez estava desempregado. Passei três meses assim, de folga, na minha casa na rua Inglaterra no bairro Jardim Europa.

Finalmente, cansei do marasmo. Ainda tinha muitas ideias, muitos contatos, e estava envolvido com o negócio de telefonia celular. Então fiz uma lista de potenciais parceiros para desenvolver alguns de meus projetos.

Assim que comecei a ligar para as pessoas, percebi que estava me faltando algo: com um sobrenome. Durante décadas eu havia me acostumado a dizer: "Gil, da IBM", ou "Gil, da AT&T". Agora eu ligava, dizia que era o Gil e me perguntavam: "Gil de onde?". Aí comecei a responder: "Gil, de Palmital".

Funcionava do mesmo jeito. Mas era um alerta de que eu estava sozinho, sem referência. E a maioria dos amigos...pffff. Eles somem.

Ainda assim, fiz diversos contatos. Um deles foi com Alcides Tápias, a quem eu conhecia da época em que ele trabalhava no Bradesco. O que era, a rigor, quase toda a sua vida profissional até ali. Tápias havia começado a trabalhar no banco aos 14 anos, como contínuo, e foi progredindo até virar vice-presidente, com menos poder apenas do que Lázaro Brandão. Em 1991, assumiu o comando da federação de bancos, a Febraban. Aparentemente, havia um acordo entre ele e Brandão (que os 2 sempre negaram) de que, quando voltasse, assumiria o posto do chefe. Em 1994, no entanto, quando Tápias voltou ao Bradesco... Brandão continuou como presidente executivo. Em 1996, após ter sido comunicado de que receberia um novo mandato de vice-presidente, pediu demissão.

Ao sair, foi convidado para assumir a presidência da construtora Camargo Corrêa, no lugar do fundador Sebastião Camargo, falecido dois anos antes, com a missão de reestruturar o grupo. A ideia era que a empresa deixasse de ser tão dependente de obras públicas.

Poderia ser a união da fome com a vontade de comer, porque a minha proposta era que o grupo investisse na telefonia celular. Tápias, um sujeito finíssimo, amável, tão dedicado ao trabalho que costumava chegar ao Bradesco antes de Lázaro Brandão (para isso acordava às 5h30) e bastante modesto (mantinha hábito simples e, mesmo depois de enriquecer, continuou morando no Tatuapé, na zona leste de São Paulo), me recebeu extremamente bem.

Agradeceu-me por pensar na Camargo Corrêa para o projeto, disse que estava chegando na casa não havia nem três meses e precisava de um tempo para avaliar os caminhos a seguir. Ficou de pensar no assunto. Tivemos mais dois ou três encontros, mas a ideia não progrediu.

A PEREGRINAÇÃO INTERROMPIDA

Outro encontro que tive foi com Max Pfeffer, da Suzano. Sujeito de sensibilidade aguçada, muito chegado às artes, vinha sendo preparado pelo pai havia anos para assumir a empresa. Leon, o pai, um empresário e uma figura fantástica, morreria poucos anos depois, em 1999, e Max o substituiria...porém, por pouco tempo, pois falecei em 2001.

As conversas que tive na Suzano foram com Max e com um de seus quatro filhos, Daniel. Ambos agradeceram muito por eu os ter procurado. A proposta era que investissem numa joint venture com a AT&T

para construir infraestrutura para a rede de celulares.

Uma terceira porta em que bati foi de Sergio Andrade, dono da construtora Andrade Gutierrez. Recebeu-se eufórico. "Gil, ainda vou te contratar. Quero você". Seu plano era comprar a Embratel no processo de privatizações e me transformar em executivo-chefe da empresa.

Essa conversa, porém, ficou parada no ar. Quando o Sistema Telebrás foi privatizado, em julho de 1998, a Andrade Gutierrez perdeu a disputa pela Embratel, que foi comprada pelo grupo norte-americano MCI WorldCom por R$ 2,65 bilhões, um valor quase 50% maior do que o esperado pelo governo. (Apenas dois anos depois a WorldCom pediria falência nos Estados Unidos e, em 2004, os mexicanos da Telmex comprariam a empresa).

Além deste obstáculo, Sérgio também se afastou um pouco do comando operacional, assumido por Otávio Azevedo – que ficaria no cargo até ser preso pela Operação Lava Jato.

Falei ainda com vários outros candidatos a sócios, investidores, patrões.

Mas a minha peregrinação em busca de parceiros acabou sendo interrompida por um telefonema. Era Leo Kryss, o dono da empresa de eletrônicos Evadin, famoso por seus investimentos especulativos na Bolsa de Valores, onde rivalizava com Matias Machline e Naji Nahas.

Baixo, com cerca de 1,50m, gordo e pouco afeito à vida social, Kryss era uma pessoa que se impunha. Falava com a segurança de quem confia em sua habilidade estratégica. Apesar dessa autoconfiança, nutria uma pequena obsessão por Machline.

"Eu sempre admirei o Matias, e sou mais rico que o Matias", me disse. "Eu acompanho você desde o tempo em que trabalhava com ele, quero te dizer que eu sou o sucessor dele no mundo dos negócios... e quero que você venha trabalhar comigo".

Não apenas trabalhar, Kryss queria que eu replicasse exatamente o que havia realizado no Grupo Machline: entrar no ramo das telecomunicações. "Você tem carta branca para montar o ramo de telecom no grupo Evadin".

Kryss era o que se pode chamar de um empresário voluntarioso, no sentido de que o sucesso, para ele, adivinha de decisões dos líderes e das relações entre pessoas. Logo na primeira conversa menosprezou os sistemas de gestão, contando diversos episódios de sua vida com o intuito de demonstrar que não existe um algoritmo para se dar bem nos negócios – existem as pessoas e suas decisões.

LEO KRYSS E A TELDIN

Kryss tinha um grande fascínio pela Riqueza e pela competição. Quando discutíamos as condições de contratação, parecia estar disputando com (o falecido) Machline. "O meu avião é melhor que o do Matias", disse (Machline tinha um Cessna Citation, ele tinha um Gulfstream; os dois andavam mais ou menos a mesma velocidade, mas o Gulfstream era muito mais caro, tinha uma cabine muito mais espaçosa e mais bem equipada) . "Trabalhando comigo, você vai poder se hospedar sempre nos hotéis mais gabaritados do mundo, viajando sempre na primeira classe", continuou.

Mais rico que Machline, Kryss parecia ser, realmente. Mas não chegava aos pés de Matias em poder de sedução, em finesse, em postura. No entanto, Matias estava morto e eu, desempregado. Os projetos demoravam a engrenagem e eu arriscava perder aquele momento mágico das telecomunicações. Aceitei a oferta.

Fui para a empresa para montar a Teldin, mistura de Evadin com telecomunicações. Tudo ali começava do zero, porque o grupo não tinha absolutamente nenhuma tradição no setor.

Minha primeira tarefa foi ensinar ao Leo Kryss o que era o ramo das telecomunicações. A segunda foi sair com a malinha na mão, batendo de porta em porta em busca de parcerias. Em seguida, levei-o à Brasília, também de porta em porta, porque no setor de telecom era preciso ir pedir a benção das autoridades da capital.

Kryss era um completo desconhecido nesse meio, visto apenas como um vendedor de televisores. A diferença em relação à Matias era abissal – Machline tinha uma relação privilegiada com Sarney, conhecia todo mundo e mais alguns.

Assim que se convenceu da importância das relações, Kryss não perdeu tempo. Mergulhou no esforço de cultivar laços sociais. A tal ponto que "comprou" sua nomeação como homem do ano da Câmara Americana de Comércio.

O "comprar" vai entre aspas porque obviamente o título não estava à venda, nem era objeto de leilão. Mas quando alguém como Kryss quer alguma coisa de verdade, move obstáculos – e isso com frequência envolve o uso de dinheiro, provavelmente pelo patrocínio de projetos caros à Câmara.

A nomeação ocorreu em 1996. E Kryss comemorou. Convidou todos os donos de redes de varejo com quem tinha relações (Ponto Frio, Casas Bahia, Arapuã etc.) para uma luxuosa viagem a Nova York, onde ocorreria o jantar de sua nomeação. Fretou um Boeing e levou dezenas de pessoas, com tudo pago, hospedagem no Plaza Hotel. Até onde me lembro, essa brincadeira de Câmara Americana de Comércio lhe custou US$ 2 milhões.

AS RELAÇÕES COM A ARAPUÃ

Entre os convidados de Kryss estava Jorge Simeira Jacob, dono da rede Arapuã. Neste negócio de venda de televisores, as fabricantes dependiam muito da parceria com as redes lojistas – para expor seu produto, dar condições de crédito, fazer um bom marketing. Por causa desses contatos, Kryss ficou muito amigo de Simeira Jacob. Chegou mesmo a fabricar aparelhos de TV exclusivos para Arapuã (ele produzia no país os televisores Mitsubishi) e a conceder prazos especiais de pagamento. Mais ainda: Simeira Jacob adiou o casamento da filha para comparecer a homenagem da Câmara Americana de Comércio a Kryss.

A amizade acabou em 1998. Ouvindo rumores sobre dificuldades financeiras da empresa de Simeira Jacob, Kryss foi até a sua casa perguntar se aquilo era verdade. Simeira Jacob negou veementemente. Pouco tempo depois, naquele mesmo ano, a Arapuã pediu concordata. Kryss se sentiu traído. E daria o troco, logo a partir do ano seguinte.[82]

Em meados de 1999, quando a família Simeira Jacob propôs que os credores trocassem suas dívidas por ações de uma nova companhia, que assumiria as operações da Arapuã (sem as dívidas), 80% deles aceitaram, mas a Evadin juntou-se à Philips e à Sony na recusa. Em seguida, começou uma Batalha nos tribunais pedindo a quebra da Arapuã. A empresa teve uma morte lenta e agonizante. Em 2002, entrou em falência; no ano seguinte conseguiu reverter a decisão com um plano de salvação aceito na justiça; nos anos seguintes, sem crédito para comprar eletrodomésticos, chegou a vender roupas populares nas 14 lojas que lhe restavam, sob o nome de Sete Belo; até que foi decretada a sua falência definitiva, em 2009.

Leo Kryss era amigo generoso, mas sabia ser inimigo implacável.

---

82   Para mais detalhes sobre as disputas entre Kryss e Simeira Jacob, ver Amigos, amigos. Negócios à parte, in O Estado de S. Paulo, 20 dez. 2010. Disponível em: https://economia.estadao.com.br/noticias/geral,amigos-amigos-negocios-a-parte-imp-,655878. Acesso em: 20 nov. 2024. Também FERNANDES, Fátima; FRIEDLANDER, David. Futuro da Arapuã depende dos credores, in Folha de S.Paulo, 22 jun. 1999. Disponível em: https://www1.folha.uol.com.br/fsp/dinheiro/fi22069922.htm. Acesso em: 20 nov. 2024.

A CONVERSÃO DE SERJÃO

Legenda: Seminário ADTP/BM&F, no Hotel Maksoud Plaza, em 12 de maio de 1995

Meu período de trabalho na Teldin coincidiu com um momento efervescente para as telecomunicações brasileiras. No início, ainda se estava lutando pela ideia de privatização do sistema Telebrás. Até mesmo o ministro das comunicações, Sérgio Mota, o Serjão, era contrário à venda da estatal. Considerava o setor estratégico.

Minha experiência com ele, nessa época, não foi nada boa. Certa vez, ele me chamou ao seu gabinete em Brasília. Eu havia dado uma entrevista a um jornal em que citava a absurda diferença de preço entre uma linha telefônica no Brasil e uma nos Estados Unidos. Mais que isso, àquela altura havia fila de espera: um consumidor comprava a linha e tinha de esperar, em média um ano e meio ou dois, para que ela fosse instalada.

A linha era considerada um patrimônio, a ser declarado na declaração de imposto de renda (porque o modelo, estabelecido muito tempo antes, era que os usuários virassem sócios da Telebrás e a compra de um aparelho financiar se a expansão da rede).

Isso claramente não estava mais funcionando. Foi basicamente o que eu havia dito na entrevista. E Serjão não gostou nem um pouco. Assim que entrei em seu gabinete, começou uma diatribe contra a minha entrevista – e contra mim. O apelido no aumentativo era totalmente adequado: Serjão era um trator, de estilo impositivo, nem um pouco delicado. Como se não bastasse. Foi apoiado no esculacho por Luiz Alberto Garcia, líder do Grupo Algar, Tenha uma das únicas concessões privadas de uma telefônica no país (e era contrário à privatização!).

Os ânimos eram tão exaltados que, pouco tempo depois, numa cerimônia do setor de telecomunicações, em um restaurante em São Paulo, eu fui receber algum prêmio e, ao passar pela mesa em que estava o Serjão, ele falou para os amigos, em tom de voz nada abaixo: "estão vendo esse aí?, é o Gil... está querendo privatizar a Telebrás". Só faltou eu levar uma vaia.

Passaram-se alguns meses, no entanto, e... surpresa! O Serjão havia se convertido à ideia de privatizar a Telebrás. Segundo Luiz Carlos Mendonça de Barros, que o substituiu no cargo de ministro após sua morte, ele se convenceu por causa da quantidade de investimentos necessários no setor.

Como tantos convertidos, tornou-se mais veemente que os fiéis originais. Virou o campeão da privatização. De fato, ele foi uma força em prol dos leilões da telefonia, primeiro por sua influência sobre o presidente Fernando Henrique Cardoso em seguida ao liderar o trabalho de convencimento dos deputados e senadores, que teriam de aprovar as leis de privatização.[83]

Não cheguei a ter mais nenhum encontro com ele, até porque sua morte prematura ocorreu poucos meses antes do leilão de privatização do sistema Telebrás.

---

83   esta informação consta de reportagem de Mônica Tavares, em o Globo, 10/07/08, disponível em https://memoria.rnp.br/noticias/imprensa/2008/not-imp-080714a.html

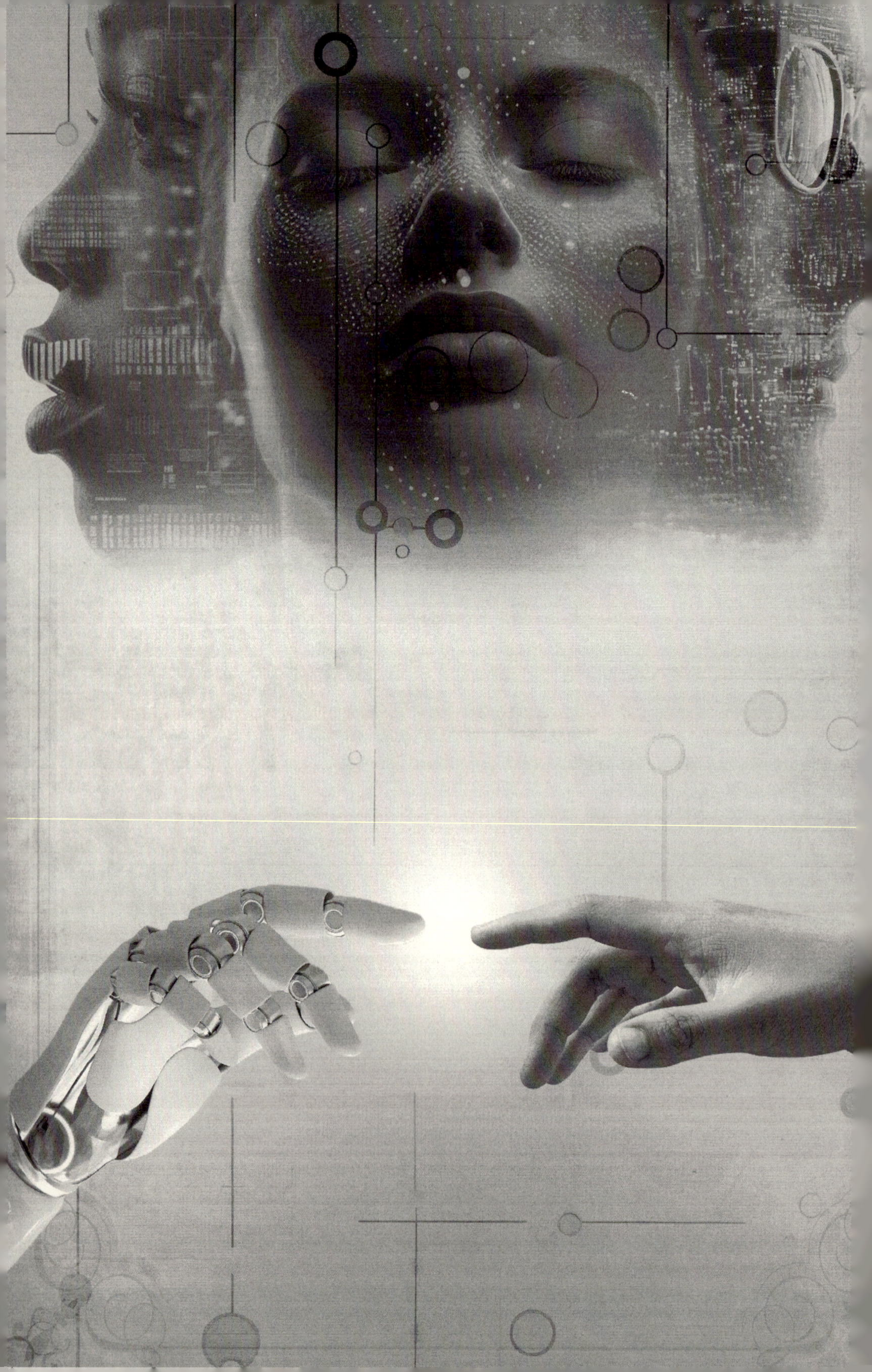

CAPÍTULO 24
O LEILÃO DA BANDA B

O modelo de privatização da telefonia no Brasil começou a ser definido em agosto de 1995, quando o Congresso aprovou uma emenda à Constituição para permitir a outorga de concessões de telefonia a grupos privados. A abertura do mercado - antes definido como prerrogativa do poder público - foi facilitada pela constatação de que o país não teria capacidade financeira de fazer os investimentos necessários para ampliar a cobertura de telefonia fixa nem tão pouco de implantar a telefonia celular, cuja demanda aumentava no mundo inteiro.

Só no ano seguinte, no entanto, foi aprovada a lei que estabeleceu as regras para a concessão de serviços ainda não explorados, como a telefonia celular e serviços via satélite. Havia várias formas de promover a privatização. O governo poderia, por exemplo, simplesmente vender sua participação na Telebrás. Essa solução, no entanto, apenas substituiria o monopólio estatal por um monopólio privado.

O modelo escolhido foi dividir o sistema Telebrás em três empresas de telefonia fixa, oito de telefonia celular e uma operadora de longa distância (a Embratel). Essa mudança exigia a promulgação de um novo código de telecomunicações, um processo razoavelmente demorado. Antes que o sistema Telebrás pudesse ser vendido, portanto, o governo decidiu adiantar a oferta dos serviços, abrindo uma nova faixa de frequência para o serviço de telefonia celular - chamado de banda B.

Esta banda B serviria a um duplo propósito: adiantaria os investimentos em telefonia celular e criaria a concorrência (o monopólio seria substituído por um duopólio em cada uma das regiões em que o país foi dividido). Para a Teldin, era uma oportunidade e tanto - um dos grandes motivos para a sua existência (e para a minha contratação pela

Evadin).

Mas não era só até a Teldin que enxergava a oportunidade. Meio mundo entendia que o Brasil tinha uma população enorme e muito mal servida em termos de telefonia. Em celular, mas ainda. Nos outros países, os celulares eram uma forma de comunicação complementar a telefonia fixa. Aqui, a demora de anos para obter linhas telefônicas fazer com que o celular se tornasse para muita gente a forma de comunicação primária (como depois se tornaria no mundo inteiro, com a invenção dos smartphones).

Havia então uma demanda reprimida que atiçava o apetite das empresas de comunicação, das empresas que fabricavam equipamentos, de construtoras, de bancos, de operadoras de telefonia... e esse apetite deu origem a um frenesi de associações para disputar as áreas da banda B. Tudo orquestrado pelas regras do governo: não podia haver consórcio com maioria de capital estrangeiro, mas também não podia haver consórcio sem um parceiro com expertise internacional. Na maior parte dos casos, juntavam se grupos estrangeiros, bancos nacionais, empreiteiras e empresas de comunicação para disputar as oito áreas de telefonia celular da banda B - também chamada de empresas espelho, porque seus serviços esperariam aqueles oferecidos pelo sistema Telebrás.

NOSSO PRIMEIRO CONSÓRCIO

Na época em que Kryss montou sua caravana para receber em Nova York o prêmio de homem do ano da Câmara Americana de Comércio, nós já estávamos bastante adiantados na formação do nosso consórcio. Mas isso ainda mudaria muito.

Nossa parceira Internacional, por exemplo, era a empresa Hutchinson, um grupo diversificado com sede em Hong Kong. A união não durou muito. Em certo momento o governo exigiu que os consórcios comprovação sem ter um número mínimo de celulares para atender as futuras demandas (para a grande São Paulo este número era de 1,8 milhão de aparelhos). A Hutchinson, que tinha apenas 800 mil aparelhos, desistiu do mercado brasileiro.

Também tínhamos um entendimento preliminar com o Naji Nahas, àquela altura já um lendário investidor da Bolsa de Valores. Entendimento esse que, com a minha colaboração, rapidamente se tornou um desentendimento. Em pleno hotel Plaza, em Nova York, No clima festivo da homenagem a Kryss, Nahas, com seus quase dois metros de altura, partiu para cima de mim. Quase fomos às vias de fato.

A convivência entre Nahas e Kryss era curiosa. Os 2 estavam frequentemente em lados opostos de apostas na Bolsa. Mas eram até certo ponto amigos. Kryss chegou a emprestar dinheiro para Nahas quando este esteve por baixo. Era sua política, aliás: "você não pode aniquilar um adversário, se não com quem você vai jogar?"

Nahas era, para dizer o mínimo, um sujeito controverso. Libanês educado no Egito e radicado no Brasil desde o final da década de 1960, tinha um estilo agressivo de investimento. No final da década de 1980, investia tanto que era capaz de -segundo acusações - negociar consigo mesmo por meio de laranjas, fazendo com que o preço de suas ações subisse, para vendê-las com lucro. Chegou a ser responsável por cerca de 80% das transações na Bolsa de São Paulo, usando empréstimos bancários para comprar opções de ações, até ser advertido pelo presidente da Bovespa para que parasse com operações especulativas capazes de criar bolhas no mercado financeiro. Nahas não parou, apenas se mudou para a Bolsa do Rio de Janeiro. Em 1989, alguns bancos decidiram parar de emprestar dinheiro para suas firulas; o resultado foi um estouro da bolha que derrubou os valores das ações do Rio de Janeiro e, um terço – e a Bolsa fluminense nunca mais se recuperou.

Quase uma década depois, como qualquer investidor um tantinho mais ousado, Nahas namorava possibilidade de investimento no setor de telecom. Foi então que começou as conversas com o nosso consórcio.

MINHA (QUASE) BRIGA COM NAJI NAHAS

Dada a complexidade das disputas - especial pela regra de que o consórcio vencedor em uma área não poderia fazer lances em algumas outras (para evitar monopólio) - decidimos fazer lances apenas para telefonia celular na grande São Paulo e uma outra região, menor. O grande problema era saber que quantia iríamos oferecer.

O modelo escolhido para a privatização era de leilão de lance fechado. Cada consórcio deveria apresentar sua proposta para cada determinada área em um envelope fechado, que seria aberto depois pelo Ministério das comunicações.

O lance mínimo estabelecido pelo governo para a região metropolitana de São Paulo e o interior do estado, a área com maior potencial de retorno para as empresas era de R$ 600 milhões. Mas todo mundo sabia que os lances chegariam a um valor muito mais alto. A principal concorrente para a região de São Paulo era a BellSouth, um filhote da minha velha conhecida AT&T.

Em 1984, o governo estadunidense considerou que a AT&T estava grande demais, ameaçada se tornaram um monopólio e por isso forçou-a a se livrar dos negócios de telefonia regionais. Dessa separação nasceram sete companhias locais, as baby Bells (em homenagem a Graham Bell, o escocês que patenteou o primeiro telefone que funcionava a contento e fundou a AT&T). A BellSouth era a mais importante delas. Tinha dinheiro a beça. Seu banco parceiro no Brasil era o Safra.

Estávamos nós, então, quebrando a cabeça para decidir que lance daríamos. Tínhamos até um conselheiro norte-americano, um professor de teoria dos jogos, para nos ajudar a pensar em diversas alternativas, conforme os leilões fossem progredindo (segundo as regras da privatização, as propostas poderiam ser mudadas rapidamente a cada leilão, porque se uma empresa ganhasse a disputa por uma área ela poderia estar impedida de concorrer no próximo, ou se perder se poderia estar mais ávida por ganhar o seguinte).

Eu sugeri um valor relativamente alto, R$ 1,5 bilhão ou algo assim. Meu raciocínio era o seguinte: "olha , a BellSouth está no páreo, eles têm muito dinheiro, vão chutar um valor alto". Nahas, que nunca foi conhecido por ser uma pessoa delicada, esbravejou contra a minha ideia.

A discussão que se seguiu começou até que normal, um embate de argumentos para que o grupo como um todo decidisse o melhor caminho. Mas logo desandou. Nahas me considerava apenas um técnico, praticamente um subalterno que não deveria desafiá-lo; eu nunca desrespeitei ninguém, mas tampouco jamais me posicionei modestamente, sempre falei o que pensava. E o tom de voz foi subindo a cada resposta.

O Leo Kryss, que não entendia nada daquilo, não se aventura vai dar opinião. Até que, a certa altura, aquele gigante veio para cima de mim aos gritos, dirigindo-se ao Leo Kryss: "Leo, vou quebrar a cara desse teu conselheiro".

Embora quase 30 centímetros mais baixo, eu reagi a altura: "Naji, você é um filho da p...! Esta é a minha opinião, agora você faz o que quiser com ela". Aí finalmente Leo Kryss se colocou entre nós, pediu calma e esfriou a temperatura da discussão. Contudo, o mal-estar permaneceu.

No final das contas, a posição do Naji prevaleceu. Optamos por um lance baixo. Mesmo assim, por outras questões, ele acabou não participando do nosso consórcio. O que não deixou de ser uma espécie de alívio: uma década depois, ele seria novamente preso, na Operação

Satyagraha da Polícia Federal, Acusado de corrupção junto com o banqueiro Daniel Dantas. Entre outras coisas, era suspeito de ter recebido mais de US$ 45 milhões para corromper autoridades de forma a favorecer a Telecom Itália na disputa de controle da Brasil Telecom, na banda A de telefonia celular (a faixa que previamente pertencera à Telebrás).

A BUSCA DE NOVOS SÓCIOS

Era uma época em que vários países ofereciam seus espectros de frequência de rádio para companhias de telefonia celular. E, em Israel, a BellSouth já havia ganhado a principal concorrência, num leilão diferente. Lá, o estado definiu que não receberia nada - o Vencedor seria o consórcio que oferecesse a menor tarifa para os usuários. Os Estados Unidos seguiram, em geral, um modelo misto, assim como o Brasil.

Aqui, as propostas seriam analisadas tanto pelo valor oferecido ao governo (com peso de 60% na pontuação) como pelo plano de tarifas a serem cobradas (com peso de 40%). O objetivo era triplo: maximizar a arrecadação de recursos, alocar as autorizações de uso das frequências de forma eficiente e, pela regra que só permitia aos consórcios ficar com no máximo uma das áreas mais rentáveis e uma das áreas menos atrativas, evitar a concentração de mercado, ainda que de caráter regional.[84]

Embora muito bem montada, a privatização da telefonia sofria oposição ferrenha da esquerda nacionalista e estatizante. Desde 1995, houve diversas ações judiciais buscando impedir os leiloou. O máximo que conseguiram foram adiamento do processo.

Entre a viagem a Nova York e a data em que finalmente a licitação

---

[84] Uma boa explicação do modelo de privatização da telefonia está em FIGUEIRAS DE SOUZA, Rodrigo Abdala, Reflexões sobre o modelo de autorização de radiofrequências no Brasil, no *site* do Instituto de Pesquisa Econômica Aplicada (Ipea). Disponível) em: https://repositorio.ipea.gov.br/bitstream/11058/5428/1/Radar_n19_Reflex%C3%B5es.pdf. Acesso em: 20 nov. 2024.

ocorreu (com A Entrega das propostas realizada em abril de 1997), nós tratamos de recompor nosso consórcio, fechando acordos com parceiros técnicos e financeiros.

Nosso sócio financeiro era o banco Garantia. Sócio... em termos. Pouco depois de termos Combinado a aliança, Jorge Paulo Lemann, o fundador do Garantia, me admoestou: "Gil, você anda falando nos jornais que é sócio do banco Garantia. Você não tem nada a ver com o Garantia. Você está pleiteando um fundo de *private equity* no banco Garantia, só isso".

Eu concordei, claro, embora não tivesse entendido patavina do que ele falou. Essas minúcias não faziam parte do meu repertório. Só depois descobri o que ele queria dizer: o Garantia abriria um fundo de *private equity* que teria uma participação na empresa que nós comprássemos. Para mim, isso era uma espécie de sociedade; para eles, aparentemente, a diferença era importante.

Essa parceria, no entanto, só se concretizaria se ganhássemos algumas das licitações. E, para isso, precisávamos ter um bom parceiro técnico, capaz de operar uma empresa de telecomunicações (conforme exigência do edital de abertura da banda B). Lá fui eu, então, buscar esse parceiro.

O PIRIPAQUE DO CLÁUDIO HADDAD

Não sozinho. Fui com Cláudio Haddad, o presidente do Insper, que naquele tempo era superintendente do banco Garantia. No início de 1997 viajamos os dois para Paris, para uma reunião com representantes da France Telecom. Eles nos convidaram para almoçar num castelo no Bois de Boulogne - se não me engano, a antiga residência dos duques de Windsor, o rei Eduardo VIII E Bessie Wallis Warfield, a mulher por quem ele abdicou do trono inglês (ganhando esse título de duque ante o compromisso de que vivesse no exílio).

O almoço foi quase perfeito. Pelo lado dos negócios, deu tudo certo. Definimos vários caminhos de atuação, estabelecemos termos para o consórcio, avançamos bastante. Claudio Haddad era realmente uma fera, tinha raciocínio rápido e conhecimento para resolver as questões que iam aparecendo. Mas... quando estávamos ali em pleno almoço, olhei para ele e sua fisionomia estava amarela. Chegando ao verde. Um instante depois, desmaiou.

Foi uma correria danada, mas em menos de 10 minutos chegou uma viatura dos bombeiros e ele foi levado para um hospital estadunidense. Diagnosticaram uma pericardite, inflamação da membrana do coração. Cláudio tinha apenas 50 anos. A estada na UTI, segundo ele, o levou a repensar a vida.[85] Pouco com mais de um ano depois, o Garantia seria vendido e ele voltaria ao mundo acadêmico (e mais tarde criaria o Insper).

Apesar do nome susto, sacramentamos o consórcio GFTT, com a France Telecom e o banco Garantia.

A VITÓRIA DO ÚLTIMO LUGAR

até que finalmente chegou o grande momento da disputa pelas áreas da banda B da telefonia celular. Era uma quarta-feira, dia 9 de julho de 1997, e a cerimônia de entrega das propostas pela área 1 (da região metropolitana de São Paulo), no auditório do Ministério das comunicações, teve pompa, teve circunstância...e teve um tanto de ridículo também. Foi um dos espetáculos mais surreais de que eu já participei.

Nós ficávamos todos num salão. Num palco, atrás de uma mesa, estava sentado o Serjão, presidindo a cerimônia. E aí as empresas se

---

85 Um breve perfil de Claudio Haddad em que ele conta esse episódio foi publicado pela revista *Poder*, de Joyce Pascowitch, em novembro de 2012, e está disponível no *site* do Insper em: https://www.insper.edu.br/noticias/ensino-cinco-estrelas/. Acesso em: 20 nov. 2024.

dirigiam até ele para entregar suas propostas não era simplesmente a entrega de um envelope. Havia todos os documentos acessórios, o arrazoado de defesa, os dados técnicos, a apresentação do consórcio. E todo esse material era protegido por um esquema de segurança inédito - era o primeiro leilão. E havia uma enorme preocupação com o vazamento de informações.

Nossa equipe havia chegado a Brasília um dia antes. Ficamos hospedados no Hotel Nacional, fazendo os últimos ajustes da nossa proposta. Tínhamos a nossa cota de zelo, segredo estratégia de guerra. Nosso conselheiro norte-americano, um professor da universidade da Califórnia em Berkeley, expunha suas teorias de jogos para que chegássemos à nossa oferta. Nada, porém, que se comparasse ao nível de segredo do consórcio BCP – formado pela Bell South, pelos irmãos Safra, pelo Grupo Estado, pelo canal de TV gaúcho RBS e pelo grupo Splice, que controlava a telefonia fixa em Sorocaba.

Para começar, a Bell South tinha tanta preocupação com a segurança que fez duas versões da sua proposta, aparentemente com medo de que alguém tentasse impedi-los de participar do leilão. Cada uma das duas cópias chegou em um avião diferente, vindo de São Paulo. A nossa proposta, finalizada apenas na última hora, para evitar vazamento de informações, foi entregue em caixas de papelão, fechadas com fitas adesivas, tudo assinado. A do BCP não. Sabe aqueles caixões de defunto, cinza? A proposta deles vinha em dois deles, carregados por vários seguranças.

Havia rumores de que a proposta da Bell South ultrapassaria os R$ 2 bilhões. Era um valor absurdamente alto. No final das contas, eles ofereceram ainda mais: R$ 2,647 bilhões. O valor representava um ágio de assombrosos 341% sobre a oferta mínima exigida pelo governo. Era o maior valor já pago no mundo pela concessão desse tipo de serviço.

Era também mais de R$ 1 bilhão acima da proposta do segundo colocado, o consórcio TT-2, formado pelas empresas Globo, Bradesco e AT&T, que ofereceu R$ 1,632 bilhão. A nossa proposta, de R$ 856 milhões, ficou em sétimo - e último – lugar.

A Vitória do consórcio liderado pela Bell South já era mais ou menos esperada. Mas ficar em último lugar era um baque para o espírito ultra-competitivo de Leo Kryss. Até que o professor norte-americano lhe disse: "Leo, você acabou de ganhar R$ 1,8 bilhão". Era a diferença de valor entre a nossa oferta e a vencedora. Vencer aquele lance significaria gastar aquela exorbitância, argumentou o professor. E isso acalmou o Leo.

Teria valido a pena ganhar a concessão em São Paulo? Certamente. Mas não por aquele preço. Como, aliás, ficou patente nos anos seguintes. A dívida prejudicou muito o grupo estado (e olha que eles eram sócios minoritários, com menos de 7% de participação). Em 2002, os irmãos Joseph e Moise Safra e a Bell South ainda brigavam, após atrasos no pagamento da dívida acumulada pela BCP. No ano seguinte, ela seria vendida para a Telmex e acabaria formando a operadora Claro, controlada pelo grupo América Móvil, do empresário mexicano Carlos Slim.

Talvez aquela entrega da proposta em caixas que pareciam esquife fúnebres tenha sido um ato premonitório.

CAPÍTULO 25
O FIM DA TELDIN

No meio do ano seguinte, mais precisamente no dia 29 de julho de 1998, cumprir se a principal parcela do processo de privatização das telecomunicações, com a venda do sistema Telebrás. Simples, não foi. Depois de um verão extraordinariamente quente, em que os termômetros haviam batido os 50 °C na cidade do Rio de Janeiro, o leilão dos 12 lotes da Telebrás se daria numa manhã enevoada típica do inverno carioca, com uma temperatura por volta dos 20 °C.

O clima político e econômico no centro do Rio de Janeiro, no entanto, se mantinha fervendo. Dentro da sede da Bolsa de Valores do Rio de Janeiro, um prédio na Praça XV de Novembro cujas novas instalações haviam sido inauguradas naquele ano, havia a euforia de políticos, empresários, advogados, investidores, operadores de mercado, jornalistas...Do lado de fora, no entorno, a sensação era de revolta: várias dezenas de manifestantes contidos por outras tantas dezenas de policiais, protestavam contra a "maior operação de privatização de um bloco de controle já realizada no mundo", de acordo com o banco de fomento brasileiro BNDES.

Os protestos eram o último lance de uma oposição ferrenha que se arrastava havia meses. Diversas organizações sindicais, além dos partidos políticos PT e PSTU, entraram com ações na justiça para impedir o que chamavam de "entrega de uma indústria nacional estratégica ao capital Internacional". Diziam que a venda eliminaria a produção tecnológica nacional no setor e provocaria uma enxurrada de demissões. O governo precisou deixar uma turma de advogados mobilizada para recorrer das liminares concedidas por juízes para barrar o leilão. Duas delas foram concedidas e em seguida Derrubadas no próprio dia do leilão.

Tendo vencido os entraves, o governo estava otimista com o negócio em si. Previa arrecadar R$ 16 bilhões com as vendas dos 12 lotes do sistema. Ao final de quatro horas de leilão, arrecadaria R$ 22 bilhões, um ágio de mais de 60% sobre o preço mínimo estabelecido para a privatização.

Funcionaram no leilão as mesmas regras da licitação da banda B da telefonia celular: as propostas vinham em envelopes fechados, e os consórcios podiam ficar no máximo com uma área "nobre" (com o maior retorno financeiro esperado) e uma área não "nobre".

A Teldin não ficou com área nenhuma. Para meu desapontamento, nem sequer participamos do leilão.

Àquela altura já estava claro para mim que a Teldin não teria muito futuro.

UM SETOR COMPLEXO

Depois do leilão da banda B, continuei tentando fechar negócios de telecom para a empresa. Um deles foi uma outra frustração, mas daquelas que se devem comemorar com entusiasmo.

Eu tinha um ótimo relacionamento com Roberto Medeiros, então diretor comercial da Motorola. Desde o final da década de 1980, a Motorola tinha criado uma empresa separada, a Iridium, e nós chegamos a avaliar negócios em conjunto. Ainda bem que não deu em nada! O sistema Iridium tinha como premissa que as antenas terrestres necessárias para possibilitar a telefonia celular eram caras demais e não conseguiriam atingir áreas mais esparsas. A solução era recorrer aos satélites, que cobriam o planeta todo.

Contudo, os serviços de telefonia celular, por esse sistema, ficava caro a beça. E durante a década de 1990 a tecnologia de comunicação terrestre (com as antenas) barateou muito. Resultado: a Iridium gastou US$ 5 bilhões para construir sua infraestrutura de satélites mas, em vez dos 500 mil assinantes que pretendia ter, conseguiu...10 mil. E faliu.

É claro que ninguém vive apenas de escapar de negócios ruins. Nós tivemos também alguns projetos, como uma operação de *back-office* no Paraná, como fornecedores de equipamentos foram uma telecom. Não era do tamanho da concorrência que perdemos na banda B, mas dava lá seus R$ 200 milhões, talvez R$ 300 milhões, um valor nada desprezível.

Ou seja, tínhamos condições de nos manter acima da superfície em um mercado que era para lá de promissor. Mas o Leo Kryss não tinha o perfil de empresário talhado para negócios com o governo.

O negócio das telecomunicações era completamente alheio ao perfil do grupo - especializado em fabricação de aparelhos de TV e venda no varejo. Numa indústria como a de telecom, havia uma tríade de condições para o sucesso: capital, porque os investimentos seriam significativos para montar ou adaptar a estrutura necessária; disposição para o risco, porque a tecnologia evolui muito rápido e é difícil se manter na zona perfeita, entre aposta na inovação e a realização de lucros dos investimentos anteriores; e os contatos, porque era uma área com grande interface com o governo e com grandes organizações industriais, além de grupos de pressão de todos os lados.

Os contatos nós acabamos conseguindo – eu tinha muitos, conquistados ao longo da carreira. A falta de capital suficiente de disposição para o risco é que fizeram com que o Leo fosse se desinteressando do setor.

Não foi o único. As telecomunicações foram uma onda que empolgou muita gente no início. Depois o pessoal foi vendo que o buraco era mais embaixo. Era preciso muito investimento, o setor era muito complexo, a tecnologia mudava a toda hora.

CDMA, TDMA E O MAR DE OPORTUNIDADES

Essas mudanças também nos prejudicaram, e não porque não estávamos a favor da inovação. Foi uma questão de timing. O Brasil então usava a tecnologia celular analógica - por ondas de rádio. Um novo tipo, digital, com menos interferência e mais segurança (contra a clonagem de números, por exemplo) estava sendo adotado no mundo. Mas existia uma disputa entre duas tecnologias: o CDMA e o TDMA.

Grosso modo, o TDMA dividia o canal de Transmissão por tempo e o CDMA, por código. No primeiro caso, várias vozes eram transmitidas de forma intercaladas, a intervalos de milésimos de segundo, tão rápido que os usuários não percebiam a "intromissão". No segundo caso, as vozes são transformadas em códigos e enviadas em grupo.

O TDMA o foi desenvolvido primeiro e permitia que em média três pessoas usassem o canal ao mesmo tempo. O CDMA veio depois, mas era mais eficiente: permitia que o canal fosse utilizado por dez usuários ao mesmo tempo. Nós usávamos o CDMA, através de equipamentos da AT&T, mas o sistema Telebrás favoreceu o TDMA durante muito tempo. Era um problema, porque os investimentos eram diferentes, o conceito era diferente e as duas tecnologias eram incompatíveis (tanto que, quando um usuário de operadora TDMA ligava para um usuário de operadora CDMA, a ligação era convertida para o sistema analógico). Nós fizemos a aposta certa, mas no tempo errado.

Juntando tudo, as barreiras ficaram altas demais. Uma pena, porque poderia ter dado certo.

E aquele mercado estava apenas começando. Em apenas cinco anos, o número de linhas telefônicas instaladas pulou de 22 milhões para 49 milhões. Isso foi conseguido com investimentos muito maiores do que o capital usado para adquirir as licenças. Quando deixou de ser estatal, o sistema de telecomunicações brasileiro passou a receber quase três vezes mais investimentos (de R$ 5,6 bilhões anuais, em média, para quase R$ 15 bilhões).

A população se beneficiou enormemente: o número de casas com telefone fixo passou de 6%, em 1998, para mais de 60%, cinco anos depois. No mercado de telefonia celular a privatização foi ainda mais importante. O estado simplesmente não tinha dinheiro para instalar o serviço no país.

Havia um mar de oportunidades – que a Teldin não quis, ou não tinha como navegar. Ainda em 1998, com pouco mais de um ano de casa, eu saí da empresa.

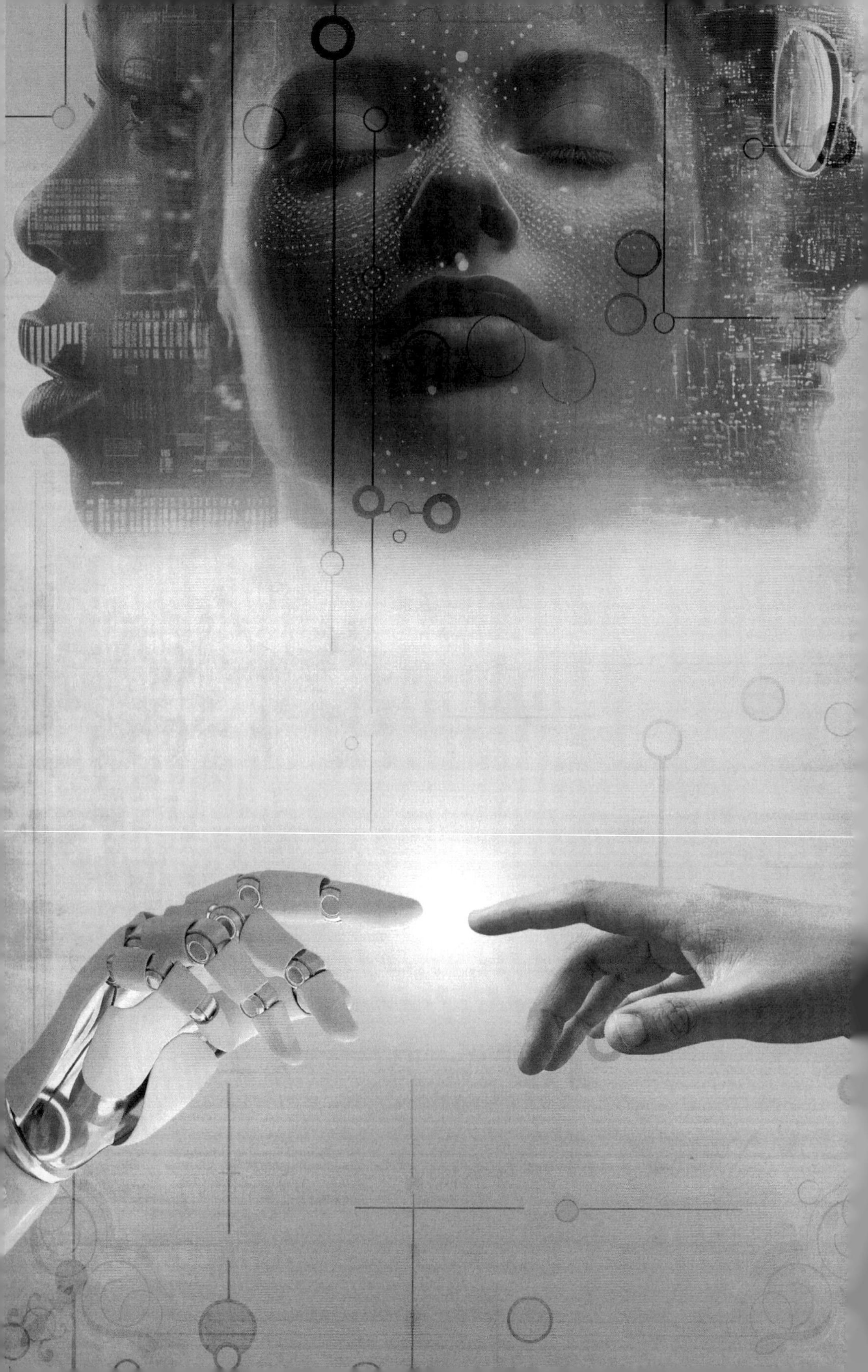

CAPÍTULO 26
DE EXECUTIVO A CONSULTOR

Dizem que cada vez que um executivo pede um emprego nasce um consultor. Quem sou eu para negar? Quando sai da Teldin, foi exatamente o que eu fiz. Durante algum tempo.

Meu principal cliente então era o Deutsche Bank. Em especial, por um negócio que eu havia feito lá atrás, ainda no grupo Machline.

Ali pelo começo dos anos 1990, o governador Itamar Franco concedeu licenças para várias empresas de *trunking* – um sistema de comunicação por ondas de rádio. É algo parecido com o funcionamento dos walkie-talkies, mas a tecnologia de "entroncamento" permite que um grande número de usuários compartilhe um pequeno número de linhas.

Nós, dá MT&T (Machline Tecnologia e Telecomunicações), ganhamos três ou quatro licenças. Não demos muita importância, sabíamos que era uma tecnologia muito usada entre caminhoneiros dos Estados Unidos, para se comunicar entre si, e tinha potencial de ser usada por equipes que trabalhavam espalhadas (como uma equipe de vendas, por exemplo).

Porém, da da enorme carência de celulares que havia no Brasil, o *trunking* podia servir como alternativa. Foi o que fez a Nextel, com sucesso durante um bom período (até que conseguiu licenças para operar no serviço móvel pessoal, em 2010, e abandonou aos poucos os serviços de rádio, até ser vendida para a América Movil, dona da Claro, em 2019).

Mas isso tudo aconteceu depois. Daquele final de governo Itamar, até no começo do governo Fernando Henrique Cardoso, em 1995 e

1996, ainda estávamos praticamente sozinhos neste mercado.

Montamos uma empresa separada, a RMD (Rádio Móvel Digital), e passamos a operar. Sem muita pressa. Começamos em Goiás e com algumas cidades de São Paulo. Em abril de 1996, investimos US$ 1,5 milhão para montar o serviço em Curitiba. O governo nos pressionava para exercer as licenças, ampliando a operação (chegamos a atuar em 16 cidades), mas o negócio não era muito atraente.

Por que então estou falando dele agora? Por que na formação da RMD nós recebemos consultoria de dois executivos do grupo de *private equity* Bankers Trust: Ettore Biagioni e Javier Bañon, um italiano e um espanhol.

Pois bem, quando eu deixei a Teldin, o Bankers Trust já havia sido comprado pelo Deutsche Bank. E invertemos os papéis; os dois é que me chamaram para prestar consultoria para eles, para prospectar negócios em telecomunicações e informática.

Chegamos a avaliar a participação no leilão da banda C (uma denominação da época para as frequências entre 1,8 e ,9 Gigahertz, não a banda C como é entendi da hoje, da faixa entre 3,7 GHz e 6,4 GHz). No consórcio estaria a AT&T. Porém, em 2000 já se percebia que os investimentos teriam que ser muito altos e o preço que o governo exigiu assustou os concorrentes. Em três tentativas, o leilão da banda C de 2001 não teve propostas.[86]

A EMPRESA QUE MORDIA A IBM

Àquela altura, entretanto, eu já estava engajado em outro negócio.

---

86 Conforme relatou o jornal *Folha de S.Paulo*, 17 ago. 2001, sob o título "Governo desiste de leiloar banda C". Disponível em: https://www1.folha.uol.com.br/fsp/dinheiro/fi1708200112.htm Acesso em: 20 nov. 2024.

Desde 1998 eu vinha avaliando alternativas de investimento. Minha remuneração pelo trabalho com o Deutsche Bank dependia, em sua maior parte, de fechar negócios - por isso eu tinha uma lista de possibilidades.

Uma dessas possibilidades virou quase uma certeza quando eu passei por uma banca de jornal e vi uma revista Exame. Ali na capa estava o empresário Arnaldo Albuquerque, ao lado de seu luxuoso Aston Martin, um carro de uns US$ 300.000, e a frente de seu helicóptero (ainda mais valioso). A reportagem tratava Albuquerque como o novo gigante da informática, pródigo no consumo pessoal - tinha casa de praia, o helicóptero, vários carros e, claro, um iate - e no tratamento dos clientes, a quem pagava jantares em restaurantes sofisticados e levava para viagens ao exterior. E o texto apontava seus principais clientes, entre os quais os bancos Itaú e...Bradesco.

Foi aí que eu pensei: "a hora é esta".

Eu conhecia bem o negócio do Arnaldo Albuquerque. Desde os tempos da IBM. Sua empresa se chamava CPM, e ele atuava no ramo de OEM, *original equipment manufacturer* (Fabricante original de equipamentos). A princípio esse termo se referia a uma empresa que fabricava um produto para ser vendido por outra: ela era, portanto, a fabricante original, embora seu nome não aparecesse. Com o tempo passou a se referir também a empresas que usam peças originais de uma outra companhia e as monta com um produto próprio.

Neste segundo sentido funcionava a CPM. Albuquerque a criou em 1983, de olho numa oportunidade de negócio que consistia basicamente em predar os clientes da IBM. Naqueles anos 1980, a gigante Americana era praticamente dono do mercado de computadores grandes, com faturamento de centenas de milhões de dólares, (os computadores pequenos e alguns médios estavam fisgados pelas empresas nacionais, protegidas pela reserva de mercado, mas dos médios para cima a IBM era dominante quase absoluta)[87]

Para concorrer com a IBM, outros fabricantes trataram de unir-se a ela: ofereciam equipamentos que podiam ser usados junto com o seu sistema. Começaram pelos periféricos, como impressoras. Até que a Hitachi deu um passo adiante. Começou a fazer as próprias máquinas para rodar com o *software* da rival.

Nós da IBM ficamos loucos de raiva. O Arnaldo Albuquerque ficou rico. Sua CPM montava os aparelhos da Hitachi. Logo de cara, visitou o seu Lázaro Brandão, o manda chuva do Bradesco, ele fez sua singela pergunta: "por que o senhor paga pelo processador central (a CPU) da IBM se eu posso lhe vender uma máquina igualzinha por 60% do preço?"

Este argumento tocou o coração do seu Brandão. Não só isso, o próprio Arnaldo o conquistou. Era um sujeito extremamente encantador, de espírito leve, carinhoso. Virou quase um filho para o dono do Bradesco, que só tinha filhas. Nesse papel de fornecedor, protegido e amigo do seu Brandão, Arnaldo cresceu de forma avassaladora.

DE HERÓI A GAROTO-PROBLEMA

Para a IBM, Albuquerque era a personificação do demônio, e o negócio com o Bradesco, uma facada nas costas. Para seu Brandão, era um herói.

Vivia dizendo: "o Arnaldo nos ajudou terrivelmente, deu muito di-

---

[87] O mercado total de computadores em 1983 somava US$ 1,5 bilhão, sendo 53% nas mãos dos fabricantes estrangeiros, com grande dominância da IBM, de acordo com a Secretaria Especial de Informática (SEI), como se pode ver em MARQUES, Ivan da Costa. Minicomputadores brasileiros nos anos 1970: uma reserva de mercado democrática em meio ao autoritarismo, *in* História, Ciências, Saúde-Manguinhos, v. 10, n. 2, ago. 2003, Fundação Oswaldo Cruz. Disponível em: https://www.scielo.br/j/hcsm/a/T9NzwdfsYbPzZpVKspDcwWc/?format=pdf&lang=pt. Acesso em: 20 nov. 2024.

nheiro para o banco". Aliás, Brandão nem o chamava de Arnaldo. Era Arnaldinho.

A ligação pessoal fortaleceu a ligação profissional. De cliente, o Bradesco virou sócio da COM. Em 1985, o banco detinha 50% do capital da empresa e, em 1998, já era sócio majoritário.

No entanto, Arnaldinho virou um problema. Se antes era um charmant, um sedutor, agora ele era um *charmant* com dinheiro. Transformou-se num milionário agradabilíssimo. Só andava nos melhores lugares, com as melhores companhias; tomava os melhores vinhos, pagava os melhores almoço e jantares para todo mundo. Construiu uma casa deslumbrante na Granja Viana, subúrbio de São Paulo, e a decorou com inúmeras peças de arte e decoração valiosas.

Esse estilo expansivo não tinha absolutamente nada a ver com o Bradesco, caracterizado por uma postura discreta, pragmática, meio caipira. A reportagem da revista Exame só fez escancarar essa incongruência. O incômodo que Albuquerque provocava pode ser resumido pelo telefonema que seu Brandão recebeu logo após a publicação da revista, do doutor Olavo Setúbal, principal acionista do Itaú. "Brandão temos um problema", ele disse. "O iate do seu funcionário está ancorado aqui em Laranjeiras". Laranjeiras é uma praia ao sul do Rio de Janeiro, perto de Angra dos Reis, onde vários milionários têm casa (incluindo, claro, Albuquerque). Repare como Setúbal se referiu a Albuquerque: "seu funcionário". Para Brandão, isso era constrangedor.

O DESTINO DO ASTON MARTIN

Por vias indiretas (como sempre), seu Brandão pressionou Albuquerque a se desfazer do helicóptero e do Aston Martin. Do helicóptero foi fácil. Do Aston Martin...

Não dá para dizer que o Arnaldo não tenha tentado. Desde aquela reportagem, o carro ficava na garagem. Agora que a história tinha ficado pública e notória, não pegava nada bem ele sair por aí com aquele carrão, ainda mais com a empresa endividada.

Então ele colocou o Aston Martin à venda. E à venda ficou. Durante um ano inteiro, não apareceu nenhum comprador. O que fez o Arnaldo Albuquerque? Doou o carro para uma escola que ele mesmo tinha criado. O diretor de escola, um ex-executivo, passou mais um ano tentando vender o carro. Também não teve sucesso. A solução que encontrou foi fazer uma rifa - com a qual conseguiu fundos para levantar um prédio para a escola.

E quem ganhou a rifa? Ora, quem...o Arnaldo!

UMA NEGOCIAÇÃO DE DOIS ANOS

A associação com Albuquerque era mais do que uma simples ameaça de arranhão na imagem do Bradesco. Muita gente dentro do banco não aprovava a relação com a CPM. Por dois motivos. Primeiro, havia dúvidas sobre a maneira como ela conduzia os negócios - de forma, digamos, pouco ortodoxa. Em segundo lugar, porque -por incrível que pareça, dada a boa base de clientes em um mercado valorizado- ela não dava lucro. Foi por isso que o Bradesco, lá atrás, colocou dinheiro na empresa. A princípio para sustentar uma operação que lhe interessava, dado que o investimento em tecnologia era um dos principais itens nas despesas de um banco. Mas, com o tempo, teve que aportar mais e mais capital... até virar dono do negócio.

Demorou para o seu Brandão mudar de ideia. Mas, quando mudou, mudou. Dali para a frente, sua instrução era para não fazer mais nenhum negócio com o Arnaldinho. "Negue, negue, negue, negue até onde for possível", disse a executivos. "Se não for possível, traga o caso até mim".

Este era o contexto quando aparecia no Bradesco para uma visita. Ao puxar conversa sobre a CPM, seu Brandão não falou nada. Ele nunca falava nada, sempre alguém falava por ele. Foi seu vice, Luiz Carlos Trabuco Capri, quem me disse: "estamos com esse problema, não sabemos como resolver".

Contei a eles que estava trabalhando com o Deutsche Bank, buscando negócios para eles. Naquela época, o banco alemão havia montado um fundo de *private equity* que procurava empresas nas quais investir na América Latina, especial no Brasil. Eu disse então que a CPM era um possível alvo.

Para esse fundo a aquisição da CPM fazia todo o sentido. A empresa tinha uma sólida relação com a fabricante japonesa Hitachi uma carteira de clientes que incluía, além do Bradesco e do Itaú, Unibanco, Banco do Brasil, Sadia, Petrobras, a siderúrgica CSN...

É perdoável imaginar que naquele momento eu estava juntando a fome com a vontade de comer. Parece fácil fechar o negócio em que um lado está ansioso para comprar e o outro não vê a hora de se livrar do que tem. Depois foi um dos processos mais complexos em que eu já estive envolvido. As negociações demoraram dois anos.

A primeira grande dificuldade para chegar a um acordo era o objeto da compra em si. A CPM era uma bagunça. Dizer que sua gestão era complicada é um exagero. Não pelo "complicada", mas pelo "gestão": chega a ser inadequado qualificar o que se fazia lá como gestão. A contabilidade não obedecia a nenhum padrão conhecido.

Imagine o confronto de um sistema desses com um comprador alemão, rígido, acostumado a lidar com organizações e que cada coisa tem o seu lugar, cada lugar tem a sua coisa. Negociar com o Deutsche Bank era o segundo obstáculo.

O terceiro era o Bradesco, uma organização complexa, regida pela doutrina do seu Brandão, muito similar a filosofia chinesa, em que as frases têm duplo o triplo sentido e exigem um esforço de interpretação para, no final das contas, tudo ser feito no fio do bigode - vale a confiança, a palavra empenhada, o alinhamento.

Resumindo: eu tinha que conectar um banco alemão, representado por um italiano – Ettore, alguém que me trazia a lembrança o fato de os italianos terem enfrentado a máfia - há um banco de índole caipira movido a jogos de poder do estilo chinês.

E aí, por cima de tudo, tinha o Arnaldo. Que não queria vender a CPM. Resistiu até o último minuto, mesmo com a pequena Fortuna que ele iria fazer com o negócio. Mas era muita pressão por parte do Bradesco, ele acabou topando. A venda foi concretizada por uns US$ 200 milhões. O Bradesco ainda ficou com 49% das ações, e o Arnaldo saiu com a bagatela de US$ 47 milhões - não parece tanto hoje, mas em 2000 era uma quantia bastante considerável.

Para mim o negócio também foi ótimo. Ganhei quase US$ 1 milhão pelo trabalho. Vou dizer uma coisa: mereci cada centavo. Foi uma missão tão árdua que ninguém acreditou quando o negócio foi finalmente concretizado.

CAPÍTULO 27
DE CONSULTOR A EXECUTIVO

se é comum que o executivo vire consultor quando deixa sua empresa, também é verdade que os consultores volta e meia são contratados pelas companhias para as quais prestam serviço. De novo, este foi o meu caso.

No dia 1º de julho de 2000, lá fui eu presidir a CPM. Não sem antes experimentar um último estresse no fechamento do negócio. A questão era que a empresa era tão bagunçada, tinha tantos esqueletos no armário, que o presidente do Deutsche Bank aqui no Brasil mandou um relatório para a matriz na Alemanha recomendando desistir da compra. Segundo me contaram, havia indícios até de envolvimento de executivos do Bradesco nos malfeitos da CPM - coisas como pedir propina para fechar negócios.

No final das contas, conseguimos levar a transação adiante. Mas estava claro que a minha primeira missão como novo líder da CPM seria mergulhar nestes problemas, tirar os esqueletos do armário.

Eu assumi no dia do aniversário de um dos vice-presidentes da CPM, Maurício Minas, que continuou como vice-presidente na nova fase da empresa. Ele e uma porção de outros executivos. Mas mantê Los não foi assim tão simples.

Ocorre que na CPM não havia ninguém contratado como funcionário. Eram todos PJ, pessoas jurídicas que prestavam serviços para a empresa - um dos modos mais utilizados para burlar a legislação trabalhista e pagar menos (bem menos) impostos. Ora, numa companhia pertencente ao Deutsche Bank (51% de participação) e ao Bradesco (49%), esse estratagema era tabu.

Em princípio, ser funcionário regularizado é vantajoso para os empregados, com as garantias de férias, 13º salário, multa em caso de demissão, contribuição previdenciária... Mas justamente por isso as empresas que contratam pelo sistema PJ oferecem outras vantagens, em especial um salário bem mais compensador. E ninguém queria ter o salário ajustado para a nova realidade.

PRIORIDADE 1: PESSOAL

Para me ajudar nesse primeiro desafio, chamei um diretor de pessoal gabaritado, Herbert Steinberg, que havia exercido esta função no McDonald's e no Citibank (E antes disso havia sido meu funcionário na Sid, do Grupo Machline). Os dois executivos do Deutsche Bank encarregados do negócio, Ettore Biagioni e Javier Bañon (os dois que haviam vindo do Bankers Trust), não foram muito com a cara do Herbert. Mas eles me haviam escolhido - junto com o seu Brandão, do Bradesco - como executivo chefe eu insisti na sua contratação.

Herbert é um sujeito firme, sem meias medidas, e foi bastante útil no alinhamento da diretoria. Desde a primeira reunião, feita na Granja Viana, subúrbio de São Paulo, numa mansão que havia sido a casa do Arnaldo Albuquerque que ele depois transformou na sede da CPM.

Mas o Herbert não durou muito tempo. Com uma semana de casa, o Banco Santander veio atrás dele. Queria-o para liderar o processo de integração do pessoal do Banespa, o banco estadual que estava sendo preparado para a privatização(e seria arrematado pelo Santander em novembro). Com muito custo e muita persuasão, eu o convenci a ficar. Três meses depois, porém, quando a compra do Banespa se concretizou, ele entrou na minha sala com o pedido de demissão. Fui falar com Ettore e Javier, para tentar uma proposta, mas se eles apenas disseram: "deixa ir".

A saída do Herbert era um baque, porque a discussão intrínseca da CPM era de pessoal. Por isso, mesmo com a reação negativa da dupla do Deutsche Bank, ainda lutei para ele ficar. E consegui convencê-lo mais uma vez. Ettore e Javier não gostaram nenhum pouco, mas concordaram.

Herbert ficou. Só um dia. No dia seguinte foi embora, sem dar explicações. Talvez tivesse medo de que o convencesse a ficar. Foi, e ainda levou a secretária do Maurício com ele.

Não tenho dúvida nenhuma de que a proposta do Santander envolvia muito mais dinheiro do que nós lhe pagávamos. Em compensação, ele foi praticamente sequestrado pelo trabalho. Após a compra, o Santander fez uma limpa monumental no Banespa. O próprio Herbert contou ter alugado um apartamento no centro da cidade, se mudando para lá e passando seis meses mergulhado no processo de absorção do Banespa - praticamente sem ver a família.

NOVO TIME, NOVA CULTURA

A nossa arrumação de pessoal não era assim tão complexa, mas deu trabalho. Para o lugar de Herbert promovemos o Caio Brisola, que trabalhava no setor. Acabou funcionando, também, e com essa questão mais ou menos em caminhada era preciso enfrentar o drama principal da empresa: a forma de fazer negócios.

Infelizmente, no Brasil a propina era lei. Nessas horas, ajuda um pouco você ser ignorante, agir se encontre em ter direito que interesses você está ferindo. Foi o que me aconteceu. Eu era completamente alheio às malandragens que ocorriam. Tinha feito ITA, depois passei 30 anos na IBM, que seguia todas as regras e burocracias de uma grande corporação americana. Mesmo tendo passado pelo Grupo Machline, era um inocente.

Na CPM, tive algumas desagradáveis demonstrações de como eram feitos os negócios. A partir daí, comecei a ficar mais desconfiado. Tinha muita coisa que a gente não tinha provas, mas sabia que acontecia. Vendedores que faziam ofertas diferentes do que a empresa recomendava...a palavra correta para descrever isso, não há outra, é corrupção.

Não eram todos que agiam assim, é claro. E mesmo entre os que adotavam os esquemas, havia gradações. Porque a informalidade do emprego tinha essa contrapartida, de estruturar o serviço como se cada negócio fechado fosse um negócio separado, que merecesse uma comissão. Em muitos casos me fiz de idiota, até conseguir impor a disciplina na empresa.

Uma das medidas que eu tomei para instalar a nova cultura foi promover um leilão. A casa da Granja Viana - que virou meu escritório - tinha peças impressionantes de mobiliário e obras de arte. Vendemos tudo. Eu mesmo comprei algumas peças, que tenho até hoje.

E ouve, é claro, demissões. Tivemos uma rotatividade violenta. Em coisa de um ou dois anos, toda a diretoria foi trocada - de turma original só ficou o Maurício Minas, o diretor vice-presidente de operações, um sujeito extraordinário, tanto em competência como em retidão de caráter.

A troca de pessoal foi tão intensa que tivemos de chamar uma consultoria, a Egon Zender, para organizar o processo. Entrevistamos cerca de cem pessoas. Por fim, contratamos um time de respeito, com o novo diretor financeiro, o Caio de diretor de pessoal, um diretor de TI e uma diretora de relações com o mercado, além do Maurício em operações.

Tenho muito orgulho de ter montado uma equipe tão impressionante. Além da competência, formávamos um time unido. Tanto que muitos anos depois dessa experiência nós continuamos jantando juntos duas vezes por ano: o Maurício Minas, o Márcio Abreu, o Bruno Acher, o Caio Brisola, a Sandra Guerra e eu.

A FORMALIZAÇÃO DA MÃO DE OBRA

Além da informalidade e do modo, digamos, pouco transparente de fazer negócios, tivemos que lidar com a questão dos quarteirizados. O que quer dizer isso? Os funcionários da CPM não eram funcionários da CPM; eram funcionários de cooperativas que prestavam serviço para a CPM. Isso não é incomum. Uma empresa não precisa gerenciar, por exemplo, os faxineiros que limpam sua fábrica; ela contrata uma companhia especializada nisso. Assim, cada uma pode dedicar sua energia e fazer o que sabe - no jeito que um de negócios, a cuidar do seu "core business".

Mas essa lógica pode facilmente chegar ao exagero. Os funcionários da limpeza não pertencerem à empresa, tudo bem. Mas os que fabricam os equipamentos que ela vende? E os que vendem os equipamentos que ela fabrica? A CPM trabalhava com três cooperativas.

Repare. Isso não era ilegal. Muitas, muitas empresas funcionavam assim. Mas não era a maneira mais, como dizer?, pura de trabalhar. Não era um sistema de informalidade, mas também não era um sistema 100% regular. Esse tipo de arranjo não era proibido, mas também não era lá muito aceito. Coisas do Brasil.

Na minha gestão, a primeira encrenca com o esquema, além de ele não ser exatamente correto, foi quando uma das cooperativas recebeu o dinheiro da CPM mas não pagou os cooperados. Desviaram algo como R$ 1 milhão. E aí nós tivemos que pagar os empregados. Quer dizer, pagamos duas vezes.

Administradores da cooperativa fugiram. Quer dizer, mais ou menos fugiram. Todo mundo sabia onde eles estavam, só não se conseguia pegá-los.

Essa batalha, também, nós consigamos vencer. A duras penas, com grande desgaste -e um senhor dispêndio de dinheiro -, mas conseguimos.

A DURA BUSCA DA LUCRATIVIDADE

A partir daí, já funcionando como uma empresa certinha, veio o terceiro desafio: qualificar nossa produção para competir com as maiores companhias da área de tecnologia da informação. Para concorrer te igual para igual com a IBM, com a Burroughs, com a Microsoft, Precisávamos subir bastante na escala de competência.

O primeiro passo foi investir pesadamente em educação e treinamento. Depois, é preciso adquirir as metodologias certas. Finalmente, é preciso estabelecer uma cultura de busca da excelência e da lucratividade. Parece um roteiro bem assentado, mas cada passo é uma enorme dificuldade.

Àquela altura, a CPM já não era mais uma mera montadora de equipamentos da Hitachi. Vendíamos hardware da IBM, da Fujitsu, de qualquer empresa. Mas o grosso era a venda de *software*; como fazer com que os equipamentos produzissem aquilo de que o cliente realmente necessitava. Os concorrentes eram companhias de respeito: IBM, Microsoft, as consultorias Arthur Andersen, Price Waterhouse...

Eu gostaria de dizer que conseguimos fazer uma grande transformação. Infelizmente, não seria verdade. Tivéssemos êxito em alguns setores, mas não em todos. E um deles, crucial, com o qual batalhamos arduamente desde o início, era a lucratividade.

Nesse setor, para lucrar você precisa ser muito bom. Nós melhoramos à beça, ficamos bons, mas não éramos muito bons. Éramos comprometidos, isso sem dúvida, e os clientes reconheciam isso. Mas, com exceção de alguns trabalhos realmente excepcionais, não tínhamos ainda o padrão necessário para competir com os líderes - embora este fosse o objetivo, tanto no mercado brasileiro como no mundo.

UM LÍDER EM SOLUÇÕES

Como empresa, portanto, a CPM foi apenas razoavelmente bem-sucedida. Em faturamento, conseguimos crescer muito. Em 2001, tínhamos uma carteira com 220 clientes, incluindo empresas como Petrobras, Ambev, Varig, Unibanco, Embratel... Contávamos com seis laboratórios de produção de *software* e uma equipe de 2.500 funcionários. Atendíamos 150 cidades, por meio de 15 filiais no país. Faturamos mais de US$ 200 milhões[88] nós surfávamos na onda do momento, que era "vender soluções", um jargão que tomou conta do setor de informática.

O que isso quer dizer? Adaptar e otimizar a tecnologia para as necessidades particulares de cada cliente. Se saíamos atrás das concorrentes por não ter equipamentos próprios, nós transformamos isso numa vantagem: justamente por não termos compromisso com nenhum fornecedor, podíamos montar o melhor sistema para cada caso, levando em consideração apenas as características do cliente.

Nos primeiros anos do milênio nós nos desenvolvemos tanto que a minha ambição era conquistar mercado internacionalmente. Chegamos a ter filiais nos Estados Unidos, no Chile e na Argentina. Eu dizia que a CPM iria se transformar na Embraer da tecnologia.

Não se transformou.

Em meio à nossa luta num mercado extremamente competitivo e inovador, tivemos algumas vitórias marcantes. Uma delas foi um projeto revolucionário. Com apoio de uma consultoria alemã que havia feito um serviço no Deutsche Bank, nós fomos contratados para redesenhar toda a estrutura de TI (tecnologia da informação) do Bradesco.

---

88 Os dados fizeram parte de uma entrevista que eu dei a revista *IstoÉ dinheiro* em 13/04/01, cujo título era "CPM contra Golias", uma alusão ao fato de enfrentarmos os gigantes da tecnologia mundial.

Foi o maior projeto da história da CPM, no total cerca de R$ 2 bilhões, dividido ao longo de oito a dez anos. Conquistar o cliente foi uma proeza. Embora o Bradesco fosse acionista da CPM, a contratação não tinha favorecimento para além de eles conhecerem os profissionais envolvidos. E a IBM ia quase que diariamente ao Bradesco para dizer que eles não deviam contratar a CPM, que a nossa empresa não teria capacidade para realizar o projeto.

Mas nós tivemos. Sob a responsabilidade de Laércio Albino Cezar, diretor do Bradesco que cuidou do projeto, o serviço se desdobrou em 29 subprojetos. Um deles foi modernizar todo o datacentro do Bradesco, para que tivesse mais agilidade e capacidade de lidar com a Montanha de dados que o banco registrada diariamente. Criámos um centro de dados de classe mundial em termos de proteção a desastre.

Outro - provavelmente o mais importante - foi a arquitetura de sistemas. Nós a redesenhamos inteira, do zero: como as informações trafegam, como são organizadas, quem tem acesso a que. Isso é a alma de uma empresa. Poucas iniciativas de TI no mundo tinham esse alcance. Os consultores alemães haviam feito algo parecido no Deustsche Bank, mas nem perto da abrangência do que foi feito no Bradesco; foi e continua sendo, porque a arquitetura de sistemas precisa evoluir o tempo todo. Quem o toca agora é a CapGemini, a empresa de consultoria e serviços de tecnologia francesa que comprou a CPM alguns anos depois.

Naquele primeiro momento, o trabalho foi tocado pelo Laércio, de quem acabei me tornando um grande amigo, pelo Maurício (que acabou indo para o Bradesco depois) e por uma extraordinária executiva do Bradesco, Valquíria. Era um projeto digno de prêmio. Mas o reconhecimento foi praticamente inexistente. Em parte porque o Laércio, além de exigente, era muito cioso dos segredos do Bradesco. Por isso não batemos o bumbo que devíamos, e que teria certamente não angariado mais clientes.

DE REPENTE, A VENDA...E DEPOIS OUTRA

Com ou sem o bumbo do serviço no Bradesco, nós crescíamos, a um ritmo maior do que o mercado como um todo. Éramos líderes nesse setor de soluções de informática. Continuávamos, porém, com problemas de lucratividade.

Nos primeiros anos do milênio, fizemos um saneamento completo da empresa. Agora o nosso esforço era pela eficiência, pela qualidade. Caminhávamos. Até que apareceu uma pedra no caminho. Ou melhor, apareceu um novo caminho para a nossa pedra.

Em 2007, fui pego de surpresa pelos meus chefes, Ettore e Javier. Um belo dia entraram na minha sala e disseram que haviam vendido 30% da CPM para o banqueiro Jair Ribeiro (dono do banco Indusval e sócio de uma série de negócios, incluindo a Casa do Saber). Mais: Na negociação, aceitaram que ele seria o executivo chefe. Eu entregaria o cargo e passaria para o conselho de administração.

Assim, na lata.

Para mim, aquele negócio não fazia muito sentido. Do ponto de vista de Ettore e Javier, no entanto, podia fazer; os dois tinham um fundo de investimentos de *private equity* que foi absorvido pelo Deutsche Bank; em sua essência, o negócio desses fundos é comprar empresas, valorizá-las e vendê-las. Ainda havia muito a valorizar, porém. Tanto que eles ainda permaneceram como sócios minoritários, com a empresa que voltaria a ficar independente, Alothon.

Do ponto de vista do Bradesco, aquele negócio também poderia fazer algum sentido. Seu Brandão sabia que o investimento na CPM com Arnaldo Albuquerque tinha dado mais dor de cabeça do que benefícios, e vender parte da empresa para o Deutsche Bank foi duplamente festejado: por livrar-se da responsabilidade e porque o interesse alheio demonstrava que a criação da empresa não havia sido uma decisão ruim.

Mesmo assim, seu Brandão me disse ter sido pego de surpresa pela decisão de vender, que ele atribuiu ao Deutsche Bank.

O negócio em si também foi estranho para mim. O Jair Ribeiro havia comprado duas empresas de TI, uma na Bahia e outra em São Paulo. As duas entraram como parte do negócio - e o financiamento delas acabou sendo pago com o caixa da CPM.

Se até aquele momento ainda batalhávamos pela lucratividade, com controle rígido de gastos, a partir da venda - e da formação da CPM Braxis, pela união com as empresas do Jair – a CPM voltou a ficar inchada, com uma dezena de novos vice-presidentes.

Com tudo isso, os resultados, que já não eram dos melhores, sofreram um pouco. A receita crescia – em 2010 bateria bem perto do R$ 1 bilhão. Mas as despesas cresciam mais. Naquele ano de 2007, tivemos prejuízo de R$ 102 milhões; em 2008, de R$ 162 milhões.[89]

Perto do final da década, a empresa precisava de novos investimentos, e escolhemos o caminho da abertura de capital. Participei do *road show* para angariar investimentos, apresentando a empresa diversos banqueiros e advogados. Mas o processo foi interrompido quando a CapGemini começou a negociar mais a sério a compra da CPM.

Para Jair Ribeiro, valia a mesma lógica que a da Alothon (e de quase qualquer fundo de *private equity*). A CPM não era um sonho de empresa, era um papel em uma carteira de variados investimentos. Após três anos, vender era uma alternativa tentadora. Para a CapGemini, a CPM era uma belíssima porta de entrada para o mercado brasileiro, onde sua presença era tíbia. E a partir dela seria possível expandir para o restante da América Latina.

---

89   Os dados constam da reportagem sobre a aquisição da CPM pela CapGemini, em 2010, no Estado de S. Paulo de 03/09/2010, de autoria de Naiana Oscar, com o título "Capgemini adquire controle da CPM Braxis".

O negócio se concretizou em setembro de 2010. A CapGemini pagou R$ 517 milhões por 55% das ações da CPM, passando a ser sua controladora.

Ainda fiquei no conselho por mais algum tempo, como representante do Bradesco, ainda um sócio minoritário. Minha relação com o pessoal da CapGemini foi ótima com todos... menos com o presidente, um sujeito da nobreza francesa, formado da École Politechnique, nariz empinado.

Até que, uns dois anos depois, a CapGemini comprou a parte dos minoritários e absorveu a CPM. Acabava aí a minha relação com a CPM, com a CapGemini e, por consequência, também com o Bradesco.

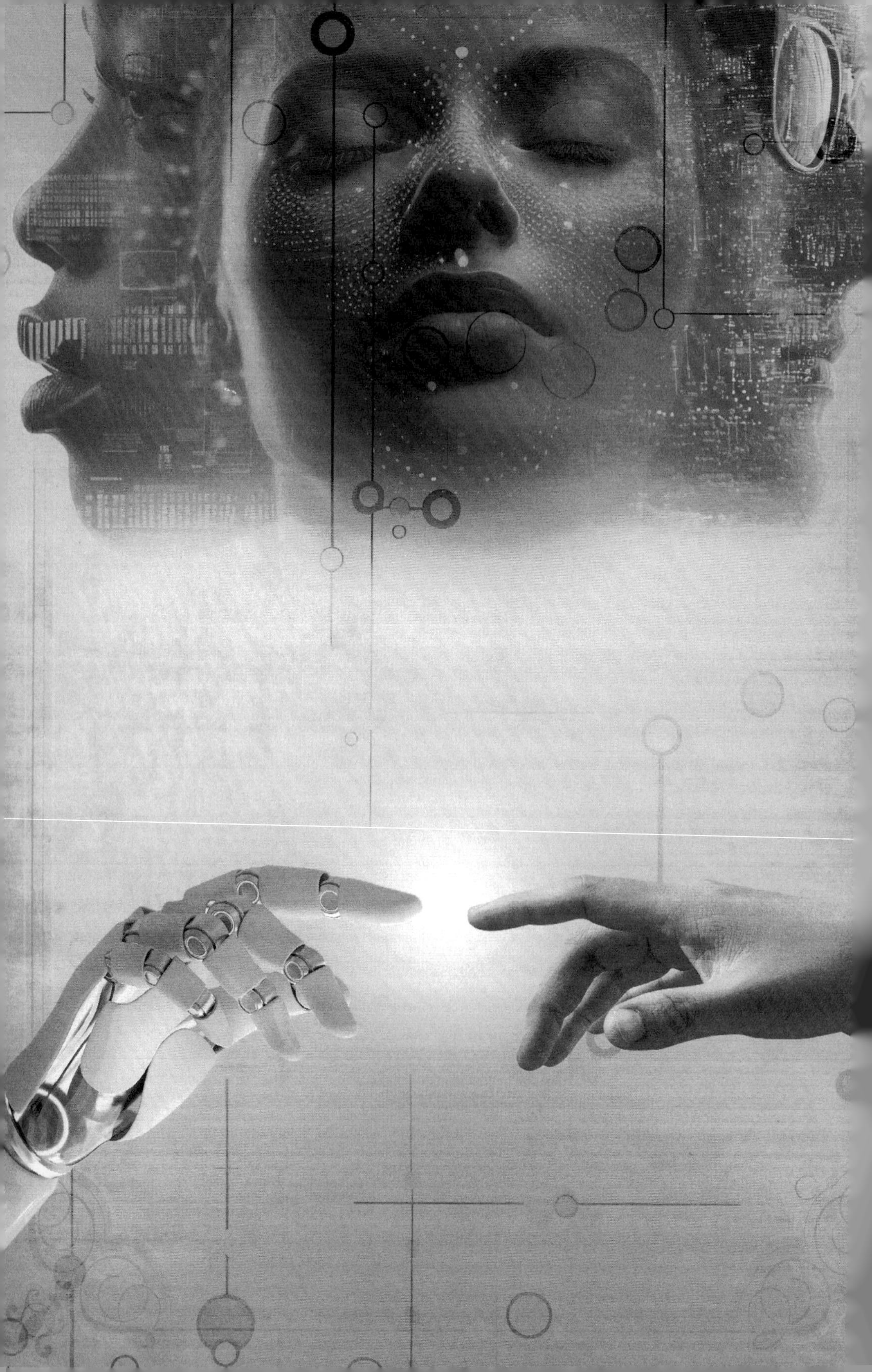

CAPÍTULO 28
EM DEFESA DA CLASSE

Eu estava fora da CPM, mas não estava fora da TI. Ao contrário, por mais alguns anos, até 2014, eu ainda seria o presidente da Brasscom (Associação Brasileira das Empresas de Tecnologia da Informação e Comunicação). A ideia de criar uma associação que defendesse os interesses das empresas de TI no Brasil surgiu no início do milênio, quando o país se abria ao mercado internacional e a economia estava razoavelmente equilibrada. Comecei a conversar com empresários e executivos do setor e, em 2003, fizemos um almoço num restaurante do bairro do Itaim, em São Paulo. Estávamos eu, o Marco Stefanini (da Stefanini), o Jorge Steffens (da Datasul), o Rogério Oliveira, novo presidente da IBM Brasil, e o Benjamin Quadros, da BRQ. Na sobremesa já estava formada a Brasscom, um pouco inspirada na Nasscom, a associação de empresas do setor da Índia. E o presidente também já estava escolhido: eu.

A formalização demorou ainda algum tempo. A Brasscom começou a existir de verdade em 2004, com o propósito de defender a indústria aqui dentro e promover a imagem do Brasil como um exportador de serviços de TI lá fora.

Fazia todo o sentido. Depois do susto inicial do setor produtivo com a eleição do petista Luís Inácio Lula da Silva para a presidência, percebia-se que seu governo mantinha os principais pilares da política econômica dos dois mandatos de Fernando Henrique Cardoso, iniciada com o Plano Real, e o país retomava o crescimento (amparado pela demanda chinesa por matérias-primas).

Nesse contexto, a economia se revigorava e o Brasil rapidamente se tornou o quinto maior mercado de TI do mundo (sem contar os Estados Unidos, muito à frente). O movimento de formar a Brasscom foi bem recebido pelo governo e em pouco tempo já reuníamos 60 associados, incluindo todas as empresas importantes do setor e alguns grandes usuários de tecnologia.

O setor de TI passou a ter uma representação. Além de relevante, a TI tinha charme, era vista como o caminho para o futuro (o que, diga-se de passagem, realmente era, e ainda é). Por causa disso, eu estava quase todo dia nas páginas dos jornais.

E viajava muito. Para falar de investimentos no Brasil, para conhecer outras associações, para buscar acordos. Isso durou vários anos. Fui várias vezes aos Estados Unidos, Europa, Asia... curiosamente, só não fui para a Índia. Recebi convites, mas por uma razão ou outra, acabei não indo.

Não era fácil fazer campanha pelo Brasil. Nós éramos um mercado enorme, mas é complicado romper as barreiras culturais. Ninguém atribuía ao Brasil excelência nessa área. Estavam errados, claro. É só ver a qualidade técnica dos hackers brasileiros.

Às vezes eu exagerava no meu zelo pela TI. Como em 2011, quando participei da comitiva da presidente Dilma Roussef à China. Na ocasião, fiz uma apresentação para a alta hierarquia do governo chinês sobre o estado da tecnologia de informação no Brasil. Ali, na frente dela, do então secretário geral do PCC, Hu Jintao, e de umas 500 autoridades chinesas, cometi uma gafe tremenda.

Minha palestra vinha logo depois da fala do Robson Braga de Andrade, presidente da Confederação Nacional da Indústria (CNI). O Robson falou do país, do volume da indústria automobilística, do tamanho do mercado. Logo em seguida, entres eu: "Vocês estão ouvindo falar da indústria de carros no Brasil isso não é nada perto da indústria de TI", comecei.

E não parei. Disse que a indústria de TI era a maior do mundo, com um mercado global de US$ 2 trilhões, e o Brasil, com faturamento de US$ 120 bilhões, estava em quinto ou sexto lugar nessa área. "O Brasil vai dominar o mundo", eu disse. "Não prestem atenção só na indústria."

Meu amigo... levei uma bronca Da própria presidente. Digo uma coisa: não queira você levar uma bronca da Dilma Rousseff.

A APRESENTAÇÃO PARA O LULA

Foi com ela, porém, que eu obtive a minha maior vitória no comando da Brasscom: a isenção de contribuições para o Instituto Nacional de Seguridade Social (INSS) para as empresas de TI.

Como tantas coisas no governo Dilma, essa política começou no governo Lula. E, como tantas coisas no governo Dilma, foi ampliada, desvirtuada, mal gerida - contribuiu para o desastre econômico que acabou levando ao seu impeachment.

Mas não me culpem disso. Tudo o que eu queria era estimular os empregos e o consequente desenvolvimento de um setor que tinha tudo para se tornar um dos principais motores da economia brasileira. Como fazer isso num setor que tinha que competir diretamente com as companhias estrangeiras? Era preciso ter, no mínimo, uma matriz de custos próxima da que elas tinham.

Com a ajuda de vários técnicos, montei uma apresentação que justificava o tratamento especial. Foram dois anos de estudos para prepará-la, mais dois até conseguir apresentá-la para o presidente Lula.

Um fator facilitador foi a minha participação no Conselho de Desenvolvimento Econômico e Social, o Conselhão, que reunia dezenas de pessoas, incluindo empresários e representantes da sociedade civil. Nesse ambiente, eu já havia encontrado o presidente em várias ocasiões, mas sempre cercado de um monte de outras pessoas. O que eu fiz, então? Fui falar com quatro pessoas que o conheciam e tinham acesso privilegiado ao presidente: Roberto Rodrigues, ministro da agricultura do governo Lula, Ozires Silva, fundador da Embraer (e colega do ITA), Antonio Palocci, ministro da Fazenda, e Antonio Delfim Netto, ex-ministro da Fazenda, da Agricultura e do Planejamento nos governos militares.

Legenda: Antonio Gil fazendo apresentação para o presidente Luiz Ignácio Lula da Silva, em Araraquara (SP)

Os quatro foram unanimes: "não menospreze a inteligência do Lula". Podia parecer que ele não entendia nada do assunto, mas ele em geral "sabe mais do que você". O segundo conselho foi para não levar cartelas com gráficos (as famosas apresentações de Power Point).

Um belo dia, a assessoria de Lula me comunicou que eu teria um tempo para falar com ele. O presidente ia estar em Araraquara, num evento do Programa de Aceleração do Crescimento (PAC), uma política desenhada para incentivar os investimentos privados por meio do investimento público em infraestrutura e remoção de burocracias. Lá, numa brecha da agenda, ele falaria comigo.

Como recomendado, minha apresentação não tinha nenhuma cartela, nenhum gráfico. Estava tudo na minha cabeça. Ao chegar a Araraquara, no entanto, era gente para todo lado. Lula ia inaugurar uma escola. E eu pensei: "com esse tumulto, não vou conseguir fazer apresentação nenhuma".

Aí eu tive uma aula – do próprio Lula – de como fazer uma apresentação naquela situação. Dirigindo-se às crianças, ele falou: "não queira jogar bolinha de gude, vá estudar". Contou a vida dele: da primeira mulher, que morreu, de como ele conheceu e se casou com a Marisa Leticia, que foram morar num lugar em que mal cabiam os dois, do quanto ele sentia falta de ter estudado. E terminou: "estou inaugurando essa escola aqui porque o Brasil precisa da sua cabeça, para exportar inteligência..."

Bingo! Era a minha deixa. Exportar inteligência era justamente o tema da minha apresentação. No meio da multidão, de pé, comecei a fazer minha apresentação. Com o Lula segurando a minha mão. O tempo todo.

Comecei dizendo: "Presidente, eu não preciso mais fazer a minha apresentação, porque o senhor já a fez para mim. A minha apresentação é sobre como colocar o Brasil para exportar inteligência, como o senhor acabou de falar. Agora eu só tenho que falar um pouquinho sobre como fazer isso."

Foi uma experiência e tanto. Enquanto eu falava, ele apertava a minha mão. Às vezes um pouco mais, às vezes um pouco menos. Era uma sensação esquisita.

Quando terminei, ele chamou um assessor e falou: "anota isso aí para a gente conversar". E me mandou procurar uma pessoa no Palácio do Planalto.

Algumas semanas depois, em agosto de 2009, o presidente assinou um decreto que desonerava o setor de exportação de *software* e serviços de tecnologia da informação: a alíquota do INSS sobre a folha de pagamento, para empresas que tivessem foco em exportação, caiu de 20% para 10%. Em contrapartida, essas empresas tinham que investir em capacitação de pessoal, pesquisa e desenvolvimento. Nós da Brasscom esperávamos que a desoneração atingisse cerca de US$ 70 milhões até o fim do ano.[90]

O TERCEIRO MANDATO

Durante esse processo de negociações, um belo dia de fim de semana eu recebi um telefonema de Brasília. Era uma convocação do presidente para uma reunião do Conselhão. Eu estava na praia, com a minha mulher, e ela ficou chateada.

Olga, a minha mulher, nunca gostou muito desse tipo de envolvimento com questões políticas. Jamais ligou muito para status, para jantares oficiais, para honrarias, nada disso. Essa atitude dela sempre foi uma fonte de energia e força para mim.

Nesse caso, em que o nosso fim de semana estava sendo interrompido, ela disse: "Você vai lá, mas dê um recado para o presidente. Diga para ele que em time que está ganhando não se mexe."

Naquela época, quando se aproximava o final do segundo período de governo de Lula, havia muitas especulações sobre ele tentar um terceiro mandato. Lula se mantinha quieto. Na reunião havia só dez

---

[90] Conforme declaração que eu dei na ocasião à imprensa, como se vê no artigo "Lula assina decreto que desonera exportação de *software*", do G1 em 25/8/2009. Disponível em https://g1.globo.com/Noticias/Economia_Negocios/0,,MUL1280369-9356,00-LULA+ASSINA+DECRETO+QUE+DESONERA+EXPORTACAO+DE+SOFTWARE.html. Acesso em: 25 nov 2024

conselheiros, numa salinha pequena no palácio.

Estavam ele, a Dilma, o Delúbio Soares – que era uma espécie de faz-tudo do presidente. Delúbio, peça central no esquema do Mensalão, pelo qual o PT comprava apoio de parlamentares, dava sinais explícitos de que faria qualquer coisa por Lula. Por exemplo: o Lula fumava muito, mas não tocava em cigarro. Durante a reunião, o Delúbio ficava meio agachado ao seu lado, segurando um cigarro. O Lula abaixava a cabeça, ele colocava o cigarro em sua boca, o presidente tragava...

No intervalo da reunião, todo mundo tomando um cafezinho, me aproximei do presidente e disse que tinha um recado da minha mulher. "Ela não entende nada de política", eu falei, "mas me mandou lhe dizer que em time que está ganhando não se mexe".

Lula parou, me olhou e perguntou como se chamava a minha esposa. "Olga", eu disse. "Então você vai levar uma mensagem para a Olga", falou "Diga a ela que é o que eu mais quero. Mas não posso. Não posso continuar." Quando a reunião estava perto do final, a Dilma precisou sair. Assim que ela se retirou, Lula comentou "vocês viram como a Dilma está assanhada? Falando, opinando sobre tudo? Só porque vai ser candidata..."

A APRESENTAÇÃO PARA A DILMA

Quando Dilma se tornou de fato presidente, nós continuamos a trabalhar para alcançar uma redução ainda maior da contribuição. Havia oposição, é claro, porque a parcela paga pelas empresas é um importante pedaço do bolo que é distribuído aos aposentados. O problema é que o emprego formal no Brasil é oneroso demais o trabalhador ganha x, mas a empresa paga quase 2x.

Se isso é um problema para as companhias em geral, no caso da TI o dilema era ainda maior, pois esse custo ameaçava a competitividade do setor como um todo.

Naquele processo de convencimento durante o governo Lula, eu havia me aproximado do Aloizio Mercadante, que pouco depois seria nomeado ministro da educação no governo Dilma. Comecei então a trabalhar com ele numa proposta.

Um belo dia, tínhamos uma reunião do Conselhão e, mal eu cheguei, o Mercadante me disse: "Gil, você tem cinco minutos com a Presidenta hoje para fazer o seu *pitch*". Assim, de cara. Sem nenhum preparo.

Mesmo para mim, que sempre me orgulhei de fazer boas apresentações, era uma parada difícil. Ainda mais porque o ministro de Fazenda, Guido Mantega, era contra a desoneração.

Quando comecei a falar, Dilma estava a uns 3 metros de distância, sentada, rodeada de gente, com um caderninho à sua frente na mesa. Na segunda frase, ela se virou para mim e... eu senti o clique. Ela estava totalmente conectada. Comecei a expor meus argumentos, na linha da necessidade de auxiliar a exportação, de como o setor era estratégico para o país. Quando acabei, tive a nítida impressão de vitória, Senti que ela havia "comprado" os argumentos.

Dito e feito. A reunião havia sido numa quinta-feira, eu vim para São Paulo em seguida, para uma reunião da Brasscom. Na segunda-feira, recebi um telefonema do gabinete do Mantega. Era para eu voltar a Brasília imediatamente.

Fomos eu e o diretor de relações institucionais da Brasscom, Edmundo Oliveira, naquela manhã mesmo para o gabinete do Mantega. Ele foi direto: "Recebi ordens de fazer essa desoneração. A gente precisa discutir como implementar isso. Uma exigência da presidente era envolver outros setores. Não queria ser acusada de favorecimento, se fizesse a desoneração só para a TI. O governo então decidiu beneficiar a TI e comunicação, o setor moveleiro, e o setor têxtil e o setor de calçados.

Fiquei até a meia-noite na sala do ministro. Foi uma experiência surreal nós tentando convencer os representantes dos outros setores a aceitar a isenção. Eles não queriam!

De fato, havia uma diferença sensível entre TI e os demais contemplados com a desoneração. No nosso caso, a folha de pagamento chegava a responder por 70% dos custos das empresas. Com a desoneração, essa parcela cairia para uns 60%. No caso deles, os salários não eram uma despesa tão à frente de outras, como matéria-prima, energia, distribuição etc.

Também, a desoneração não vinha a troco de nada. Para não sangrar a arrecadação, a medida do governo previa a troca da contribuição relativa à folha de pagamento por uma outra, ligada diretamente ao faturamento. Quer dizer, em vez de pagar de acordo com o número de funcionários que tivesse, a companhia pagaria uma alíquota sobre sua receita.

Para fazer essa troca, as associações setoriais precisavam fazer suas contas e ver se valia a pena. E este era o amago da negociação. Tanto que, para a TI a contrapartida para zerar a contribuição do INSS foi uma alíquota de 2,5% sobre a receita bruta; para os demais setores, o governo acabou negociando uma alíquota de 1,5%.

A VITÓRIA QUE DESCAMBOU

No dia seguinte a presidente Dilma bateu o martelo. Era uma baita de uma vitória. Quando nós começamos essa campanha, ninguém acreditava que conseguiríamos. Ninguém.

Mas em pouco tempo essa vitória se tornou uma senhora de uma derrota. Porque aquela foi só a primeira das isenções. Depois vieram mais sete medidas provisórias, cada uma delas com diversas alterações impostas pelo Congresso. No final das contas, ali por volta de 2015 a desoneração da folha de pagamentos abrangia 56 setores – e um baque significativo para a previdência social. O pior, como se viu nos anos seguintes: sem grande impacto na criação de empregos.[91]

Eu até hoje tenho convicção de que a desoneração da folha de pagamentos para as empresas de TI era um caminho vantajoso para o país. Mas inadvertidamente nós ajudamos a criar um semidesastre, pela expansão desenfreada e impensada dessa política.

De qualquer forma, essa história ajuda a mostrar o quão importante se tornou a Brasscom. Nós conseguimos, durante aqueles anos, colocar a TI no mapa do Brasil, ganhar mercado no exterior e influenciar o desenvolvimento de uma política pública no país.

Depois disso, aconteceu o que é natural: certo desgaste com as próprias pessoas que me ajudaram a criar a entidade e me colocaram na presidência. Em 2014, fui substituído na presidência por Sergio Gallindo. Eu continuei no conselho da Brasscom. Por muito tempo fui membro honorário, com Laércio Cosentino e Rogério Oliveira, mas deixei de ir. A entidade tomou outros rumos, e eu também.

Se tem uma coisa que a gente aprende nessa área de tecnologia é que as coisas mudam muito rápido e você não pode ficar muito tempo no mesmo lugar.

---

[91] Um bom resumo da política de desonerações do governo Dilma está no artigo "Desoneração da Folha de Pagamento", trabalho de conclusão de curso da pós-graduação em Economia do setor público e finanças públicas do Ibmec de Brasília, em 2015, escrito por Alessandro Come da Silva, Artur Manteiro de Prado Fernandes, Filipe Nogueira do Cama, Marcus Vinicius Martins Quaresma e Mylke Takada, com orientação do professor Edson Chenço. Disponível em: https://www.gov.br/receitafederal/pt-br/centrais-de-conteudo/publicacoes/trabalhos-academicos/desoneracao-da-folha-de-pagamentos-analise-e-modelo-alternativo.pdf. Acesso em: 20 nov. 2024.

EPÍLOGO
AS OPORTUNIDADES QUE PASSARAM... E AS QUE VIRÃO

O que vale para as pessoas em suas carreiras, principalmente na área de tecnologia, vale também para um país: as coisas acontecem muito rápido, e o Brasil não pode ficar no mesmo lugar.

Este livro é um passeio por sete décadas da minha experiência com o mundo da TI. Tive a sorte de testemunhar e, às vezes, de participar de momentos determinantes do avanço da tecnologia no país – desde a introdução dos primeiros grandes computadores nas empresas e universidades até a reserva de mercado e depois sua extinção: da miniaturização das máquinas até a revolução do *software*, da privatização da telefonia ao nascimento das gigantes das telecomunicações

Presenciei a evolução do mercado brasileiro por inúmeras perspectivas, da sala do presidente da maior multinacional do setor, do centro da burocracia estatal, do comando de uma empresa nacional, como líder de uma associação de classe. Fui premiado, promovido, demitido, contratado.

Essas múltiplas vivências me dariam inúmeras razões para ser cético em relação ao Brasil. Afinal de contas, passamos por tantas ondas e deixamos de aproveitar a contento tantas oportunidades....

No entanto, permaneço otimista. Nós temos o talento, temos um povo que abraça a inovação em vez de resistir a ela, temos garra de empreender. E as oportunidades continuam surgindo. Estão aí as redes sociais, a inteligência artificial, a nanotecnologia, a biotecnologia. Uma hora nós vamos parar de nos autossabotar. Uma hora nós vamos aprender com os nossos erros e acertos do passado para construir um futuro mais próspero, mais justo, mais abençoado. Se este livro puder ajudar as novas gerações a entender o passado e mirar o futuro, meu passeio terá sido ainda mais gratificante.